Katrin Müller-Walde

Warum Jungen nicht mehr lesen und wie wir das ändern können

Campus Verlag
Frankfurt/New York

Bibliografische Information der Deutschen Bibliothek
Die Deutsche Bibliothek verzeichnet diese Publikation in der Deutschen Nationalbibliografie. Detaillierte bibliografische Daten sind im Internet über http://dnb.ddb.de abrufbar.
ISBN 3-593-37582-6

Umschlaggestaltung: Büro Hamburg
Umschlagmotiv: age/mauritius images
Satz: Leingärtner, Nabburg
Druck und Bindung: Freiburger Graphische Betriebe, Freiburg
Gedruckt auf säurefreiem und chlorfrei gebleichtem Papier.
Printed in Germany

Inhalt

Teil III Der Jungen Wahl: »Coole Bücher« aus der Sicht von Heranwachsenden

… Was du hier siehst, Daniel, ist ein geheimer Ort, ein Mysterium. Jedes einzelne Buch hat eine Seele. Die Seele dessen, der es geschrieben hat, und die Seele derer, die es gelesen und erlebt und von ihm geträumt haben. Jedes Mal, wenn ein Buch in andere Hände gelangt, jedes Mal, wenn jemand den Blick über die Seiten gleiten lässt, wächst sein Geist und wird stark. Schon vor so vielen Jahren, als mein eigener Vater zum ersten Mal mit mir hierher kam, war dieser Ort uralt. Vielleicht so alt wie die Stadt selbst. Niemand weiß mit Bestimmtheit, seit wann es ihn gibt oder wer ihn geschaffen hat.

Ich erzähle dir jetzt, was mir schon mein Vater erzählt hat. Wenn eine Bibliothek verschwindet, wenn eine Buchhandlung ihre Türen schließt, wenn ein Buch dem Vergessen anheim fällt, dann versichern wir uns, die wir diesen Ort kennen, also die Aufseher, dass es hierher gelangt. Hier leben für immer die Bücher, an die sich niemand mehr erinnert, die Bücher, die sich in der Zeit verloren haben, und hoffen, eines Tages einem neuen Leser in die Hände zu fallen.

Jedes Buch, das du hier siehst ist jemandes bester Freund gewesen. Jetzt haben sie nur noch uns, Daniel. Glaubst du, du wirst dieses Geheimnis für dich behalten können?

Carlos Ruiz Zafón, *Der Schatten des Windes*

Teil I

Warum Jungen nicht mehr lesen ...

Kapitel 1

Warum Sie dieses Buch lesen sollten

»Lesen? Der doch nicht, der spielt doch den ganzen Tag Computer.« Das ist eine der Standardantworten, die ich seit gut drei Jahren immer wieder von Eltern bekomme, wenn ich sie nach den Lieblingsbüchern ihrer Söhne frage. Anfangs trieb mich rein mütterliche Fürsorge, dem eigenen Nachwuchs die richtigen Bücher unter den Weihnachtsbaum zu legen. Mehr als einmal hatte ich mich beim Kaufen vergriffen und über unsinnig ausgegebenes Geld geärgert. Mehr als einmal waren die Empfehlungen von Verkäuferinnen nicht wirklich hilfreich gewesen. Mit jedem falschen Tipp, das merkte ich, ließ das Interesse an Büchern bei meinem damals 13-Jährigen nach.

Hilfe versprachen zunächst Ratgeber wie *Hexen, Hobbits und Piraten – die besten Bücher für Kinder*. Allein, Empfehlungen für Jungen, die älter als zwölf Jahre und damit im so genannten Rüpelalter waren, fand ich nicht. Zudem setzten Autorinnen wie Susanne Gaschke (DIE ZEIT) oder Monika Osberghaus (FAZ) in *Was soll ich denn lesen?* ganz bewusst auf das so genannte »gute Buch«, also auf »pädagogisch wertvolle Literatur« von Tom Sawyer bis Oliver Twist. Das hatte ich alles schon probiert. Vergeblich.

Ich musste also weitersuchen. Ich sprach mit Jugendlichen, Eltern und Lehrern, schließlich mit Leseforschern und Psychologen. Immer klarer wurde: Nicht nur mein Sohn hatte keine Lust mehr zu lesen. An Realschulen wie Gymnasien klagten Pädagogen gleichermaßen: »An Jungen kommen wir im Deutschunterricht kaum noch ran.« Auf die Frage »Warum?« antworteten mir Leseforscher unverblümt: »Lesen gilt heute unter männlichen Jugendlichen als weibisch!«

Wenn das Buch als Freizeitbeschäftigung nicht schon in der Grundschule ausgemustert wurde, trotz oder gerade wegen der liebevollen Zuwendung von Müttern, Lehrerinnen, Bibliothekarinnen und Buchhändlerinnen, sei es spätestens mit 13 für Jungen ein rotes Tuch. Welcher echte Kerl wolle auf dem Weg zum Mann von seinen Peers schon gern ein »Weichei« genannt werden? Das kam mir bekannt vor. Und doch zweifelte ich, dass dies die ganze Erklärung sein sollte.

Den Trend zur Leseunlust, bezogen vor allem auf den fiktiven Roman, hat PISA bestätigt. Demnach sind Jungen und Mädchen in mehr als zwanzig Ländern Europas davon betroffen, Jungen jedoch vergleichsweise stärker als Mädchen. Ein Viertel unserer Jungen kann nur auf elementarstem Niveau lesen und schreiben. Schlimmer noch: Der Anteil der Schüler, die so gut wie gar nicht lesen können, ist in Deutschland mit 10 Prozent fast doppelt so hoch wie im OECD-Durchschnitt.[1] Doch nicht nur in Europa wird das Nichtlesen immer mehr zum Thema. Wissenschaftler in Übersee beschäftigen sich schon seit ein paar Jahren mit der Frage, warum Jungen im Vergleich zu Mädchen auch zunehmend schlechter in der Schule abschneiden. Boys' Underachievement heißt die Herausforderung, die sich, wie es scheint, in fast allen Industriestaaten gleichermaßen stellt. Wer den Dingen auf den Grund gehen will, kommt an der zentralen Einflussgröße »Leselust« nicht vorbei.

Jungen stellen inzwischen die Mehrheit der Legastheniker und Sitzenbleiber. Ärzte attestieren ihnen dreimal so häufig wie Mädchen das Zappelphilipp-Syndrom ADS. Jungen fällt es grundsätzlich schwerer, sich im Schulbetrieb unterzuordnen und der häufig schematischen Art der Wissensvermittlung zu folgen. Mädchen haben damit offenbar weniger Probleme und ziehen an Jungen vorbei. Je anspruchsvoller die Schulart, desto häufiger sind sie in der Überzahl. Weltweit studieren Mädchen heute schneller und erzielen bessere Abschlüsse. »Dumme Jungen, schlaue Mädchen«

titelte denn auch *Der Spiegel* im Mai 2004. In Deutschland bahne sich eine »handfeste Versagerquote« an – eine »Jungenkatastrophe«. Die Gründe dafür sind, das haben Forscher unterschiedlicher Fachgebiete herausgefunden, in erster Linie biologischer, soziologischer aber auch historischer und allgemeingesellschaftlicher Natur.

Was bedeutet das? Hat die Frauenbewegung ausgedient? Blasen wir nun zum Sammeln für eine künftige Männerbewegung? Braucht das nachwachsende *starke* Geschlecht im Jahr 2005 Hilfe beim Erwachsenwerden? Wenn ja, was hat das alles mit dem Lesen zu tun?

Jüngste Resultate der Gehirnforschung belegen: Jungen lesen, biologisch bedingt, anders als Mädchen. Daraus folgt ein geschlechtsbedingtes, also spezifisch männliches Lernverhalten mit Einfluss auf die Lernergebnisse in fast allen Fächern. Vor diesem Hintergrund, so meinen führende Leseforscher, gehört der Deutschunterricht auf den Prüfstand. Seit Jahrzehnten einem bildungsbürgerlichen Erziehungsanspruch verpflichtet, ist er überwiegend auf fiktiver Literatur aufgebaut und damit eher mädchenaffin. Gegen die um sich greifende Leseunlust insbesondere bei Jungen kommt er nicht mehr an. Lese- und Schreibkompetenzdefizite können nicht mehr aufgefangen werden. Hinzu kommt: Lesen als Mittel zur Ausbildung von Sozialkompetenz tritt immer mehr in den Hintergrund – während sich der gegenläufige Trend verstärkt, Abenteuer per Mouseklick zu erleben, ausschließlich für den schnellen Ego-Kick. Zukunftsforscher und Pädagogen befürchten neuen emotionalen Sprengstoff.

In Amerika, das schon so manche gesellschaftliche Entwicklung nach Europa exportiert hat, lesen sich Zukunftsängste im Sommer 2004 so: »Wir sollten wirklich besorgt sein. Eine Kultur bekommt immer das, wofür sie bezahlt«, so James Shapiro, Professor für Englische Literatur an der Columbia-University, N. Y. Im Ergebnis einer landesweiten Umfrage zum Leseverhalten von Amerikanern[2] appelliert er: »Wenn wir davon ausgehen, dass Demokratie an

Menschen geknüpft ist, die lesen, schreiben, denken und reflektieren können – und genau diese Fähigkeiten sind es, die Literatur entwickelt und fördert –, dann sollten wir dafür sorgen, dass diese Fähigkeiten auch ausgebildet werden. Andernfalls müssen wir um den gesellschaftlichen Konsens fürchten«.

Die Studie bestätigte, was sporadische Beobachtungen von Fachleuten schon lange hatten vermuten lassen. Die Anzahl der Leser von Romanen, Kurzgeschichten, Stücken und Gedichten ist in allen demographischen Gruppen der USA, besonders aber bei jungen Männern, zurückgegangen – in den letzten 20 Jahren um bis zu 18 Prozentpunkte. Darüber hinaus gibt es offenbar einen direkten Zusammenhang zwischen Lesebereitschaft und sozialem Engagement. Wer angegeben hatte, Romane zu lesen, war knapp zweieinhalb mal so häufig bereit wie Nichtleser, sich in der örtlichen Gemeinde zu engagieren. Kevin Starr, Professor für Geschichte an der University of Southern California, warnte deshalb in der *New York Times* nicht minder lautstark: »Wir sollten alarmiert sein. Das Pferd ist längst von der Leine.«[3]

Sind Mädchen auf die Herausforderungen künftiger Dienstleistungs- und Kommunikationsgesellschaften besser vorbereitet als Jungen? Vieles spricht dafür. Um Jungen gleichermaßen fit für die Zukunft zu machen, gilt es neu zu denken. Hier knüpft das Buch *Warum Jungen nicht mehr lesen und wie wir das ändern können* an. Mit dem Appell »Jungen fördern, Mädchen sind schon stark genug!« versteht es sich als durchaus provokanter, praxisorientierter Beitrag zur bildungspolitischen Diskussion in Deutschland nach PISA. Wer Lesen als Schlüsselkompetenz der Zukunft begreifen will, kommt nicht umhin, sich unkonventionell und pragmatisch mit Lesemotivationsfragen und deren Umsetzung im Alltag auseinander zu setzen. Längst geklärt geglaubte Genderfragen erscheinen vor dem Hintergrund jüngster Erkenntnisse der Leseforschung in neuem Licht. Eine damit im Zusammenhang stehende gesellschaftspolitische Diskussion ist in Umfang und Ausgang heute noch gar nicht abzusehen. Dennoch ist es nötig, bereits jetzt zu handeln.

Jeder Monat, der verstreicht, ohne Kindern und Jugendlichen das Lesen erfolgreich nahe zu bringen, ist unterlassene Hilfeleistung beim Erwachsenwerden. Professor Ring, ehemaliger Leiter der Stiftung Lesen, Mainz, wird zu Recht nicht müde, dies immer wieder zu betonen. Das Buch will deshalb eine Brücke schlagen zwischen neuester wissenschaftlicher Erkenntnis in Sachen Leseforschung und gelebtem Alltag unter deutschen Dächern.

Warum steht das Land der Dichter und Denker sich »in Sachen Lesemotivation« selbst im Weg? Wie gut ist das »gute Buch« wirklich, und was ist daran schlecht? Was verstehen wir unter Leselust und warum weigern sich vor allem Jungen, nach traditionellem Verständnis zu lesen? Antworten darauf finden Sie in Teil I. Teil II leitet ab, was Eltern und Pädagogen tun können, um der potenziellen Leseunlust Heranwachsender zu begegnen. Kernzielgruppe der Betrachtungen sind dabei Jungen zwischen 13 und 17 Jahren. Sie bilden unter den Heranwachsenden die Fokusgruppe, in der es die meisten Leseverweigerer gibt.

Um sie zum Lesen zu motivieren, habe ich kühn alles, was bislang pädagogisch wertvoll, gut und richtig erschien, für einen Moment vergessen, und gedanklich vom Kopf auf die Füße gestellt. Nicht Wünschenswertes aus der Sicht tradierter Maßstäbe schien mir im ersten Schritt erstrebenswert, sondern Machbares, ohne das »gute Buch« aus dem Zielhorizont zu verlieren. Wie war das? Erst kommt die Arbeit, dann das Vergnügen. Ich behaupte das Gegenteil. Erst kommt die Lust, dann die Bildung.

Nur wer von sich aus einen starken, inneren Drang verspürt, lesend – also mit all seinen Sinnen – zu erfahren, wie ein Abenteuer ausgeht oder ein naturwissenschaftliches Phänomen sich erklärt, wird Freude beim Lesen empfinden, befriedigende Momente, entspannende, aufregende oder erkenntnisbringende Leselust. Sie ist die Wiege allen Lernwillens und damit automatisch auch die Wiege künftiger Bildung. Richtig und konsequent gefüttert, wird sich natürlich entwickelnde Leselust später selbst verstärken.

Das ist heute möglicherweise nicht anders als vor 50 oder 100 Jahren, wie wir bei Robert Musil oder Hermann Hesse lernen. Was hätte aus den Gymnasiasten Hans Giebenrath und Hermann Heilner nicht alles werden können, wenn sie »den Homer« und nicht nur den mit Lust und Wonne hätten lesen dürfen, anstatt ihn in der Lehranstalt Maulbronn zu Tode zu sezieren. »Unter's Rad« wäre mancher vermutlich nicht gleich gekommen, eher auf den Geschmack von Leben.

Doch selbst mit Hesse, einem der verständnisvollsten und leidenschaftlichsten Streiter für sinnsuchende, junge Seelen in der deutschen Literatur, können wir bei unseren Kindern kaum noch landen. Er spricht nicht mehr die Sprache der Jugend. Auch wenn er zu ihr spricht. Ist die Leseunlust unserer Kinder also ein Ausdruck eines Vermittlerproblems? Es sieht ganz danach aus.

Nun können wir uns nicht aussuchen, in welche Gesellschaft hinein wir geboren werden. Eltern und Lehrer können aber zumindest versuchen zu erkennen, in welche Gesellschaft sie ihre Kinder entlassen werden, und gemeinsam geeignete Mittel und Instrumentarien entwickeln, um das Buch als Quelle von Lust, Erfahrung und Wissen nachfolgenden Generationen zu erschließen. Anfang des 21. Jahrhunderts – in der so genannten Spaßgesellschaft – können dies nicht die gleichen Mittel sein wie zur Gründerzeit, Ende des 19. Jahrhunderts, oder im Nachkriegsdeutschland der sechziger Jahre.

Wenn heute sogar Selbstläufer wie *Tom Sawyer*, *Huckleberry Finn* und *Pippi Langstrumpf* nicht mehr ziehen, müssen wir neue Wege gehen. Was heißt das?

Ungeachtet aller Warnungen, wir würden ohnehin nur auf »Trivialliteratur« stoßen, befragten wir repräsentativ mehr als 2000 deutsche Schülerinnen und Schüler[4] zwischen Stralsund und München, Köln und Frankfurt/Oder nach ihren Interessen bezogen auf das geschriebene Wort. In erster Linie ging es dabei nicht um Romane oder ganze Bücher, sondern zunächst einmal um Texte, unabhängig davon, wo sie gelesen werden: im Internet, in Zeitschriften oder in Büchern. Wir, das sind Mitarbeiter zweier Forschungsinstitute, zwei Redakteure, die mich auch bei meinen Recherchen für das Buch hilfreich begleitet haben, zahlreiche freiwillige Lehrer und Eltern sowie neugierige Jungen. Sie alle unterstützten den bundesweiten Umfragekraftakt.

Das Resultat: Jungen wollen lesen, auch wenn sie es nicht immer zugeben. Zweitens: Sie lesen, wenn auch anders als gemeinhin angenommen. Und: Sie lesen umso intensiver und anspruchsvoller, je besser wir es verstehen, ihnen in der mehrere Jahre anhaltenden Leselustlernphase die richtigen, persönlich passenden Texte in die Hände zu geben.

Zum Abschluss dieses Buches werden deshalb Titel vorgestellt, die Jungen ihren besten Freunden zum Lesen empfehlen würden. Fünfzig davon habe ich nach Häufigkeit der Nennung, Glaubwürdigkeit des Votums und Leselustpotenzial ausgewählt, selbst gelesen, und nach einheitlichen Kriterien bewertet. Der Kommentar zu den einzelnen Titeln soll Ihnen eine Vorstellung davon vermitteln, warum er von Jungen ausgewählt wurde und inwieweit er möglicherweise auch auf die »aktuelle Lesesituation« Ihres Kindes passt. Dazu habe ich die Leseempfehlungen der Jungen nach Altersgruppen (12 bis 14, 14 bis 15, 16 bis 18 Jahre) und Leseleveln (Lesebeginner, Lesemuffel, Leseratte) geordnet. Da mancher Titel mehrere Bände umfasst (*Der Windsänger(3)*: William Nicholson schrieb nach dem ersten Erfolg zwei Folgebände.), können Sie insgesamt auf Lesestoff zurückgreifen, der aus weit mehr als 100 Büchern besteht. Das sollte für den Anfang genügen, um einen Weg, ein Prinzip zu erkennen, wie zu Hause und in der Schule jeden Tag Lesemotivation geweckt, unterstützt und verstärkt werden kann.

Folgen Sie den Überlegungen in Teil I und II und den darauf aufbauenden Titel-Tipps in Teil III, ist die Wahrscheinlichkeit sehr hoch, dass auch Ihr Junge (wieder) gern lesen wird. Sie sind immer noch skeptisch?

Nach langer Leseabstinenz meines Sohnes kam ich eines Tages mit einem Buch nach Hause, das mir ein 16-jähriger Chemnitzer bei einem meiner Recherchetrips in einer Berliner Buchhandlung wärmstens empfohlen hatte. Douglas Adams Humor und ein höchst cooler Computer namens Marvin hatten den Gymnasiasten überzeugt. Ich kaufte das Buch. Mit jedem Satz der Lektüre jedoch wurde ich desillusionierter. Ich quälte mich geradezu durch die ersten 100 Seiten und fand es weder witzig noch lesenswert. Die abgehackte Art des Erzählens entsprach nicht meinem weiblichen Geschmack. Wieder eine dieser unsäglichen Empfehlungen, dachte ich. Frustriert warf ich das Buch in die nächste Ecke.

Mit schallendem Gelächter überraschte mich hingegen mein Sohn: »Hör mal, coole Stelle ...«, »Das ist ja super!« Und er trug mir eine dieser vermeintlich witzigen Passagen vor, die ich nicht verstehen wollte, um anschließend alle 700 Seiten der fünfteiligen Romanreihe *Per Anhalter durch die Galaxis* in einem Rutsch durchzulesen. Heute weiß ich, das Buch ist Kult. Ohne meine Recherchen hätte ich das vielleicht nie erfahren. Ohne die positiven Leseerfahrungen meines Sohnes jedoch, ohne sein unbewusstes Mutmachen mir gegenüber, hätte ich dieses Buch nie geschrieben.

Am Ende hat es funktioniert. Tilman liest wieder. Anders, typisch männlich eben: zielorientiert, vieles parallel, ausschnittweise, Sachbücher, Science-Fiction, Fantasy, Biographien, Romane von Auster bis Eschbach, von Hesse bis Kordon, von Pullmann bis Wolfe in Deutsch und Englisch. Anfangs waren Titel dabei, auf die ich im Traum nicht gekommen wäre. Später habe ich geahnt, warum er welches Buch zur Hand nimmt. *Spiegel* oder *Stern* hat er zu Hause nicht selten als erster in Beschlag. Seit er wieder liest, sind auch seine Leistungen in der Schule wieder besser geworden. Er besucht die elfte Klasse eines Gymnasiums.

Liebe Leser! Nichts ist erfolgreicher als Erfolg. Mit diesem Buch möchte ich Sie ermutigen, es uns gleich zu tun. Heranwachsende, Jungen wie Mädchen, werden über Jahre hinweg immer wieder von Leseunlust-Attacken heimgesucht. In einer Welt, in der die über uns hereinbrechende mediale Reizflut beinah täglich anschwillt und potenzielle Leser mit sich in die Tiefe reißt, braucht das Buch unsere Hilfe. Wer, wenn nicht wir Eltern, könnte ein Interesse daran haben, landauf, landab Kinder zu aufgeweckten, in sich ruhenden, selbstbewussten und kritischen Leseratten zu erziehen? Einen Teil der damit verbundenen Lotsenarbeit soll dieses Buch leisten.

Gehen Sie also auf die Reise zur »Leseinsel Wunderbar«. Lernen Sie, die Leseklippen ihres Kindes mit ihm gemeinsam zu umschiffen. Warten Sie nicht darauf, dass die Schule Ihnen diese Arbeit abnimmt. Ist der Lesekurs erst einmal abgesteckt, werden Sie erkennen, welche Bücher im Moment für Ihre Kinder die Richtigen sind.

Kapitel 2

Das »gute Buch« und sein schlechter Ruf

Stellen Sie sich vor, Sie sitzen vor gut 200 Jahren in einem gemütlichen Ohrensessel, schlagen die Zeitung auf und lesen: »Vorsicht deutsche Lesewut!« Literaturkritiker und Pädagogen warnen vor einem angeblichen Massenphänomen. Nicht nur einzelne Fieberstöße seien zu diagnostizieren, etwa nach Erscheinen von solch' Ungeheuerlichkeiten wie Goethes *Leiden des jungen Werther*. Nein. Leser schrien nach immer mehr Texten. Die Lesewut, sei bereits zur Sucht geworden, habe ein breites Publikum erreicht. Wie bei einer Krankheit zerstöre sie ihre Träger, ähnlich einer Soldateska vernichte sie eine gesellschaftliche Ordnung... So und nicht anders soll es sich damals zugetragen haben.[5]

Heute wissen wir: Wo immer Desmoiselles und Adoleszenten durch Literatur verführt wurden, wo immer scheinbar verblendete junge Leser lustvoll in neue, fantasievollere Welten drifteten, waren sie zur Stelle – die strengen Väter der Aufklärung.[6] Exzessiver Leidenschaft wollten sie Vernunft und Rationalität gegenüber stellen. Bücher schienen ihnen zwar unverzichtbar, aber sie mussten schon das Richtige enthalten: Wissen, Denkanreiz und Moral! Jede Spur von Triebhaftigkeit dagegen gehörte gebannt. Lesen, bitte sehr, aber immer mit dem roten Warnlicht in der Hand. Unter dem Motto: Lasst Euch dabei bloß nicht gehen! [7]

Schaut man genauer hin, haben pädagogische Vorbehalte in unserer Kultur eine lange Tradition. Die Jünger der Aufklärung hielten vor allem Leserinnen lange Zeit für psychisch und sozial gefährdet, ja kontrollbedürftig. Allein durch Texte ließen sie sich zu leidenschaftlichen Ausbrüchen verleiten, so der Vorwurf. Wo sollte das hinführen? Zu »unangemessen« Liebes- und Hasstiraden gegenüber jedermann, angestimmt durch irrrationale, überschwängliche Worte?

Gedrucktes allgemein wird um 1800 auch als gefährliches Potenzial für »allzu« fantasievolle Reisen ins »Ich« wahrgenommen, für Selbst- und Weltflucht. Exzessives, zielloses Lesen von »immer mehr und allem und jedem« könne von der Realität ablenken und zu Lebensuntüchtigkeit führen, meinten manche Aufklärer. »Angemessenes, diszipliniertes Lesen« dagegen verschaffe Erbauung und Erkenntnis. Deshalb brauche es Anleitung und Kontrolle. Das Lesen erfährt in diesen Zeiten harte erzieherische Zurichtung. Der Gedanke liegt nahe, dass in diesem Sinne später auch die Klassiker kanonisiert wurden. Lesen wird in »gutes« und »schlechtes« Lesen eingeteilt, wobei unter »gutem« das so genannte »schöne, schwere« Lesen verstanden werden soll. Man durfte zwar viel lesen, aber nicht immer neue Schauer-, Ritter, und Räuberschmonzetten, sondern immer wieder die gleichen anerkannten, weil bildenden Werke. Angesagt waren nicht elegische Liebesschnulzen, sondern Bücher, die Charakterbildung und Verstand förderten. Doch was haben all die Appelle genutzt?

1816 heult die Pädagogenwelt auf über E.T.A. Hoffmanns *Nussknacker und Mausekönig,* 1950 über Pippi Langstrumpfs Ekapaden und auch Karl May scheint bis heute deutsche Schultüren nicht unkommentiert passieren zu dürfen: »Na ja, diese Lederstrumpfgeschichten, wenn's denn sein muss.« Zu jeder Zeit gab es »ungenügendes Geschreibsel« und wie es scheint, will diese Tradition der Vorurteile auch nicht abreißen. Werden nicht noch heute Pferdebücher, Backfisch- und Internatsgeschichten als Vorläufer späterer Groschen- und Romanheftchen verdächtigt, wird nicht das Jugendbuch – es findet sich in der Abteilung Kinder- und Jugendbuch beinah jeder deutschen Buchhandlung – immer noch als irgendwie »unreif« angesehen?

200 Jahre »aufklärenden« Kampfes gegen das Lustlesen – haben sie unseren Kindern die Lust zu lesen ausgetrieben? Auf diese Frage

mit »ja« zu antworten griffe sicher zu kurz. Nicht auszuschließen aber ist, dass ein über Generationen gelerntes, kulturelles Wertesystem, das des deutschen bildungsbürgerlichen Erziehungsideals, einstiger Lesewut einen gehörigen Dämpfer verpasst hat.

Deutsche Tradition ist es bis heute, lustbetontes Lesen durch Komplexität zu erschweren. Nicht nur in der Schule haben wir gelernt: erst wenn ein Autor einen Gedanken hundertfach in seinem Hirn gewendet hat, ist er es wert, aufgeschrieben zu werden – also gut. Wenn der Autor es dann noch schafft, diesen Gedanken in einem einzigen Satz mit all seinen »Wenns« und »Abers« in unzähligen gleichrangigen Nebensätzen zu verschachteln, dann gilt er häufig als sehr gut, mindestens aber als schick.

Deutsche Tradition ist es ebenso, lustvolles Fabulieren mit dem Verdacht des Unseriösen, Simplen und Minderwertigen zu belegen. Wie anders ist es zu erklären, dass Erwachsene sich einst scheuten, als *Harry Potter*-Leser erkannt zu werden. Der Verlag reagierte damals clever mit einem neutralen *Potter*-Cover für Erwachsene.

Noch immer unterscheiden wir in Deutschland seriöse von Unterhaltungsliteratur, ernste von unernster – und nicht etwa Fiction von Nonfiction wie beispielsweise Buchhändler im englischsprachigem Raum. Einen alten deutschen Mangel erhalten wir so am Leben. Während das Geschichtenerzählen in anderen europäischen Ländern (Großbritannien, Holland) und darüber hinaus wie selbstverständlich zum Kulturgut gehört, steckt es bei uns in der Krise.

Literaturwissenschaftler wie Martin Hielscher machen dafür die Geschichtskatastrophe des 20. Jahrhunderts verantwortlich. Erzählende Literatur sei immer schon aus dem Zusammenhang von persönlicher Biographie und Geschichte entsprungen. Wenn Geschichte aber verdrängt werde, wie die von Opfern und Tätern im Zweiten Weltkrieg, habe das Konsequenzen für die Literatur. Oder anders ausgedrückt: Wenn Geschichte millionenfach weh tut, bleiben Erzählungen eher aus.[8]

Uwe Timm wollte deutsche Geschichte erzählen. *Am Beispiel (s)eines Bruders*. Als Autor wollte er aber auch verantwortlich mit

Betroffenen umgehen. Und so wartete er ab, bis die, die seinen Bruder gekannt und geliebt hatten, nicht mehr unter einer Veröffentlichung leiden würden. Erst als auch sein Bruder gestorben war, fühlte er sich frei, zu schreiben, im Jahr 2003. Karl-Heinz Timm, Uwe Timms Bruder, hatte sich 1942 freiwillig zur SS-Totenkopf-Division gemeldet.

Folgen wir Hielscher, dann hat der für das intellektuell-moralische Klima in Deutschland typische Vorgang der Abstraktion und Vermeidung das geistige Leben und die Literatur selbst mit »Abstraktion, Inhaltslosigkeit und bloßer Virtuosität« geschlagen. Möglicherweise ist dieser Umstand ja für die Erzählkrise in Deutschland mitverantwortlich.

Wir Erwachsene, die alle mehr oder weniger stark im Geiste »guter Bücher« erzogen wurden, tragen all die genannten, gut gemeinten bildungsbürgerlichen Maßstäbe der Aufklärer und die damit verbundenen Vorurteile unbewusst in uns – und damit in die nächste Generation. Noch stärker ausgeprägt dürften diese bei der fast durchweg studierten Lehrerschaft sein, ebenso das Bedürfnis zur Verbreitung derselben. Nun muss sich dafür niemand schämen. Bekanntlich haben Medaillen immer zwei Seiten, auch wenn die Verdienste der Aufklärung hier nicht weiter vertieft werden sollen. Bei so viel Vernunft aber überrascht es nicht, wenn Schüler in der viel gescholtenen Spaßgesellschaft keine Lust mehr haben, Botschaftsliteratur zu lesen, und Erwachsene in einer Art gemeinsamem Stoßgebet die Hände falten und sorgenvoll gen Himmel rufen: »Mein Gott, immer diese Comics, können die Kinder nicht mal wieder was Anständiges lesen!«

Doch was ist etwas Anständiges für junge Leute von heute? Das klassisch »gute Buch«, also das, was heute im gesamtgesellschaftlichen Konsens dafür gehalten wird? Orientierung bieten häufig so genannte Leitmedien. Im Printbereich sind das zum Beispiel die *Frankfurter Allgemeine Zeitung*, die *Süddeutsche Zeitung*, *Der Spiegel* oder *DIE ZEIT*. Doch meistens bestätigten auch sie uns eher in erlernten pädagogischen Vorbehalten als in neuem Denken. Zwei Beispiele.

Unter der Überschrift: »Gute Bücher bilden nicht nur Herz und Verstand: Sie machen auch glücklich!« spricht *DIE ZEIT*-Autorin Iris Radisch lesegeübten Eltern kurz vor Weihnachten 2003 aus der Seele. Zunächst bedauert sie ein wenig die versiegende Leselust, um dann elitär zuzuspitzen: »Das Weltwunder Lesen war schon immer etwas für Wenige«.

»Warum?«, fragt sich da der erfahrene Leser. Es soll promovierte Leute geben, die sich Karl May in ihrer Jugend und Harry Potter unmittelbar vor dem 50. Geburtstag reuelos und lustvoll angetan haben. Das Arge ist, Radisch verengt den Literaturbegriff auf etwas ausschließlich Hochgeistiges und läuft dadurch Gefahr, jede Form der Lesemotivation, die nicht auf diesem Niveau ansetzt, als minderwertig abzustempeln. Darüber hinaus erweckt sie den Eindruck, Lesen und Literatur seien synonyme Begriffe. »Aufforderung(en) zum Lesen haben wenig bewirkt«, schreibt sie, und gleich weiter: »Literatur ist nicht dazu da, Lebenswirklichkeiten nachzuplappern, zu überhöhen oder Berufskarrieren zu begründen. Sie ist etwas Ernsteres.«[9] Aha. Dann handelt es sich bei Jana Hensels *Zonenkinder* also nicht um Literatur? Hier werden Lebenswirklichkeiten auch schon mal locker erzählt oder wenn man so will »nachgeplappert«, in jedem Fall aber auch unernst erzählt. Wer traut sich angesichts dieser *ZEIT*-Maßstäbe noch, seinen Kindern *Das Bernsteinteleskop* oder *Der Herr der Ringe* zu empfehlen? Man hört Frau Radisch förmlich reden: »Das ist ja alles ganz schön, mein Kleiner, was du da jetzt liest, aber was Ernstes, also Literatur ist das noch lange nicht.« Derlei Demotivation wünscht man doch keinem Halbwüchsigen, derlei »Kopfwäsche« übrigens auch keinem lustvoll lesenden Erwachsenen.

Belehrung in tradierter Manier auch in der *Süddeutschen Zeitung* (25.3.2004). Unter der Überschrift »Es ist eine Lust zu lesen« heißt es da mit Bezug auf Schopenhauer: »Um das Gute zu lesen, ist es eine Bedingung, dass man das Schlechte nicht lese«, denn das Leben sei kurz, Zeit und Kräfte beschränkt. Und so könnte ich fortfahren ...

Dankbar registriert der *ZEIT*-Leser inzwischen, dass bildungsverschrobene Intoleranz vorsichtig aufweicht: Deutschen Schülern werde in der Schule mit Belehrungsliteratur die Lust am Lesen genommen, Kinder liebten nun mal Abenteuergeschichten, schreibt das Blatt.[10] Endlich, möchte man da ausrufen! Endlich haben sie es begriffen.

Nun ist es nicht so, dass die gleichen Redaktionen, die althergebrachte Maßstäbe propagierten und es zum Teil noch immer tun, sich nicht auch Gedanken darüber machten, wie die von ihnen formulierten Ansprüche umgesetzt werden können. In fast allen deutschen Tages- und Wochenzeitungen werden aktuelle Titel empfohlen. Mindestens zwei Mal jährlich zur Buchmesse, mitunter sogar monatlich. Die Rubrik Neuerscheinungen – Kinder und Jugendliteratur – gibt es in fast jedem Blatt. Leider hält der Name zumeist nicht, was er verspricht. In der Regel finden Sie unter dieser Überschrift zu 90 Prozent Kinderbücher. Die restlichen 10 Prozent entfallen auf Empfehlungen für Teenager (12+), sofern dort überhaupt mal ein Buch für Größere besprochen wird.

In der Sonderbeilage der *ZEIT* Nr. 14/2004, erschienen zur Leipziger Frühjahrsmesse, ist unter elf genannten Titeln der Rubrik Kinder und Jugendbuch ein einziger, der in die nähere Wahl unserer Zielgruppe fallen könnte: *Lauf Junge, lauf* von Uri Orlev, die Überlebensgeschichte eines jüdischen Jungen.

Der *Stern* empfiehlt ebenfalls aus Anlass der Messe in dieser Woche 15 Bücher. Davon gehört keines in die Kategorie Kinder- und Jugendliteratur. Einen Hoffnungsstrahl liefert indes die *Frankfurter Rundschau* vom 23.3.2004. Sie subsummiert drei Titel unter der Headline: »Unterhaltsame Bücher für Jugendliche, an denen auch Erwachsene Spaß haben«.

Warum ist das so? Die Antwort ist simpel: Nicht nur Eltern und Pädagogen fällt es schwer, die »richtigen« Titel für Pubertierende zu finden, auch Redakteuren bei Zeitung, Funk und Fernsehen. Mitunter lösen Redaktionen das Problem, indem sie einfach nur Kinderbücher bis zum Grundschulalter empfehlen. In diesem Bereich, so die Annahme, könne man nichts falsch machen. Da stimmten die Wertvorstellungen von Alt und Jung noch halbwegs überein. Bücher für Leser bis zu acht, maximal zehn Jahren könnten auch blutjunge Redakteure, häufig freie Mitarbeiter, als Eltern oft noch unerfahren, zielgruppengerecht besprechen.

Finden sich dennoch Titelempfehlungen von Leitmedien für »Halbwüchsige«, so ist häufig der erhobene Zeigefinger mit im Spiel. »Einstein für Einsteiger« titelt der *Der Spiegel*[11] unter der Überschrift »Jugendbuch«, und empfiehlt wärmstens *Der Herr Albert* von Frank Vermeulen. Wenn es sich schon nicht um Literatur im »wahren« Sinne handelt, sondern nur, um mit Erich Kästner zu sprechen, um »Literatur in der Kniebeuge«, dann müssen Schüler zumindest etwas beim Lesen lernen, so der Tenor der Buchkritik. Eine Botschaft mehr kann da nicht schaden. Und so freut sich denn auch *Der Spiegel* für die Hauptfigur des Romans: »Am Ende kann Esther die Einsteinideen sogar in eigene Worte fassen.«

Von der *ZEIT* hochgelobt wurde Andreas Steinhöfels *Der Mechanische Prinz*. Ich las das Buch mit Blick auf seine mögliche Wirkung auf 15-jährige Leser. Emotional anspruchsvoll, mit einem insgesamt instabilen, eher traurigen Helden wirkte die Geschichte auf mich höchst moll. In meinen Gesprächen mit Jugendlichen fand ich nicht einen einzigen Jungen, der dieses Buch empfehlen wollte. Nicht mal unter viellesenden Gymnasiasten, denen ich immer wieder auch Bücher zum Testlesen gegeben hatte, konnte sich jemand dafür begeistern. Das größte Kompliment, das *Der mechanische Prinz* in meiner Gegenwart erntete, kam von einem Neuntklässler aus Schwerin. »Ich hab's aber zu Ende gelesen.« Und dabei gilt dieses als ein gutes Jugendbuch.

Ist das Label »gutes Buch« inzwischen ein Garant dafür, dass es beim jugendlichen Publikum durchfällt? »Es ist auffallend«, schreibt Leseforscherin Christine Garbe, »dass tradierte Klassiker der Jugend- und Abenteuerliteratur in allen Altersgruppen nur noch im Einzelfall akzeptiert werden.«[12] Und man möchte hinzufügen: Nicht nur Pippi Langstrumpf, Tom Sawyer und Oliver Twist haben offensichtlich ausgedient, sondern auch das so genannte Jugendbuch. Gemeint ist damit die realistische Problemgeschichte mit ambitionierter Botschaft. Lange Jahre wurde diese Art von Literatur sowohl von der Literaturkritik verschmäht als auch von der Schule als »gutes Buch zweiter Wahl« nur zögernd angenommen. Bis heute fristet es ein eher unscheinbares Dasein sowohl im Kinderzimmer wie in der Schule. Daran ändern auch Autoren wie Isabelle Allende oder Henning Mankell nichts, die neuerdings auch für Jugendliche schreiben. Nachdem ich rund 100 Titel der Kategorie Jugendbuch gelesen habe, drängt es mich förmlich auszurufen: Das Jugendbuch ist weit besser als sein Ruf! Welch ein Irrsinn, in den Neunzigern die Einführung von Jugendbüchern in den Schulunterricht zu kritisieren. Das Hauptargument damals: Der Deutschunterricht würde verflachen. Manch junger Mann, der heute für das Buch verloren ist, hätte möglicherweise mit Klaus Kordons *Trilogie der Wendepunkte* im Geschichtsunterricht der achten Klasse noch mitgerissen werden können, statt am langweiligen Faktenpauken zu verzweifeln. Kordons dreiteiliger Roman erzählt unsentimental die Geschichte einer deutschen Familie, von der Novemberrevolution bis zum Zweiten Weltkrieg. Wer ihn gelesen hat, so erfuhr ich von Jungen, »verdaut« Geschichtszahlen leichter.

Doch was nützt es, das Jugendbuch quasi postum zu adeln, wenn es auch bei Teenagern inzwischen immer weniger ankommt? Die Initiative des Arbeitskreises für Jugendliteratur wollte angesichts dieser Lage im Jahr 2003 ein Zeichen setzten. Die Idee: Lasst uns abrücken vom Jugendbuch, das ausschließlich wohlmeinende Erwachsene empfehlen. Lasst vielmehr die Jugend selbst entscheiden. Zum ersten Mal in der Geschichte des Deutschen Jugendliteraturpreises beriet parallel zu den Erwachsenen auch eine Jury aus Jugendlichen, welche Buchtitel nominiert und prämiert werden sollten. Endlich durften Teenager auch offiziell ihren Altersgenossen Bücher empfehlen. Den Nominierungen lagen positive Leseerfahrungen von sechs deutschen Leseclubs zugrunde, in denen wiederum Mädchen und Jungen ihre Favoriten zuvor erwählt hatten. Im Herbst 2003 erhielt *Krokodil im Nacken* von Klaus Kordon den »Preis der Jugendlichen«. Im Herbst 2004 war es Lian Hearns *Das Schwert in der Stille*, eine fantastische Geschichte aus Japan.

Nicht beantwortet bleibt bis heute die Frage, warum sich für den Jugendliteraturpreis, eine eindeutig bundesweite, bildungspolitische Angelegenheit, das Ministerium für Familie und Soziales zuständig fühlt und nicht das Kultusministerium. Noch immer ist den Wenigsten bewusst, dass das Thema Lesen bundespolitischer Unterstützung bedarf. Es muss Gegenstand nationaler Kraftanstrengung werden, statt wie bisher auf dem Niveau »Privatangelegenheit« oder »Bildung ist Ländersache« zu dümpeln.

Lesen bildet, das steht außer Zweifel. Das Lesen des klassisch »guten Buches« ebenso wie das Lesen eines Jugendbuches oder eines, das Jugendliche für gut halten, nennen wir es das »coole Buch«. Doch Achtung: Nur weil einer dabei laut lacht, oder in fantastischen Welten wandelt, heißt das noch nicht, dass er ein schlechtes Buch liest.

Das hessische Comedyduo *Badesalz*, landesweit bekannt für seinen intelligenten Unsinn, würde dem verkrampften Bildungsbürger an dieser Stelle wahrscheinlich gern zurufen: »Herbeert, mach' disch lockeer! Lass de Bube doch lese, was se wolle!«

Bei allem Für und Wider das »gute Buch« – außer Frage steht: Ein gutes Buch zu lesen, darunter verstehen ältere Kinder und Jugendliche etwas vollkommen anderes als wir Erwachsene. Zwischen dem gesellschaftlich gewünschten Leseniveau und dem tatsächlichen, sowohl qualitativ wie quantitativ, klafft ein breiter Graben. Wollen wir diesen schließen, müssen wir aufhören, das Nichterreichen unserer Ansprüche unserem Nachwuchs gegenüber zu beklagen, so, als wünschten wir uns »einen Satz neuer Kinder«. Mancher vergisst bei diesen Diskussionen schnell: Wir, die sie in die Welt setzen, machen sie erst zu dem, was sie sind.

Das »gute Buch« ist und bleibt gut. Es kann vieles vermitteln, was ungelesen unverstanden bleibt. Es hat aber unter Jugendlichen einen denkbar schlechten Ruf, den wir Erwachsenen verursachen – bewusst oder unbewusst über unser Jahrhunderte altes kulturelles Wertesystem, über gut gemeinte Ratschläge, die Kids nerven, vorschnelles Lob oder Tadel in Bezug auf Texte, die Kinder mögen.

Wir haben also kein Problem mit dem »guten Buch«. Wir haben ein Vermittlerproblem bezogen auf das »gute Buch«. Innerhalb der gegebenen gesellschaftlichen Verhältnisse verstehen wir Erwachsene – Eltern, Lehrer, Buchhändler oder Medienvertreter – es offensichtlich nicht genug, das »gute Buch« mit den uns wichtigen Inhalten Kindern und Jugendlichen schmackhaft zu machen.

Die Frage, was ein gutes Buch ist, definieren Kinder und Jugendliche heute mit ganz anderen Qualitätsmaßstäben. Bildungsbeflissene Erwachsene wollen ihnen aber immer noch vorschreiben, welche Literatur die »Richtige« ist. Diese Art des Vorgehens verprellt Jugendliche. Während sie sonst von Erwachsenen stets dazu ermuntert werden, sich eine eigene Meinung zu bilden, können und wollen sie überlieferte Qualitätskriterien nicht mehr nachvollziehen. Die Folge: Nur noch selten decken sich die Schnittmengen eines guten Buches aus der Sicht von Jung und Alt; also die eines klassischen »guten Buches« auf der einen Seite, eines Jugendbuches und eines »coolen Buches« auf der anderen Seite.

Immer bezogen auf seinen gesellschaftlichen Kontext hat das »gute Buch« jedoch nach wie vor Strahlkraft. Allerdings muss diese Strahlkraft, ähnlich der eines ungeschliffenen Diamanten von uns entdeckt und erarbeitet werden. Das setzt eine gewisse Reife des Betrachters voraus. Fehlt diese Reife, ist die Bereitschaft zu »arbeiten« nicht vorhanden, liegt es nicht an den Büchern. Unter allerlei Mörtel und Gestein kann ein »glänzendes Buch aus alter Zeit« bis ins 21. Jahrhundert hinein in allen Regenbogenfarben leuchten. Wer indes farbenblind ist, bringt sich um den Genuss.

Investieren wir also, statt in teures Spielzeug, in die geistigen und emotionalen Fähigkeiten unserer Kinder, in gemeinsame Zeit, in der sie lernen, sich den Reichtum des »guten Buches« zu erschließen. Irgendwann werden sie dann auch das Goethesche Farbspektrum lesend sehen können. Bis dahin halten sie das »gute Buch« vermutlich mehr oder weniger für schlecht, es sei denn, wir Erwachsenen lernen endlich auch von der Jugend: Der Weg zum klassischen »guten Buch« führt heute über das, was Kids begeistert, über das »coole Buch«.

Kapitel 3

Was bedeutet Lesen?

»Worüber redest du eigentlich, Väterchen?« fragten neugierig die Bauern. »Worüber?« erwiderte Kossonossow empört. »Über das Flugwesen natürlich! Blüht halt sehr auf das Flugwesen. Hier ist also Russland, und hier ist China!«

Nicht chinesisch, eher spanisch mag Ihnen diese Geschichte eines überaus hilflosen, jungen Agitators vorkommen, den Moskau Anfang der zwanziger Jahre aufs Land schickte, um Geld zu sammeln für die junge Sowjetmacht. Jungen im Alter von 14+ fanden das Gedicht witzig und diskutierten eifrig darüber.

Dem russischen Autor Michail Sostschenko gerät schon mal aus Versehen eine Kuh in den Propeller: »Ritsch, ratsch, weg war sie!« erzählt er dann. Manchmal sind es auch Hunde. »Und Pferde? Väterchen?« fragen ängstlich die Bauern. »Auch, auch Pferde?« »Auch Pferde!« Sagt dann stolz im Brustton der Überzeugung der Redner. »Das kommt oft vor!« Doch Kossonossow kann die Bauern am Ende nicht überzeugen. Ohne eine Kopeke im Gepäck zieht er ab. Die Moral: »Die Bauern sind eben doch noch ein zu ungebildetes Volk.«

Die Kuh im Propeller ist auf der CD *Jazz – Lyrik – Prosa* erschienen, die, das sei noch vermerkt, einzelne, durchaus bemerkenswerte Literaturstücke bietet, Zeitzeugnisse auch aus der deutschen Geschichte, die Jungen mögen. Doch noch einmal zurück.

Worüber reden wir eigentlich? Über Bücher? Über Prosa? Über Lyrik, womöglich lustige Gedichte? Über Hörbücher, Verpackungstexte, über zusammengestoppelte Wortgruppen im Internet der

Marke Jedermann, über Autonummern oder über E-Mails und SMS? Was ist Lesen überhaupt?

Vor dem Hintergrund vollmundiger Schlagzeilen wie »Jugendliche lesen immer weniger!« oder »Jungen lesen nicht mehr« ist es nicht unwichtig zu wissen, was damit wirklich gemeint ist. Bezogen auf den fiktiven Roman stimmen beide Schlagzeilen in der Tendenz. Rechnet man aber beispielsweise auch das Recherchieren im Internet zum Lesen, sind beide Aussagen nicht korrekt. Die Zeit, die Jugendliche grundsätzlich mit geschriebenen Texten verbringen, hat sich nur unwesentlich geändert. Und was ist, wenn Geschichte oder Geschichten *erzählt* werden, wie die unseres Genossen Kossonossow? Ist das dann noch lesen oder »nur« hören?

Noch diskutieren Leseforscher, was als Lesen zu werten ist. Unumstritten ist jedoch, dass sich das Leseverhalten im Zeitalter der modernen Medien deutlich verändert hat. Die Rede ist von einer Schwerpunktverlagerung, die, grob geschnitzt, so formuliert werden kann: weniger Romane – mehr audiovisuelle Medien. »Beispielsweise verlieren Bücher gegenüber Filmen vor allem dort an Bedeutung, wo es um Erholung, erotische Anregung und Stimmungsmanagement geht.«[13] Muss uns das stören? Ja und nein. Schauen wir zunächst, was Lesen leisten kann:

»Lesen ist unendlich viel mehr«, schreibt die *ZEIT*-Autorin Susanne Gaschke, »als die Fähigkeit, ausformulierte Rechenaufgaben zu lösen oder Fahrpläne zu deuten.« »Wer liest, lernt denken; lernt sich in andere Menschen hineinzuversetzen, mitzufühlen, Fremdes zu verstehen; lernt aus abstrakten Zeichen innere Bilder zu produzieren«, diese in allgemeinverständliche Worte zu fassen und wieder zu erzählen. Wer liest, hat die Chance auszusteigen, Luft zu holen und Distanz zu sich und der Welt zu finden, mit anderen zu kommunizieren, sich wohl zu fühlen, zu fürchten, gespannt zu warten oder schallend zu lachen. Wer liest »entdeckt zugleich andere, fremde aufregende Welten, die er nach Belieben betreten und wieder verlassen kann.«[14] Wow. Und das alles, ohne einen Fuß aus dem Kinderzimmer setzen zu müssen.

Lesen bedeutet kommunizieren

Doch wenn Lesen mehr ist als Rechenaufgaben zu lösen oder in anderen Welten zu wandeln, was bedeutet es außerdem? Lesen heißt auch kommunizieren können. Mit Blick in die Zukunft unserer globalen Dienstsleistungs- und Wissensgesellschaft bedeutet Lesen aber vor allem *auf der Höhe der Zeit* kommunizieren zu können. Mit diesem Ziel vor Augen sollte es uns stören, wenn andere Hobbys Bücher in den Hintergrund drängen – und zwar aus mindestens fünf Gründen:

1. Wer zu Hause nicht mit Spaß liest, was gefällt, fühlt sich in der Schule schnell überfordert. Schullektüre gilt unter Schülern als wenig bis gar nicht attraktiv, weil sie gemessen an ihren Maßstäben zu wenig unterhaltend, zu kompliziert und altmodisch daher kommt. Wer lustvolles Lesen also in der Freizeit nicht trainiert »hält Schullektüre nicht aus«, bleibt zurück, und das nicht nur im Fach Deutsch. Wer jedoch von Kindesbeinen an regelmäßig gelesen hat, der weiß: Lesespaß stellt sich nicht immer gleich auf den ersten Seiten ein. Mitunter ist Durchhalten gefragt. Anstrengung wird aber auch belohnt. Mit der Zeit und steigender Anzahl positiver Leseerfahrungen wächst die Lesefrustrationsschwelle. Der Leser lernt, geistige Arbeit kann zu Vergnügen führen. Das macht toleranter – nicht nur für schulbedingte Pflicht(en)lektüre.

2. Geistige Fähigkeiten, die mit dem Lesen normalerweise auf- und ausgebaut werden, können im Falle rückläufiger Buchnutzung möglicherweise nicht mehr ausgebildet werden. Die Leseforscher Ortwin Beisbart und Klaus Maiwald hegen diesbezüglich starke Zweifel und argumentieren:

   »Die Potenziale der neuen audiovisuellen Codes für das imaginäre Denken können sich nur auftun, wenn man über differenzierte Kompetenzen zur Sprachproduktion, -rezeption und -reflexion verfügt. Die Fürsprecher der neuen Medien besitzen solche Fähigkeiten und sie schulden sie wohl nicht zuletzt ihrer harten Bücherbildung. Besitzt man sie nicht, dann verkommen spielerische Möglichkeiten leicht zum sprachlosen Überwältigtsein oder zum Verharren in dumpfer Monotonie, etwa mechanischer Ballerspiele.«[15] Im Umkehrschluss bedeutet das: Genau diese Ballerspiele überstehen Jugendliche unbeschadet, wenn sie büchergebildet sind. In der Regel finden sie dann selbstständig ein vernünftiges Maß. Interessant in diesem Zusammenhang ist, dass qualifizierte Internet- und Computernutzung bei Jugendlichen grundsätzlich mit Bücherbildung einhergeht. Je umfangreicher also Jungen die Möglichkeiten von Computer und Internet nutzen, desto intensiver haben sie zu zuvor gelesen.

3. »Wer liest, schießt nicht.« Diese sicherlich extreme Aussage eines Erfurter Lehrers verdeutlicht eine Tendenz: Wenn das Buch als Hobby an Bedeutung verliert, hat das Folgen für das Ausbilden sozialer Kompetenzen. Klammern wir das Lesen von Sachbüchern einmal aus, denn dort geht es in erster Linie um das zielgerichtete Abrufen von Informationen, so tragen Geschichten ohne Zweifel zur Persönlichkeitsentwicklung bei. Kinder durchdenken beim Lesen Lebensentwürfe und -möglichkeiten. Sie erkennen, indem sie sich mit Figuren identifizieren, wer sie selbst sind. Sie erkennen ihre eigene Welt und die anderer. Gerade in der Verarbeitung negativer Erfahrungen von Buchhelden lernen sie, wer sie sein wollen. Hier liegt für sie die Chance, Wirklichkeit und persönliche Wünsche miteinander zu vergleichen und Schlussfolgerungen für das persönliche Handeln zu ziehen. Das aktive Auseinandersetzen mit Lebensentwürfen, das Ablehnen oder Annehmen bestimmter Verhaltensweisen und Muster führt schließlich zu einem Selbstkonzept, einer Identität. Lesen vermittelt Leitbilder.

4. Über den Faktor der Persönlichkeitsentwicklung hinaus werden Kinder über Bücher in die emotionale Kultur einer Gesellschaft eingeführt. Treten Bücher in den Hintergrund, findet diese Sozialisation nicht mehr statt.

5. Verschwinden Bücher aus dem Kinderzimmer, nehmen wir Jungen und Mädchen quer durch die gesamte Gesellschaft von vornherein die Möglichkeit, selbstständig lustvolle Leseerfahrung zu sammeln. Sie erwerben erst gar nicht die Fähigkeit, ein »gutes Buch«, also eines, das Leseerfahrung voraussetzt, zu genießen. Wie sollen dann spätere Generationen lustvoll lesen, wenn die Eltern den Genuss von Büchern nie erfahren haben?

Solange Kinder also Kommunikationsfähigkeiten auch jenseits von audiovisuellen Medien schulen, ist noch alles im Lot. Bedenklich wird es erst, wenn das Potenzial der neuen Medien von Eltern überschätzt wird. Audiovisuelle Medien sollen hier nicht in Bausch und Bogen verdammt werden. Viel wichtiger ist mir, das Buch als feste Größe am Nachmittag nicht gänzlich aus den Augen zu verlieren. Im Unterschied zum Computer fördert das Lesen andere Fähigkeiten, die das gesellschaftliche Miteinander ebenso prägen: Fantasie, Ruhe, Konzentration, Gelassenheit, Nachdenklichkeit, differenzierte emotionale Identifikation... Sozialkompetenzen also, die mindestens ebenso wichtig sind, wie die Fähigkeit, im 21. Jahrhundert chatten zu können. Noch einmal kurz zusammengefasst: Wer zu Hause liest

- lernt besser in der Schule,
- erwirbt mediale Kompetenz,
- löst Probleme leichter,
- findet unkomplizierter seinen Platz im Leben,
- genießt »gute Bücher« und gibt Bildung weiter: alles in allem die beste Basis, um die Herausforderungen der künftigen Erwachsenenwelt meistern und um *auf der Höhe der Zeit* kommunizieren zu können.

Lesen bedeutet Geschichten erzählen

Das klingt zunächst einmal wie ein Widerspruch. Und doch behaupte ich: lesen ist nichts anderes als Geschichten erzählen: Je nach Sicht des Betrachters werden dem Leser Geschichten erzählt oder, wenn er später vielleicht selber schreibt, erzählt er seine Geschichten anderen. In jedem Falle gilt: Ohne Geschichte kein Lesen, ohne Geschichtenerzähler kein Leser. Selbst im naturwissenschaftlichen Bereich – siehe Stephen Hawking – haben nicht nur Verleger begriffen: Vermitteln Wissenschaftler staubtrockene Erkenntnisse in Form von erzählten Episoden, finden sie schneller Eingang in unser Gedächtnis, bleiben Leser länger aufmerksam. Manchmal erzählen Schauspieler oder Autoren ihre Geschichten auch einem Mikrofon. Das nennt sich dann Hörbuch. Das ändert aber nichts an der Tatsache, dass Geschichten erzählt werden, oder?

Geschichten begleiten uns vermutlich schon solange die Menschheit denken kann. Vor zweitausend Jahren am Lagerfeuer hat bestimmt noch niemand an Bildung gedacht, sondern sehr wahrscheinlich vielmehr an den Austausch von Neuigkeiten, an Spaß, Zeitvertreib und Wohlbefinden. Erst mit sich entwickelnder Schrift wurden Begebenheiten wie jene, die uns durch die Heilige Schrift überliefert wurden, überwiegend Gebildeten zugänglich. Seither scheint dem Lesen etwas Ernsthaftes anzuhängen, das auch zu der bedauerlichen Ansicht führte, Lesen sei eine ausschließlich ernsthafte und belehrende Angelegenheit. Weit gefehlt.

Geschichten, die wir erinnern, sind zumeist emotional gefärbt – angereichert mit Erfahrungen aller Art. Sie betreffen uns und machen uns betroffen. Darum: Freuen wir uns doch, ohne Belehrungen lesen zu können; gönnen wir dem einen den Politik-Thriller Grisham und dem anderen das antiquarische Gedichtsbändchen Hölderlin. Zwar hinterlässt ein Buch nicht bei jedem Leser die gleiche Wirkung, Bücher sind nun mal Spiegel der Persönlichkeit, für Geschichten/Bücher gilt aber, was auch für Blumen, Pflanzen und Tiere zutrifft: Unser Leben wird durch sie emotional reicher.

Lesen bedeutet fühlen

Die beliebtesten Geschichten meines Sohnes im Alter zwischen vier und sechs Jahren waren immer die, die ich noch gar nicht kannte, wenn ich nach der Arbeit im ZDF nach Hause fuhr. Sie entstanden zumeist, während wir zusammengekuschelt auf seinem Bett saßen, Schulter an Schulter, Hand in Hand, und miteinander sprachen. Ruhige, aufregende, lustige und traurige Sätze flossen dann ineinander. An seinem Ohr vorbei wirbelten sie durch die Luft und nahmen Aufstellung vor seinem geistigen Auge. Sie wurden lebendig. Die Abenteuer des Fuchses Vuki.

Vuki lebte allein in einem Zeitungskiosk einer Großstadt, umgeben von Zeitungen, Zeitschriften und Süßigkeiten, in der Hoffnung, irgendwann den Weg zurück in den Wald zu finden. Angelehnt an die Wand des Zimmers sah es oft so aus, als würden Tilman und ich mit geschlossenen Augen durch die Mansardendecke in den Nachthimmel schauen. Dann wanderten unsere Gedanken in geheime Fächer unter dem Kiosk-Ladentisch, unter der Straße entlang hinunter in die Kanalisation und wieder hinauf quer über die Kopfsteinpflasterstraße hinweg in eine Tierhandlung. Hier hätte Vuki so gern mit anderen Tieren gespielt. Doch seine Freiheit zu verlieren, in diese Gefahr wollte er sich nicht noch einmal bringen. Viel lieber als alle Abenteuer aus Büchern wollte Tilman die vom Fuchs Vuki hören. Während ich die Geschichten ersann, sprach ich zwangsläufig in kurzen, überschaubaren Sätzen, die er gut verstand. Manchmal trieben seine Fragen die Geschichte auch in eine unerwartete Richtung. Vuki erlebte dann abends gegen acht Dinge, die meinem Sohn bekannt vorkommen mussten. Zum Teil waren es seine Siege und Niederlagen im Kindergarten oder auf dem Fußballplatz. Lange, manchmal sehr lange hielt ich dabei seine Hand, bis er eingeschlafen war und nicht selten schlief ich mit ihm ein.

Lesen und Geschichten erzählen von Kindesbeinen an, das ist vor allem deshalb auch ein gefühlsmäßiger Akt, weil wir dabei mit geliebten Menschen sprechen, reagieren, fantasieren, Abenteuer sehen, hören, riechen und schmecken. Darum geht es. Um sinnliche Erfahrung. Nicht von ungefähr sind erste Bücher oft Fühlbücher mit kleinen Fell-, Samt-, Stein- oder Plastikflächen. Und weil wir ganz natürlich in vertrauter Atmosphäre in kurzen Sätzen sprechen, sind Bücher, die sich dieses stilistischen Kniffs bedienen, nicht zwangsläufig minderwertig. Nicht auf die Satzlänge kommt es an, sondern auf seine Wirkung. Berührt ein Satz emotional, hallt er nach, kann man von einem hilfreichen, guten Text sprechen. Der Schritt zum »guten Buch«, das Erwachsene schätzen und Kinder und Jugendliche auch heute noch emotional anspricht, ist dann nicht mehr weit.

Lesen bedeutet einen Samen pflanzen

Lesen ist eine Gabe, ähnlich einem Samenkorn. Erkennen wir dessen fruchtbare Kraft, wird sich aus dem Korn eine neugierige Pflanze schälen, die unbefangen auf dem Weg zur Sonne gen Himmel wächst. Mit Liebe und Wohlwollen genährt und behütet, wird sie widerstandsfähig und irgendwann zum starken Leselebensbaum; für unsere Kinder weit mehr als eine Rankhilfe bei Wind und Wetter. Einmal fest verwurzelt, blüht er bis ins hohe Alter, bleibt fruchtbar für kreative Nachkommen, Enkel und Urenkel.

Lesen bedeutet erziehen

Bedeutet lesen erziehen oder bedeutet erziehen lesen? Beides ist richtig. Es klingt wie eine Binsenweisheit und kann doch nicht oft genug wiederholt werden. In den ersten drei Lebensjahren legen Eltern den emotionalen Grundstein für alles, was ihr Kind später an Herausforderungen zu bewältigen hat. Darüber gibt es in der

Psychologie keinen Zweifel mehr. Die Schlussfolgerung von Leseforschern erscheint deshalb nachvollziehbar: Je stärker die emotionale Basis des Kindes ist, desto eher wird sich auch Leselust entwickeln. Im Umkehrschluss heißt das: Ein leselustiges Kind zu erziehen, ist deutlich einfacher. Wer sich also über Lesemotivation ernsthaft Gedanken macht, kommt nicht daran vorbei, sich mit seinen Erziehungsauffassungen und Erziehungspraktiken auseinandersetzen. Liest ein Kind nicht, hat das auch etwas mit dem eigenen Handeln zu tun. Spätestens hier wird deutlich, weshalb das Thema Lesen an Schulen, über das Zuordnen von Lauten zu Buchstaben hinaus, nicht aus den Startlöchern kommt – obwohl bundesweite Lesekampagnen längst den zukunftsentscheidenden Stellenwert von Lesekompetenz propagieren. Schulen können das, was zu Hause versäumt wurde, nur noch selten auffangen.

Lesen ist, so Leseforscher, nicht nur eine Technik. Oder anders ausgedrückt: Beim Lesen geht es nicht nur um das mechanische Entziffern von Buchstaben. Lesen ist Teil des Gesamtkomplexes Spracherwerb und Sprachkompetenz, im Englischen Literacy genannt. Nach jüngsten wissenschaftlichen Erkenntnissen der Expertin für Spracherwerb Marian Whitehead aus Großbritannien ist Lesen lernen und das Ausbilden von Lesekompetenz viel stärker als bisher angenommen, an ein hinreichend emotionales Fundament des künftigen Lesers gebunden. »Entwickeln von Literacy hat von den frühesten Kindertagen an mit Miteinander zu tun, mit einer festen Bezugsperson im Leben eines Kindes, mit Spaß, Reden, sich Wohlfühlen.«[16] Je stärker die emotionale Grundlage, desto größer ist also die Wahrscheinlichkeit, dass Lesekompetenzeigenschaften wie Einfühlungsvermögen oder auch die Fähigkeit, zu interpretieren, ausgebildet werden.

Im Vordergrund von Lesekompetenz steht deshalb auch nicht Bildung im begrenzten Sinne von Fragen beantworten oder Wissen vermitteln. Im Vordergrund steht Menschenbildung. Dazu gehören das bewusste Entwickeln von Werten, von Verhaltensnormen und von Sozialkompetenz. Denken wir mit Blick auf unsere Kinder einmal über die Mittelstufe hinaus: Lesekompetenz führt zu selbstständigem gesellschaftlichen Handeln. Lesekompetente Schüler lernen leichter größere Zusammenhänge zu verstehen, Entscheidungen zu fällen, selbstbestimmt zu agieren und politisch mündig zu werden. Das sind wichtige Voraussetzungen, um in einer Demokratie zufrieden leben zu können.

Lesekompetenz kann deshalb nur das Ergebnis konzertierten Vorgehens von Elternhaus *und* Schule sein. Schule baut auf dem auf, was das Elternhaus schon geleistet hat. Wenn ein Sechstklässler nicht liest, weiß die Erziehungswissenschaftlerin Christine Brinck aus München, dann ist er nicht erst mit zwölf Jahren in der Schule in diese missliche Situation geraten. »Dann hat er in seinen ersten Lebensjahren zu wenig mit liebenden Menschen kommuniziert.«[17] Geht die Schule auf dieses Manko nicht ein, weil Lehrer es nicht erkennen, keine Zeit oder keine Möglichkeit dazu haben, kann aus dem Leseverweigerer keine Leseratte mehr werden.

Für liebende Eltern, die immer nach bestem Wissen und Gewissen versucht haben, ihren Kindern den Weg ins Leben zu ebnen, ist das sicher starker Tobak. Dazu noch einmal Marian Whitehead. Sie erklärt, wie Eltern die Lesekompetenz ihrer Kinder fördern können:

»Die Straße zur Literacy wird früh gepflastert. Überwiegend durch Gefühle; wenn zum Beispiel ein Kind in den Schlaf gesungen wird, wenn die Großmutter Geschichten erzählt, wenn der Vater ›Hoppe Reiter‹ spielt oder beim Baden vorliest. ... Dieses emotionale Band kann der Fernseher nicht knüpfen, er reimt und singt nicht, er hört dem Kind nicht zu und streckt auch keine Arme aus.«[18] Und es sei ergänzt: Das vermag auch der Computer nicht!

Lehrer, aber auch Eltern, hätten oft eine viel zu enge Vorstellung davon, so die englische Wissenschaftlerin, was Lesekompetenz eigentlich ist. Oft fehle aber auch die Bereitschaft und das Wissen, eine genussvolle Lesestunde zu Hause oder einen packenden Leseunterricht aus den Interessen und den speziellen Erfahrungen der Jungen heraus zu entwickeln.

Fest steht: Solange sich Lehrer und Eltern gegenseitig »Unfähigkeit« attestieren, werden Jungen nicht lesekompetenter. Werden die erzieherischen Versäumnisse dann aber auch noch in Gegenwart der Jugendlichen debattiert, wird sich potenzielle Leselust andere Ventile suchen, frei nach dem Motto: »Sollen die Erwachsenen sich doch streiten, ich guck derweil fern.«

Erfolgreiche Lesemotivation bedeutet deshalb die Grundfrage zu beantworten: Vermitteln wir an der Schule ausschließlich Wissen oder erziehen wir Schüler auch »ganzheitlich«, wollen wir also, dass auch Werte wie Respekt, Disziplin, Rücksichtnahme und Verantwortung erlernt werden? Solange die Schule sich ausschließlich auf das Vermitteln von Wissen zurückzieht, auch wenn der Grund aus der Geschichte Deutschlands verständlich ist, wird Lesemotivation am Anfang des 21. Jahrhunderts in den Kinderschuhen stecken bleiben.

Leseerziehung im Gesamt der Medienerziehung bedeutet verlässlich Grenzen zu setzten in Elternhaus und Schule, bedeutet Sekundärtugenden wieder eine größere Rolle auch auf dem Zeugnis zukommen zu lassen. Nur so hat das Buch eine Chance.

Ein Beispiel: Auf der Abiturfeier eines deutschen Gymnasiums fasst der Direktor die Aufgabe seines Kollegiums so zusammen: »Wir Wissensvermittler haben die Aufgabe, Schüler in den Besitz eines Studien-Berechtigungsscheines zu versetzen.« Was ist hier passiert? Jahrelang wurden Lehrer und Schüler ausschließlich auf Wissensvermittlung eingeschworen – ja schlimmer noch – auf das Niveau »genügend«. Pubertierendem Protzgehabe entgegenzuwirken, dazu fühlten Lehrer sich nicht wirklich aufgefordert. Vermutlich hat mancher in der Vergangenheit sogar gedacht: Warum soll ich mich für etwas einsetzen, das Ärger bringen kann und von oberster Stelle nicht einmal geschätzt wird? Wo es also nur darum geht, irgendwie durchs Abitur zu kommen, fallen lesende Schüler als »Streber« auf, wird ungenügendes Sozialverhalten eher toleriert und irgendwann zum Normalfall. Wen wundert es dann noch, dass am gleichen Gymnasium Schüler unkommentiert Parolen wie »Sieg

Heil!« oder »Wir wollen Hitler zurück« brüllen und ungestraft Mobiliar zerstören können. Unter diesen Umständen wird das Buch immer eine »schlappe Nummer« bleiben.

Übrigens, den »Heldentod« kann das Buch natürlich auch sterben, wenn gut gemeinte Lesemotivation übers Ziel hinaus schießt. In einem anderen Fall ließ ein übereifriger Schulleiter gleich ganze Unterrichtsstunden wie Biologie, Mathematik oder Deutsch ausfallen – mit dem Ziel: »moderne Leseförderung mit Eventcharakter« zu betreiben. Man muss sich das so vorstellen: An einer deutschen Gesamtschule im Ausland wurden im Jahr 2004 600 Schüler regelmäßig quer übers Schulgelände getrieben, dorthin, wo sie freiwillig lesen konnten; irgendwo in der Turnhalle, im Aufenthaltsraum, hinterm Busch oder auf dem Parkplatz. »Die Schüler dürfen lesen, wo sie wollen«, erklärte mir stolz die federführende Deutschlehrerin. Wir alle ahnen, was die befreiten Schüler in diesen 45 Minuten zwischen zwei Klingelzeichen getan haben. Mit Lesen hatte das alles nicht viel zu tun. »Coole Rauchpause!« hörte ich Mädchen kichern.

Lesemotivation in der Schule kann deshalb erst auf einem bestimmten Niveau gesellschaftlich anempfohlener und von den Schülern gelernter, akzeptierter Verhaltensnormen aufbauen. Freiräume zu gewähren setzt Reife voraus. Auch deshalb ist Lesemotivation gedanklich immer mit Grenzen setzen verbunden.

Aber noch aus einem anderen Grund: Es geht um Grenzen setzen mit klarem Ziel. Jahrelange Richtungsdiskussionen zwischen den Extremen »Wir dürfen niemanden zurücklassen« und »Wir brauchen Eliten« führen zu grenzenlosem Durcheinander. Gefühlte Regellosigkeit auf der einen Seite und Strenge auf der anderen Seite geben Schülern keine Orientierung. Heute fehlen gemeinsame Maßstäbe zwischen Elternhaus und Schule, welches Sozialverhalten in welchem Alter als verbindlich angesehen und eingefordert werden kann. Welcher Teenager soll sich dabei zurecht finden? Den ganzen Tag macht er nichts anderes als Grenzen auszutesten. Das gehört zum Erwachsenwerden dazu, und im Grunde wäre er heilfroh, wenn er immer wieder auf die gleichen Regeln und Maßstäbe treffen würde. Sie vermitteln Sicherheit, Vertrauen, Ruhe und Gelassenheit – alles Voraussetzungen, um überhaupt lesen zu *wollen*.

Wie kompliziert dieses Thema ist, zeigt eine ganze Flut von Erziehungsratgebern unter der Überschrift »Kinder brauchen Grenzen«, aber auch die nicht enden wollende bildungspolitische Debatte in Deutschland, die sich spätestens seit Erscheinen des Buches *Die Erziehungskatastrophe* im Jahr 2001 in eine Erziehungsdebatte verwandelt hat.

Nun ist es sicherlich wünschenswert, dem eigenen, natürlichen Instinkt in Erziehungsfragen zu folgen. Möglicherweise reicht das heute aber nicht mehr aus. Niemand kommt auf die Welt und weiß, wie man als Elternteil heute mit den unzähligen Lebensentwürfen in einer globalisierten Welt am besten umgeht. Hinzu kommt: Immer mehr junge Eltern haben positive, emotional starke Elternschaft zu Hause nicht mehr erlebt. Folgen wir dem Institut für Jugendforschung in München, sind fast ein Drittel aller frisch gebackenen Eltern im Jahr 2003 selbst Scheidungskinder gewesen.

Während Eltern von Säuglingen sich häufig noch geradezu akribisch lesend mit dem körperlichen Wohlbefinden ihres Nachwuchses auseinandersetzen (Stillen ja oder nein?, Gläschennahrung ja oder nein? Was tun bei Fieber oder Durchfall?), scheint das geistige und emotionale Werden und Gedeihen unserer Kinder mit einsetzendem Krabbelalter eher dem Zufall überlassen zu werden. Und das, obwohl die eigentliche Erziehungsarbeit jetzt erst richtig beginnt. Auch vor diesem privaten Hintergrund bedeutet erziehen deshalb lesen und lesen erziehen.

Lesen ist handeln

Lesen ist ein permanenter kreativer Akt, bei dem wir uns das Leben in der Vergangenheit, Gegenwart und Zukunft ausmalen – schön oder schrecklich, spannend oder entspannend. Nicht selten machen wir dabei gelöst Pläne. Mitunter lesen wir, um ein Problem zu analysieren, auf der Suche nach einer Lösung. Darüber hinaus animiert uns Lesen dazu, Erkanntes zielstrebig in die Tat umzusetzen. Fühlen Sie sich nach der Lektüre dieses Buches dazu ermuntert, Ihren Tagesablauf zu ändern, anderen Hilfe anzubieten (zum Beispiel Nachbarskindern vorzulesen) oder die Schule zu unterstützen, ist genau das eingetreten.

Die Faszination des Lesens ergibt sich aus seiner paradoxen Wirkung: Während wir lesen, lenken wir uns ab von der Welt, distanzieren uns mitunter ganz bewusst. Gleichzeitig finden wir dabei den Sinn des Lebens.

Wollen wir Erwachsene unseren Kindern helfen, *ihren* Sinn des Lebens zu finden, ist Lesemotivation sicher nicht der schlechteste Weg. Die folgenden Kapitel werden Ihnen zeigen, wie Lesemotivation in der Praxis betrieben werden kann. Neben Wissenswertem und Allgemeingültigem für beide Geschlechter finden Sie Spezielles für den männlichen Nachwuchs. Wer als »Trainer« erfolgreich sein will, sollte wissen, was Jungen und Mädchen im Umgang mit dem Buch nicht nur äußerlich unterscheidet.

Kapitel 4

Vom kleinen (großen) Unterschied

Spätestens seit PISA wissen wir: Mädchen lesen nicht nur anders als Jungen. Sie lesen auch besser. Nachgewiesen wurde dies in allen 32 der im Auftrag der OECD getesteten Staaten im Jahr 2000. Der Vorsprung der Mädchen beim Lesen fiel durchschnittlich dreimal so groß aus wie der Vorteil der Jungen im Fach Mathematik. In der Gruppe mit großen sprachlichen Schwierigkeiten befanden sich sogar doppelt so viele Jungen wie Mädchen. Leseforscher hatten zwar bereits in den neunziger Jahren Anregungen zur geschlechterdifferenzierenden Leseförderung gegeben. Doch ernsthaft in den allgemeinen und damit auch öffentlichen Fokus rückten der »kleine Unterschied« und seine großen Folgen für das Leseverhalten von Jungen und Mädchen erst vor gut zwei Jahren. Offensichtlich hatte es in Deutschland erst des PISA-Schocks bedurft, um wissenschaftlichen Erkenntnissen – vor allem mit Blick auf praktische Konsequenzen im Schulalltag – größere Beachtung beizumessen.

Alle empirischen Untersuchungen der letzten Jahre zum Leseverhalten, die der Variable Geschlecht Aufmerksamkeit gewidmet haben, kommen zu dem Ergebnis, dass die Unterschiede beim Lesen beträchtlich sind. Professor Christine Garbe von der Universität Lüneburg, Vorreiterin in Sachen geschlechtsspezifischer Leseförderung in Deutschland, sieht diese Unterschiede in drei Dimensionen:

1. bezogen auf die Lesequantität oder Leseintensität: Mädchen und Frauen lesen mehr als Jungen und Männer;

2. bezüglich der Lesestoffe und Leseweisen: Mädchen und Frauen lesen anders als Jungen und Männer und
3. bezüglich der Lesefreude oder Leseneigung: Mädchen und Frauen bedeutet das Lesen mehr als Jungen und Männern.[19]

Vor diesem Hintergrund überraschte es nicht, dass auch PISA Unterschiede im Bereich der Lesekompetenz nachgewiesen hat. In der Kategorie »Reflektieren und Bewerten« wurde die Leistungsdifferenz zwischen Mädchen und Jungen besonders deutlich. PISA stellt fest: »Jungen scheinen insbesondere in der kritischen Auseinandersetzung mit Texten relative Schwächen aufzuweisen.« Was bedeutet das? Jungen haben im Vergleich zu Mädchen mehr Probleme mit kontinuierlichen Texten, das heißt reinen Schrifttexten ohne Illustrationen oder einer anderen Art von »Schriftunterbrechung«. Bei den nichtkontinuierlichen Texten, also Kombinationen aus Schrift, Illustration, Grafik, Schaubild und Tabellen, schneiden Jungen, besser ab. Der Grund: Sie bevorzugen Sachbücher, die häufig aus einer solchen Kombination bestehen. [20]

Mädchen hingegen mögen überwiegend kontinuierliche Texte, die typisch für den fiktiven Roman sind. Sich lesend in die Erfahrungen anderer Menschen hineinzuversetzen, fällt Schülerinnen offensichtlich leichter. Deshalb profitieren sie auch stärker vom tradierten Deutschunterricht, der überwiegend auf fiktiver Literatur aufgebaut ist. Da Mädchen auch schneller lesen als Jungen, wie PISA bestätigt hat, scheint es logisch, dass Mädchen und Frauen insgesamt mehr und komplexer lesen.

Worin unterscheiden sich nun Lesestoffe und Leseweisen? Bei der Auswahl von Büchern orientierten sich Jungen – mehr noch als Mädchen – an aktuellen Trends, an Vorgaben aus der Peergroup oder den Medien. Auffällig dabei ist, dass sie zwar häufig Lieblingsgenres nennen können, jedoch kaum konkrete Buchtitel mit den dazugehörigen Autoren. Das ist ihnen anscheinend auch nicht so wichtig. Diese Beobachtung von Leseforschern bestätigte sich auch in unseren Befragungen.

Die meisten unserer Titelnennungen stammen, geordnet nach Genrebedeutung unter den Befragten aus den Bereichen: Fantasy, Science-Fiction (SF), Abenteuer/Action, Humor/Comic, Sachbuch/Sport und Krimi. Dafür gibt es jeweils Gründe. Fantasy liegt voll im Trend, das »Wandern zwischen Welten« fasziniert. Nicht zuletzt wegen der jüngsten Verfilmung des *Herren der Ringe* landete dieses Genre bei Jungen unumstritten auf Platz eins. Science-Fiction schätzt das jüngere männliche Publikum, weil sie Qualitäten bietet, denen die Novelle ihren Namen verdankt. SF ist neu, überraschend, aufregend, zum Teil unerhört. Platz drei: Abenteuer/Action. Auch das scheint nachvollziehbar, knüpft die Vorliebe der Jungen dafür doch an den entwicklungsgeschichtlich naturgegeben größeren Bewegungsdrang der Jungen an, an ihren Kampf- und Siegeswillen.

Es ist erwiesen, so Professor Hannelore Daubert, Leiterin des Arbeitskreises für Jugendliteratur in München, »dass sich das Leseinteresse von Jungen heute überwiegend auf einfache Formen der spannungs- und erlebnisorientierten Unterhaltungsliteratur konzentriert. Jungen lesen bevorzugt Krimis, Fantasy-, Horror- und Abenteuerprosa. Jüngere schätzen besonders Autoren wie Brezina oder Stine, die ihr Erzählen an der Dramaturgie von TV-Serien orientieren. Ältere lieben zudem King oder Grisham, deren Romane sich wie ausformulierte Drehbücher zu Hollywoodfilmen lesen, deren Erzählweise also ebenfalls vom Film geprägt ist. Die zentrale Lesemotivation von Jungen ist der Wunsch nach entspannter Unterhaltung.«[21]

Diese Beobachtungen decken sich auch mit unseren, wenngleich das Genre Krimi in den letzten Jahren offensichtlich an Bedeutung verloren hat, während Comics hoch im Kurs stehen. Fast die Hälfte der von uns befragten Jungen (44 Prozent) gaben an, mehrmals pro Woche einen Comic zu lesen. Jungen mögen zudem Texte, die in einem locker, lakonischem Grundton geschrieben sind und dem Selbstverständnis »cooler« männlicher Heranwachsender entsprechen. Humor wird nicht nur als wichtiges Genre geschätzt, sondern darüber hinaus als Stilmittel in Kombination mit anderen Genres.

Die Favoriten der Leseempfehlungen in Teil III zeigen, dass der Mix aus Fantasy/SF und Humor aus Jungensicht »der Bringer« ist.

Im Gegensatz zu den von Jungen bevorzugten Texten gaben 44 Prozent der Mädchen an, lieber »Romane zu anderen Themen« zu lesen, also keine SF, Fantasy-, Abenteuer- oder Actiongeschichten, keine Biographien und auch keine Comics.

In der Grundschule bevorzugen sie deutlich mehr Tiergeschichten als Jungen (59/31,7 Prozent). Das hat die *Erfurter Studie zur Entwicklung von Lesemotivation* ergeben. Die beliebtesten Genres beider Geschlechter sind hier Abenteuer und Sachbuch, wobei Sachinteressen bei Jungen mit 59 Prozent noch deutlich stärker ausgeprägt sind als bei Mädchen. Wahre Geschichten werden von Jungen wie Mädchen am wenigsten gemocht, wobei die Aversion bei Jungen noch etwas stärker ausgeprägt ist als bei Mädchen (25,1/25,0 Prozent). Mit zunehmendem Alter mögen weibliche Leser belletristische Literatur.

Kinder wollen Abenteuer

Lesevorlieben von Grundschülern

Angaben in Prozent

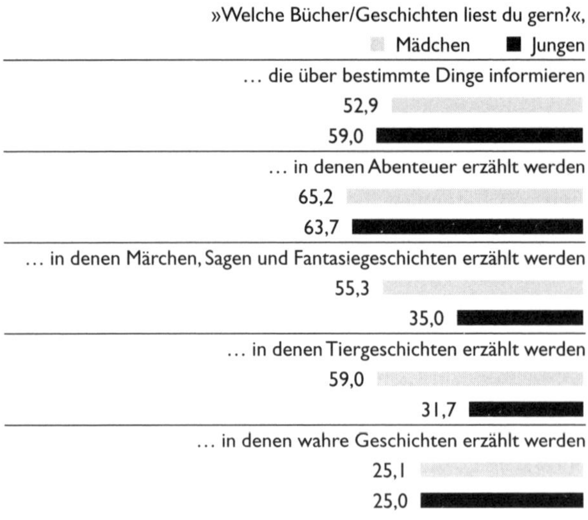

Quelle: Erfurter Studie zur Entwicklung von Lesemotivation bei Grundschülern

Zur Leseweise lässt sich feststellen: Im Umgang mit Büchern, die ihnen nicht gefallen, zeigen sich Jungen wesentlich widerständiger. Mädchen sind dagegen eher geneigt, ein Buch auch dann zu Ende zu lesen, wenn es ihnen »nicht so gut« gefällt. Sie lassen seltener etwas aus oder überfliegen Seiten. Jungen tun genau dies. Sie lesen kurzfristig, zielorientiert, längere Texte mit häufigen Unterbrechungen, vieles parallel, zum Beispiel einen Fantasyschmöker, ein Sachbuch über Sterne und einen Comic. Häufig lesen sie Bücher mehrfach.

Nun zum letzten Faktor Lesefreude/Leseneigung: Insgesamt haben Jungen, laut PISA, eine deutlich negativere Einstellung zum Lesen als Mädchen. Ihre Lesemotivation und die damit verbundene Lesepraxis sind im Vergleich zu der der Mädchen eingeschränkter. Zudem schneiden deutsche Jungen im OECD-Vergleich unterdurchschnittlich ab.

Zwei Beispiele: 46 Prozent aller befragten Jungen gaben an, nur dann zu lesen, wenn sie müssen. Bei den Mädchen waren es 26 Prozent. Diese Zahl trifft auch auf deutsche Mädchen zu, während 51 Prozent der Jungen in Deutschland freiwillig kein Buch zur Hand nehmen. Lesen als Hobby gaben OECD-weit 45 Prozent der Mädchen an. Bei den Jungen waren es 25 Prozent. Das Bild für Deutschland fällt auch hier negativer aus. Die entsprechenden Anteile liegen bei 41 Prozent für die Mädchen und 17 Prozent für die Jungen.

Und noch eine letzte Zahl: Mindestens 55 Prozent der deutschen Jungen lesen überhaupt nicht zum Vergnügen! Das war im Jahr 2000 so. Schon vier Jahre später ist dieser Wert auf 61 Prozent gestiegen. Das hat unsere repräsentative Umfrage unter Schülern in Deutschland ergeben.

> »Nehmen wir als gesicherte Erkenntnis aus der Lesesozialisationsforschung hinzu, dass ein 15-Jähriger, der nicht liest, dies mit großer Wahrscheinlichkeit auch im späteren Leben nicht tun wird, dann wird die Dramatik des Befundes deutlich. Etwa ein Drittel der Mädchen und mehr als die Hälfte der Jungen sind für die Lesekultur am Ende ihrer Pflichtschulzeit verloren.«[22]

Interessanterweise fallen die Leistungsunterschiede in der Schule zwischen Jungen und Mädchen deutlich geringer aus, wenn sie gleichermaßen Interesse am Lesen zeigen. Sie bei diesem Interesse abzuholen, das ist die Quelle aller Lesemotivation. »Wenn es stärker als bisher gelänge, Jungen Lesefreude und eine positivere Einstellung zum Lesen zu vermitteln, müssten sich die gegenwärtig starken Leistungsunterschiede zwischen den Geschlechtern im Lesen ausgleichen«, so Bodo Franzmann von der Stiftung Lesen.[23]

Der systematische Unterschied im Leseverhalten der Geschlechter wird unter Leseforschern inzwischen als gesicherte Erkenntnis angesehen, auch, dass zur erfolgreichen Entwicklung stabiler Lesemotivation bei Jungen wie bei Mädchen eine hinreichend große Summe an positiver Leseerfahrung gehört. Die Rede ist von früher literarischer Initiation. Sie alle kennen das abendliche Ritual der Gute-Nacht-Geschichte. Christine Garbe nennt das die Urszene der Lesesozialisation. »Nur wenn diese frühe literarische Initiation vom Kind als befriedigend erlebt wird, kann es eine stabile Lesemotivation entwickeln, die in der Lage ist, die späteren Hürden in der Lesesozialisation erfolgreich zu meistern.«[24]

Zweifellos ist es nicht einfach, eine solche, befriedigende Lesesituation stets wiederkehrend zu schaffen. Auf dem Weg vom passiven Rezipienten vorgelesener Geschichten zum Lustleser ist ein Kind höchst komplexen Anforderungen ausgesetzt: Sprache und Schriftsprache müssen erlernt und gefestigt werden, Worte codiert und decodiert – ein Prozess, der in aller Regel von Frustrationen begleitet ist. Ein enormes Maß an Anstrengung ist nötig, um statt laut und holprig flüssig und leise lesen zu können. Erst auf einer relativ fortgeschrittenen Stufe der Lesekompetenz bestehen überhaupt die Voraussetzungen dafür, dass Lesen als etwas Lustvolles und Befriedigendes erlebt wird. Ohne Erwachsene geht das nicht.

Hier kommen wir nun zu einem weiteren Unterschied zwischen Jungen und Mädchen, der nachhaltigen Einfluss auf deren späteres Leseverhalten haben kann, und begeben uns damit in den Bereich der Sozialisationsforschung. In der Regel spielen Mütter in der frühkindlichen Vorlesepraxis und der gesamten familiären Lesesozialisation die Hauptrolle. Lesen wird somit von Kindern überwiegend als weiblich konnotierte Praxis erlebt. Ein Mädchen, das zumeist so werden will wie seine Mutter, sieht sie begeistert vorlesen und wird fast automatisch selbst zur Leserin. Auf dem Weg zum Erwachsenwerden befindet sie sich damit in Übereinstimmung mit dem gesellschaftlich gewünschten und von der Mutter privat vorgelebten Rollenverhalten einer Frau.

Anders sieht das bei Jungen aus. Ihre Entwicklungsaufgabe besteht darin, ein Mann zu werden, also sich von der Mutter zu lösen. Im Kindergarten erlebt der Drei- oder Vierjährige vielleicht zum ersten Mal bewusst, wie ältere Spielkameraden Weibliches verlachen. Kaum hat er sein eigenes Ich im Verhältnis zur Mutter entdeckt, lernt er, dass zuviel Identifikation mit der Frau, die ihn bisher liebvoll beschützt hat und die er heiß und innig liebt, ihn in der Welt der Männer schonungslos der Lächerlichkeit preis gibt. Psychologen nennen dies ein erstes Trauma, das nahezu jeder Junge erlebt.[25]

Später als Grundschüler lernt er, wie wenig Wertschätzung die Kindererziehung in Deutschland erfährt, wie abwertend über Hausfrauen geredet wird und natürlich, dass »richtige Kerle« vor allem mit Muskeln spielen – wie im Fernsehen oder in virtuellen Computer-Welten. Bis zur Erkenntnis, dass Bücher für seinen Weg zum ganzen Mann eigentlich vollkommen unwichtig sind, ist es nur noch ein kleiner Schritt. Folglich müssen Jungen Lesen »weibisch« finden. Die Konsequenz: Bücher haben im Kinderzimmer nichts (mehr) verloren.

Christine Garbe erklärt das so: Zum einen wird das Lesen von kleinen Jungen vor allem im Rahmen einer symbiotisch-inzestuösen Beziehung zu ihrer Mutter wahrgenommen, von der sie sich lösen – oder die sie zumindest verleugnen – müssen, um in der Welt der Männer Anerkennung zu finden. Lesen, vor allem das Lesen fiktionaler Literatur, bedeutet aus ihrer Sicht die Rückentwicklung in den Mutterschoß. Zum anderen erfolgt die mediale »Initiation«

in die Männergemeinschaft über das Fernsehen, den Computer und den Gameboy. »Wir werden es nicht erleben (oder nur in absoluten Ausnahmefällen), dass sich Mutter und Sohn gemeinsam über den Gameboy beugen und versuchen mit den verschiedenen Levels von Pokémon und Zelda klarzukommen. Die Einführung in die Welt der Bildschirmspiele erfolgt entweder durch die Väter oder – in den meisten Fällen – in der Gruppe der gleichaltrigen Jungen.«[26]

Alle Mediennutzungsstudien der letzten Jahre belegten eindeutig: Computer- und Videospiele sind – ebenso wie das Lesen fiktionaler Literatur – eine Form geschlechtsspezifischer Mediennutzung. Der Beliebtheit des Lesens bei den Mädchen entspricht die Beliebtheit von Bildschirmspielen bei Jungen, und zwar mit steigender Tendenz. Nachvollziehbar und gleichzeitig alarmierend erscheint vor diesem Hintergrund die Schlussfolgerung: »Die geschlechtsspezifische Polarisierung der Mediennutzung wird nicht ab-, sondern zunehmen; die Jungen, mithin die künftigen Männer, sind im Begriff, zu den neuen (literarischen) Analphabeten der Mediengesellschaft zu werden.«[27] Inzwischen verbringen Jungen rund vier Mal soviel Zeit mit Computerspielen wie Mädchen und surfen doppelt so lange täglich im Internet.

Nun unterscheiden sich die Interessen von Jungen und Mädchen nicht erst seit gestern. Früher aber waren Jungen auf das Medium Buch als Geschichtenlieferant angewiesen. Das ist im elektrogerätedominierten Kinderzimmer längst nicht mehr der Fall. Räubergeschichten aus dem Mittelalter und fantastische Abenteuer müssen nicht mehr mühevoll lesend »erarbeitet« werden. Fernsehen, Film und Videospiele verschaffen den gleichen »Kick« in einem Bruchteil der Zeit, den das Lesen eines Buches erfordert. Der Preis dafür ist hoch: Das Gehirn wird anders und lange nicht so umfassend beansprucht wie beim Lesen. Ähnlich wie bei einem minderbelasteten Muskel sinkt die Leistungsbilanz. Man muss kein Wissenschaftler sein, um zu erkennen, dass jeder Film im Verhältnis zu seiner Buchvorlage mit einer Einbuße an psychologischer Komplexität einhergeht, mit einem Verzicht auf hintergründige und/oder parallele Handlungsstränge, auf Interdependenzen und Nuancen zum Beispiel beim Beschreiben von Charakteren. Während ein geübter jugendlicher Leser mindestens drei Tage für einen *Harry Potter*-Band benötigt, »schafft« er die verfilmte Version im Kino innerhalb von gut zwei Stunden.

Warum neigen aber nun Mädchen mehr zum Bücherlesen als Jungen, die eher Computerspiele vorziehen? Vereinfacht erklärt die Entwicklungspsychologie dies so: Mädchen *fühlen* sich im wahrsten Sinne des Wortes durch Romane angesprochen. Zum Tragen kommt dabei die kompetenteste Form der literarischen Identifikation und sozialen Interaktion – die Empathie, das »Sich Einfühlen« in Schicksale und Figuren. Der flexible Umgang mit den Grenzen eigener und fremder Identität erlaubt es, Fremdes in die eigene Identität aufzunehmen. Der Lohn des Lesens besteht also darin, soziale Interaktion erfolgreich zu praktizieren und einzuüben, ohne Risiken eingehen zu müssen oder sanktioniert zu werden, wie dies im realen Leben der Fall wäre.

Jungen projizieren dagegen, bei Computerspielen das eigene Ich auf eine Figur des Spieles. Projektion gilt unter Wissenschaftlern als niedere Form der literarischen Identifikation. Beim Computerspiel geht es um Macht, Kontrolle und Herrschaft, also um den nach abendländisch-patriarchalischem Kulturverständnis bekannten »Kampf um's Dasein« und damit um typisch »männliche Tugenden«. Die Interaktion der Jungen beschränkt sich auf strategisch und taktisch angemessenes Verhalten, um in der virtuellen Welt zu überleben. Computerspiele fordern keine emotionale Intelligenz, mahnen Psychologen. Der gesamte Bereich der Empathie bleibe ausgespart. Das Niederschießen einer anderen Spielfigur bedeute nur das Vorankommen im Spiel, nicht Tötung, Schmerz und Leid.[28]

Die Konsequenz daraus lautet für Leseforscherin Christine Garbe: »Bildschirmspiele sind ein ideales Medium, um die im 20. Jahrhundert arg beschädigte und demontierte Männlichkeit wieder zu reparieren – wenigstens in der fiktiven Welt«. Da in der Folge neuer medialer Angebote männliche Persönlichkeitsanteile einseitig verstärkt würden, verkümmerten bei Jungen weibliche Anteile wie das Einfühlungsvermögen und das Verständnis für andere, das Ausdrücken von Gefühlen, sowie die Kommunikation darüber. Vor diesem Hintergrund scheint die Frage der Wissenschaftlerin verständlich: »Werden unsere computerspielenden Jungen nicht nur die ›literalen‹ sondern auch die emotionalen Analphabeten der Zukunft sein?«[29]

Möglicherweise werden Sie jetzt entgegen halten, dass es doch noch genug Jungen gibt, die »ausreichend stark sind«, um sich gegenüber »Weichei-Hänseleien« und »Computersucht« zu behaupten. Die beiden geschilderten Faktoren aus der Sozialisationsforschung beziehungsweise der Psychoanalyse stellen aber nicht die einzigen Hürden auf dem Weg zur männlichen Leseratte dar. Die Rede ist vom »Leseknick 1« und »Leseknick 2«. Schauen wir uns an, was Leseforscher darunter verstehen:

Auf der Grundlage mehrerer Schülerbefragungen an deutschen Schulen und Bibliotheken zwischen 1993 und 2001 stellten sie fest: Der erste Motivationseinbruch, mit dem ein neugieriges, durchaus lesewilliges Kind unabhängig von seinem Geschlecht zu kämpfen hat, erfolgt zwischen dem achten und zehnten Lebensjahr, also unmittelbar nach dem Erlernen des Alphabetes. Als Leseknick wird der kontinuierliche Rückgang der Leseintensität bezeichnet. Ein wichtiger Indikator für den Leseknick 1 war das Ausmaß des Spaßes, den die befragten Kinder im Unterricht empfanden.

Der zweite und offensichtlich gravierendere Leseknick 2 wurde zwischen dem elften und dreizehnten Lebensjahr nachgewiesen, also mit dem Übergang von der Kindheit zur Pubertät, hier unübersehbar verknüpft mit einer Geschlechtsspezifik. Je älter die befragten Kinder waren, desto stärker fiel der Leseknick 2 bei Jungen aus. Innerhalb der Befragung las sich das Ergebnis so: Mit zunehmendem Alter gaben die Schülerinnen und Schüler immer häufiger an, selten oder nie zu lesen. Ab der siebten Klasse wurde fast jeder fünfte Junge, jedoch nur jedes zwanzigste Mädchen der Leseindexkategorie »sehr niedrig« zugeordnet. Der Leseknick 2 gilt auch deshalb als bedeutender, weil die Leseintensität innerhalb der Pubertät fast dreimal so stark nachlässt wie in den Jahren zuvor.

Die Geschlechtsunterschiede beim Lesen in Bezug auf Lesequantität/Leseintensität, Lesestoffe/Leseweisen und Lesefreude/Leseneigung sind bereits am Ende des Grundschulalters deutlich ausgeprägt. Wer also bis zur fünften Klasse das Lesen von Büchern in seiner Freizeit nicht gelernt hat zu genießen, wird auf dem Weg zur Leselust ohne Hilfe von außen kaum noch auskommen. Jetzt zählt jeder Tag.

Kapitel 5

Das Gehirn sieht Lesen nicht vor, oder: Wenn sich das Lesefenster schließt

Warum Jungen nicht oder anders lesen, dafür liefern Wissenschaftler unterschiedliche Erklärungsansätze. Wir erinnern uns: historisch gewachsene Vorurteile gegenüber Literatur, soziologische Zwänge, mediale Einflüsse, psychologische Gegebenheiten. All dies sind äußere Faktoren, die im Mix für versiegende Leselust verantwortlich sind. Gleiches gilt für Lehrmethoden, auf die ich im nächsten Kapitel noch eingehen werde. Da die Leselust bei Jungen jedoch stärker nachlässt als bei Mädchen, muss es noch andere Gründe geben, innere sozusagen. Werfen wir also einen Blick auf die biologische Konstitution des potenziellen Lesers. Wie bei einer Reise zum Mittelpunkt der Erde nähern wir uns damit dem Kern der Erklärungen – der Schaltzentrale Gehirn.

Bei vergleichenden Untersuchungen von männlichen und weiblichen Gehirnen haben Neurowissenschaftler deutlich unterschiedliche Funktionsweisen festgestellt. Seit 1962 ist bekannt: Jede der beiden Hemisphären der Großhirnrinde ist für unterschiedliche intellektuelle Funktionen zuständig ist. Roger Sperry hat für diese Erkenntnis den Nobelpreis erhalten. Ein Forscherteam der Yale University in den USA entdeckte 1995, »dass bei Männern vor allem die linke Gehirnhälfte für die Sprache zuständig ist, während bei Frauen dafür beide Gehirnhälften eingesetzt werden.«[30] Männer besitzen im Gegensatz zu Frauen auch nur ein Sprachzentrum. Es befindet sich in der linken Hirnhälfte. Frauen nutzen dagegen vier verschiedene Bereiche im Gehirn, die für die Funktionen Wörter erzeugen, Wörter sprechen, Wörter hören und Wörter sehen zuständig sind. Untersuchungen haben ferner ergeben, dass sich die linke Gehirnhälfte eines Jungen langsamer entwickelt als die eines Mädchens. Das bedeutet in der Tendenz, dass Mädchen eher und besser als Jungen sprechen und Fremdsprachen schneller erlernen können.

Bei Jungen wiederum entwickelt sich die rechte Gehirnhälfte schneller als bei Mädchen, wodurch sich ihre räumlich-visuelle und logische Wahrnehmung besser entfalten kann. Das erklärt auch, warum Jungen und Männer sich einfacher an Himmelsrichtungen orientieren, während Frauen im Auto die Straßenkarten auch schon mal auf den Kopf stellen müssen, um den Weg zu finden. Das männliche Gehirn sieht dreidimensional, das weibliche zweidimensional. Die Jahrtausende alte Entwicklungsgeschichte lehrt warum: Um jagen zu können, brauchten Männer die Fähigkeit, Wild über weite Strecken verfolgen zu können, um danach problemlos den Weg zurück zur Familie zu finden. Frauen mussten sich im direkten Umfeld der Höhle um die Belange der Kinder kümmern. Dazu waren ganz andere Kompetenzen vonnöten; zum Beispiel soziale, kommunikative, sinnliche, nicht aber räumlich-visuelle oder logische.

Die Verbindung zwischen linker und rechter Gehirnhälfte hat der Neurologe Roger Gorski von der University of California in Los Angeles untersucht. Dabei stellte er fest, dass das Corpus callosum, eine Art Verbindungsbalken zwischen beiden Hälften, bei Frauen deutlich stärker ausfällt als bei Männern. Frauen verfügen darüber hinaus über rund 30 Prozent mehr Verbindungen zwischen der linken und rechten Gehirnhälfte. Da die Anzahl der Verbindungen zwischen beiden Gehirnhälften Ausdruck zum Beispiel für die Sprachfertigkeit eines Menschen ist, überrascht es nicht, dass Mädchen in der Regel kommunikativer sind als Jungen. Es ist das weibliche Geschlechtshormon Östrogen, das die Nervenzellen anregt, mehr Verbindungen zwischen beiden Hinhälften zu produzieren, ein komplexeres neuronales Netz. Die höhere Anzahl der Faserverbindungen erklärt übrigens auch die Fähigkeit von Frauen, mehrere in keinem direkten Zusammenhang stehenden Tätigkeiten gleichzeitig auszuführen. Ein Beispiel: das Kind auf der Hüfte wippen, dabei telefonieren und im Kochtopf rühren. Die Rede ist vom so genannten Multitaskbetrieb.

Das Gehirn eines Mannes dagegen ist hochspezialisiert. Im Volksmund führte das zu der Bezeichnung »Tunnelblick«. Sein Gehirn ist darauf programmiert, eine Funktion nach der anderen abzurufen. Im Alltag bedeutet das, eine Aufgabe nach der anderen zu erledigen und nicht mehrere Sachen gleichzeitig. Der Grund: In seinem Gehirn gibt es weniger Verbindungsfasern zwischen der linken und der rechten Gehirnhälfte. Abgesehen davon, ist das männliche Gehirn auch stärker in Teilbereiche aufgeteilt als das weibliche. Es hält einzelne Schubfächer für einzelne Funktionen vor. Bei Bedarf werden sie vom Gehirn aufgezogen.

Bei einer Frau sind stets beide Gehirnhälften aktiv, bei einem Mann entweder die rechte oder die linke. Selbst im Schlaf unterscheiden sich die Gehirnfunktionen. Während beim Mann, so ergaben Hirnscans, 70 Prozent der Gehirnströme heruntergefahren werden, ergaben gleiche Untersuchungen bei Frauen eine 90-prozentige Aktivität. Das erklärt den Ruf einer Frau, sie sei eine »wandelnden Radarstation«.[31]Wenn Jungen sprechen, ist die linke Gehirnhälfte gefragt, wenn Mädchen sprechen, arbeiten beide Seiten.

Noch sind die Ursachen für das unterschiedliche Leseverhalten von Jungen und Mädchen nicht gänzlich geklärt. Fest steht jedoch, dass die Wissensgesellschaft dem Faktor Geschlecht künftig eine deutlich umfassendere Rolle beimessen muss. Gleiches gilt für den Faktor Zeit.

Sehr aufmerksam verfolgt die Wissenschaft inzwischen einzelne Phasen, in denen sich bestimmte Fähigkeiten des Gehirns ausprägen. Warum? »Es kann heute nicht mehr negiert werden, dass es biologische Regeln gibt, denen die menschliche Entwicklung, vor allem aber das menschliche Gehirn folgt; dass sie gesteuert wird durch biologische Uhren, denen die einzelnen Abläufe unterworfen sind.«[32] Ignorieren wir diese Uhr im Alltag, laufen pädagogische

Bemühungen von Eltern oder Lehrern – das können auch lesemotivatorische sein – ins Leere.

Lesen Kindern schmackhaft machen zu wollen, reicht also noch nicht aus. Mindestens ebenso wichtig ist der Zeitpunkt des Einsatzes gewählter Stimuli. Er kann über den Erfolg oder Misserfolg entscheiden. Wie bei einer Sehschwäche braucht das Kind also nicht irgendeine Brille, sondern die richtige im richtigen Moment.

Bei der Geburt eines Kindes hat das Gehirn etwa ein Drittel seines späteren Gewichtes erreicht, am Ende des fünften Lebensjahres circa 95 Prozent. Entsprechend seines genetischen Programms organisiert und vernetzt es sich fortlaufend über Nervenzellen. Das Gehirn reift. Neben der erblich bedingten Hirnstruktur sprechen Hirnforscher innerhalb des Wachstumsprozesses aber auch von der Ausbildung einer »sozialen Hirnstruktur«. Äußere Einflüsse, Sinnesreize aus der Umwelt, sorgen also ebenso für die Prägung des Gehirns. Wie geschieht das? Alle Erfahrungen, die das heranwachsende Kind macht, werden in den entsprechenden Hirnregionen materiell umgesetzt. Von außen eingehende Signale manifestieren sich im Aufbau von Verschaltungen zwischen so genannten Neuronen. Bemerkenswert dabei ist, dass ausschließlich aktive Reize umgesetzt werden, nicht passive.

Professor Klaus Ring von der Stiftung Lesen hat diesen Vorgang so zusammengefasst: »Zuschauen allein genügt nicht. Erst der interaktive Dialog mit der Umwelt entscheidet, was geschieht. Dazu gehört die Entwicklung und Verstärkung der synaptischen Verbindungen, aber auch, wie sich überraschend gezeigt hat, der Abbau solcher Strukturen, die nicht gebraucht werden, weil sie in der Erfahrungswelt der Kinder keine Rolle spielen. Am Ende der Entwicklung bleibt nur etwa ein Drittel der einmal angelegten Verbindungen erhalten. Welche Verbindungen dies sind, hängt von der Intensität der Aktivitäten ab, die die Verschaltungen auslösen.«[33]

Liest also ein Junge nicht, weil ihn männlicher Gruppendruck davon abhält, er sich anspruchloseren Freizeitbeschäftigungen »ergibt«, oder er sich natürlicherweise von weiblichen Erwachsenen löst, verliert er in jungen Jahren Gehirnpotenzial, das heißt, Fähigkeiten, die zur Lesekompetenz führen könnten. Der Grund: Sie werden nicht aktiv von ihm abgerufen. Umgekehrt verstärken sich Fertigkeiten, die er übt. Überträgt man diese Erkenntnis auf die unter männlichen Teenagern besonders beliebte Freizeitbeschäftigung LAN-Party[34], bedeutet das: Unter Umständen übt ein 13-jähriger Schüler am Wochenende bis zu 24 Stunden lang das Abknallen von virtuellen Menschen und wird darin besonders »gut«. Andere Fähigkeiten, beispielsweise das Erkennen komplexer Zusammenhänge oder das Mitfühlen mit anderen Menschen, »übt« er in dieser Zeit nicht.

Noch einmal: Es ist das Zusammenspiel von genetischem Programm und aktivem Verarbeiten von Umwelteinflüssen, das das Ergebnis der Gehirnentwicklung eines Kindes bestimmt. Nicht nur die Ausbildung der Netze selbst, sondern auch ihre Erhaltung und der Grad ihrer Stabilität sind von äußeren Reizen abhängig. Wenn vorhandene, also einmal ausgebildete Synapsen nicht genutzt werden, zerfallen sie.

In welchem Verhältnis stehen aber nun Lesefähigkeit und Zeit? Für das Erlernen der Sprache hat die Wissenschaft ein so genanntes Sprachfenster ausgemacht. Nach heutigem Kenntnisstand schließt es sich zwischen dem fünften und achten Lebensjahr. Ist die biologische Uhr abgelaufen, sind die neuronalen Netze fertig. Der Rahmen innerhalb dessen Sprache durch Sprechpraxis entwickelt werden kann, liegt nun fest. Es mag Lehrer und Eltern enttäuschen, aber »auch die beste Pädagogik kann nicht mehr erreichen, als die einmal angelegten Möglichkeiten auszuschöpfen.«[35]

Ähnliches gilt für das Lesen, wenngleich sich hier noch eine zusätzliche Schwierigkeit auftut. Anders als bei den Fähigkeiten Sprechen, Hören oder Sehen besitzt das menschliche Gehirn keine Region, die im Laufe der Entwicklungsgeschichte speziell für die Lesefähigkeit ausgebildet worden wäre. Glaubt man Hirnforscher Ernst Pöppel, ist Lesen eine der unnatürlichsten Tätigkeiten überhaupt, ja biologisch gesehen gänzlich überflüssig. »Wer liest, missbraucht seinen Wahrnehmungsapparat für eine nicht artgerechte Tätigkeit.«[36] Wenn wir trotzdem lesen und schreiben können, so liegt es daran, dass wir hierfür Gehirnregionen nutzen, die eigentlich für andere Zwecke entwickelt worden sind. Der Gedanke, dass Jungen die für das Spurenlesen nutzen, liegt nahe. Bei Mädchen könnte es das Sensorium für Gefühlsschwankungen von Gruppenmitgliedern sein, das »Zwischen den Zeilen lesen«.

Lesekompetenz entwickelt sich zeitlich gesehen nach einem ähnlichen Muster wie die Sprachkompetenz. Im Verhältnis zum »Sprachfenster« ist das »Lesekompetenzfenster« jedoch länger geöffnet. Es schließt sich erst zwischen dem 13. und 15. Lebensjahr, dann aber ebenfalls für immer. Das heißt, danach lernen Jugendliche nicht mehr, mit Texten qualifiziert umzugehen, sofern der Grundstock nicht bereits gelegt worden ist.

Für die Praxis in Elternhaus und Schule bedeutet das: Wer sprechen will, muss sprechen üben, wer lesen können möchte, muss dies trainieren. Wer Lesekompetenz ausbilden will, muss die dafür zielführenden Fähigkeiten und Fertigkeiten schulen, und zwar innerhalb des von der Natur eingeräumten, zeitlichen Rahmens. Entscheidend im Umgang mit Jungen ist dabei, in welchem quantitativen Verhältnis Trainingsstunden in Sachen »Lesekompetenz« und Trainingsstunden in Sachen »Computerspielkompetenz« stehen. Ich stelle beide Freizeitbeschäftigungen deshalb so absolut nebeneinander, weil Lesen und Computerspielen (gemeint ist hier nicht Lernsoftware, sondern Egoshooter-Spiele simpelster Art) in unserer Zielgruppe am stärksten miteinander konkurrieren. Auch das hat unsere Umfrage unter 13- bis 17-jährigen Schülern eindeutig ergeben. Die weit verbreitete Auffassung: »Lass die Jungen doch Computer spielen, solange sie wollen. Ach, und Egoshooter-Spiele, na ja, das ist doch auch nur so eine Phase. Die geht auch wieder vorbei!« lässt eins außer Acht: Fällt diese »Phase« zeitlich gesehen in das »Lesekompetenzfenster«, schließt es sich unter Umständen, noch bevor die »Computerspiel-Phase« vorbei ist. Toleranz gegenüber Ballerspielen kann also durchaus kontraproduktiv sein. Ähnlich wie Toleranz gegenüber Unkraut. Sicherlich bringt Unkraut niemanden sofort um. Lassen wir aber zu, dass es sich auf begrenztem Boden ungehindert ausbreitet, verhindert es das Wachstum von Pflanzen, die uns nähren, besonders gut schmecken oder einfach Freude bereiten.

Ich bin mir sicher: Unsere Kinder »vertragen heutzutage weit mehr elektronische Spiele« als besorgte Eltern und Pädagogen mitunter meinen. Vor allem aber, dürfen wir ihren Hirnen mehr spannende Geschichten zumuten, in jedem Fall aber, weit mehr als die »drei« per Lehrplan verordneten »Ganzschriften« pro Jahr. Nur sollten sie eben auch spannend sein. Was spannend ist, dazu braucht es offensichtlich die Erkenntnis, dass Robert Musils *Verwirrungen des Zöglings Törleß* zwar büchergebildete Erwachsene noch in Atem hält, auf junge Männer im Jahr 2005 aber leider jämmerlich wirkt. Wie war der Kommentar des Trupps Zehntklässler, die sich gar nicht erst die Mühe machten, das Buch zu lesen? »Weiberkram, den fassen wir nicht an! Da kann sich der Direx gehackt legen.« Hier sprachen Gymnasiasten, keine Hauptschüler.

Unkontrollierter Computerkonsum wird das Abenteuer des Geistes nicht erschließen helfen, unkontrollierter Bücherkonsum hingegen trägt zumindest das Potenzial dafür in sich. Nicht umsonst wird die Sprache auch als die Schule des Verstandes bezeichnet. Aus philosophisch berufenem Munde wissen wir spätestens seit Ludwig Wittgenstein: »Die Grenzen meiner Sprache, sind die Grenzen meiner Welt.« Bücher helfen dabei, diese Grenze zu durchbrechen. Nun müsste auch der letzte Skeptiker verstehen, weshalb in der PISA-Studie Sprach- und Lesekompetenz als Schlüsselqualifikationen für die künftige Arbeitswelt bezeichnet werden und damit auch als Schlüssel für persönliches Wohlbefinden.

Worum geht es denn in scheinbar »sprachfernen« Fachgebieten wie der Informatik, der Mathematik oder der Chemie? Um das Denken in bestimmten Sprachen, in Formeln und Funktionen, schriftlich definierten Zusammenhängen. Was ist ein Wort? Zunächst einmal nichts anderes als eine Formel. Deshalb ist es fast unmöglich, sich der Erkenntnis zu verschließen: Die Ausbildung von Lesekompetenz muss Vorrang vor der Ausbildung von Computerkompetenz haben. Weil das Gehirn aber Lesen nicht vorsieht, kommen wir nicht umhin, uns diese Fähigkeit hart zu erarbeiten. Was lernen wir daraus?

1. Wenn Jungen nicht lesen, sind sie nicht in erster Linie faul, sondern verhalten sich zunächst einmal ihrer Natur gemäß. Ihre kindliche Neugierde für die Fragen dieser Welt lässt sie jedoch Wege finden, dennoch lesen zu wollen. Mädchen sind in dieser Hinsicht, auf Grund ihrer komplexeren neuronalen Netze, klar im Vorteil. Es fällt ihnen leichter, als Ersatz für ein nicht vorhandenes Lesezentrum, andere Gehirnbereiche zum Lesen zu nutzen.
2. Jungen lesen aus Unsicherheit nicht, weil die ihnen entwicklungsgeschichtlich natürlich in die Wiege gelegten Fähigkeiten von der heutigen Gesellschaft nicht mehr abgerufen werden. Es ist nicht mehr nötig, unter starkem körperlichem Einsatz Nahrung zu sammeln oder die Familie vor Angriffen zu schützen. Das irritiert sie. Überdies messen Lehrer sportlichem Wettkampf im Verhältnis zu anderen Bildungsinhalten oft nur noch eine untergeordnete Rolle bei. Jungen können sich also häufig auch nicht mehr kontrolliert austoben. Am Nachmittag fehlen Angebote. Das führt bei Jungen mit größerer Wahrscheinlichkeit zu Gewalt als Ausdruck von Männlichkeit denn zum Lesen.
3. Jungen lesen nicht, weil in der Zeit, in der das »Lesefenster« geöffnet ist, zu wenig elterliche wie schulische Begleitung konsequent daran »arbeitet«, die für das Lesen wichtigen Gehirnpotenziale zu entwickeln. Dies ist bei Jungen zwar schwieriger als bei Mädchen, aber nicht unmöglich. Dem Prinzip des geringsten Widerstandes folgend, neigen wir Erwachsene jedoch dazu, den Jungen die »Schuld« zu geben (etwa: »Die sind doch viel zu verstockt.«) anstatt mit ihnen gemeinsam an der Lesekompetenz zu arbeiten.

Sprache und Lesen sind nicht nur Kommunikationsmittel, Träger von Kenntnissen und Bildung. Sprache und Lesen schaffen überhaupt erst die Voraussetzungen für die Lern- und Bildungsfähigkeit einer zivilisierten, reifen Persönlichkeit in der Medien- und künftigen Wissensgesellschaft. Sie verlangt von uns Eltern, zunehmend auch über psychologisches Rüstzeug zu verfügen, also zu wissen, wie angemessen erzogen wird. Eine Herausforderung an Schule und Eltern von morgen. Möglicherweise besteht die Antwort in einem neuen Unterrichtsfach in der Oberstufe: Psychologie. Dann wüssten Schüler schon mit 18, 19 oder 20 Jahren, warum Jungen es in der Schule tatsächlich schwerer haben.

Kapitel 6

Das Phänomen Boys' Underachievement – und was die Schule leisten könnte

Im April 2004 warnt die Nachrichtenagentur Associated Press (AP) die deutsche Öffentlichkeit: »Ein Drittel der Jungen droht abzurutschen!« Kinder und Jugendliche schnitten infolge übermäßigen Fernseh-, Internet- und Videospielkonsums inzwischen immer schlechter in der Schule ab. Aus Frust darüber steige ihre Gewaltbereitschaft. Als probates Gegenmittel werden Ganztagsschulen empfohlen – mit vielfältigem sportlichen und kulturellen Nachmittagsangebot, solche, die Lust auf's Leben machen. Wie bitte? Ganztagsschule als Gewaltbremse?

Der zunächst etwas ungewöhnlich anmutende Vorschlag stammt vom Direktor des Kriminologischen Forschungsinstitutes Niedersachsen, Christian Pfeiffer. Er hatte zuvor in einem Gespräch mit AP Medienverwahrlosung als ein zentrales gesellschaftliches Problem ausgemacht. Berücksichtige man auch die Ferienzeit, so Pfeiffer, säßen deutsche Kinder und Jugendliche heute mehr vor dem Fernseher als in der Schule. In Ländern mit Ganztagsschulen sei dieses Verhältnis zwangsläufig anders.

Sieht man einmal vom Anlass der AP-Meldung ab – sie erschien zwei Jahre nach dem Amoklauf eines Erfurter Gymnasiasten –, ist Pfeiffers Vorschlag Ausdruck eines auch in Deutschland immer deutlicher werdenden Problems. Jungen fällt es offensichtlich immer schwerer, ihren Weg in der Gesellschaft zu finden. Im englischsprachigen Ausland nennen Wissenschaftler dieses Phänomen Boys' Underachievement.

Auf den ersten Blick macht es sich »nur« an deutlich schlechteren Schulleistungen von Jungen im Vergleich zu Mädchen fest. Dahinter verbirgt sich jedoch viel mehr. In den vergangenen 13 Jahren stieg der Anteil der Jungen in Deutschland bei Schulabbrechern von 48 auf 64 Prozent. Der Anteil männlicher Sitzenbleiber ist mit 60 Prozent deutlich überproportional. In allen Belangen sind Jungen im Abdriften. Dieser Meinung ist auch der Vorsitzende des Berufsverbandes Deutscher Psychologen, Bernd Jötten, und erklärt warum: Jungen hätten heute weit mehr Probleme als früher, ihre Identität zu entwickeln und zu finden. »Umfang und Qualität der Beratungsgespräche lassen darüber keinen Zweifel.«

Dass die Schule zerbrechende Familienstrukturen heute kaum noch auffangen kann, ist unumstritten. Auch, dass nicht Lehrer allein für unzureichende Leistungen von Schülern verantwortlich sind. Da aber auch Jungen aus so genannten intakten Familien »underperformen«, also im Vergleich zu Mädchen schlechter abschneiden, muss es Einflussfaktoren geben, die im direkten Lernumfeld zu suchen sind, die also von Pädagogen stärker berücksichtigt werden könnten.

Werfen wir zunächst einen Blick auf wissenschaftliche Forschungsergebnisse im englischsprachigem Raum, wo dieses Phänomen zum ersten Mal ausgemacht wurde. Der Forschungsbericht *Helping Underachieving Boys Read Well and Often* aus dem Jahr 2002, herausgegeben vom Bildungsinformationszentrum in New York, USA[37], fasst Ergebnisse verschiedener Untersuchungsprojekte zusammen. Das Phänomen selbst wird nicht mehr in Frage gestellt. Hier heißt es:

> »Jungen lesen später als Mädchen. Jungen brauchen länger, um es zu lernen und um narrative Texte zu verstehen. Jungen schätzen das Lesen weniger und sähen darin eher eine Möglichkeit, Informationen zu erlangen als sich zu erholen.« Die Gründe: biologische Disposition sowie erlebte Erfahrungen in Familie, Schule und Gesellschaft. Der Bericht resümiert: »Gut lesen zu können, ist die wichtigste Fähigkeit, die ein Kind erlangen kann«.

Darauf folgt praktischer Rat: Der Englischunterricht müsse sich stärker an den Freizeitinteressen männlicher Heranwachsender orientieren und stärker als bisher das unmittelbare Leistungsniveau der Jungen als Ausgangspunkt aller pädagogischen Überlegungen berücksichtigen. Überdies sollten Lehrer Jungen erlauben, sich im Englischunterricht mit verschiedenen Genres zu beschäftigen. Zeitungen, Magazine, Ratgeber, Comics und Computer-Programme gehörten ebenso zum Leben der Jungen und deshalb in den Unterricht wie Texte, die Jungen die Teilnahme an Sport- und Gruppenaktivitäten ermöglichen.

Kritiker der »Verflachungsstrategie« ließen erwartungsgemäß nicht lange auf sich warten. »Was soll das denn?« höhnten nicht nur Pädagogen Anfang der neunziger Jahre in London. »Sollen wir in Englisch statt Shakespeare jetzt die Kricketregeln diskutieren?« Genau an dieser sensiblen Schnittstelle, bei der Frage »Wie lebensnah kann, darf und muss Schule heute sein?« setzten die beiden Professoren Jeffrey Wilhelm von der University of Maine und Michael Smith von der Rutgers University in den USA an.

Aufgescheucht von Medienberichten über auffälliges, männliches Sozialverhalten, Gesetzesübertritte und schlechte Schulergebnisse, untersuchten sie das Verhalten von Jungen in der Freizeit im Verhältnis zu ihrer Lese- und Schreibfähigkeit. Das Ergebnis: Werden Freizeitinteressen von Jungen »konsequent angezapft«, kann die daraus erwachsende Motivation Berge versetzen.

Die beiden Forscher berichten von einem Jungen, der mit zwölf Jahren noch nicht wirklich lesen konnte, sich innerhalb ihres wissenschaftlichen Projektes jedoch für das Abonnement einer Autozeitschrift entschied. »Zunächst sah er sich nur die Bilder an, dann hat er sich die Bildunterschriften von Gleichaltrigen der Gruppe vorlesen lassen. Irgendwann las er selbst, ohne die Hilfe eines Lehrers oder anderer Schüler«.

Über ein Jahr lang hatten Wilhelm und Smith eine Gruppe von 49 Jungen zwischen der sechsten und zwölften Klasse beobachtet. Sie war zuvor nach unterschiedlichem Bildungshintergrund, ethnischer Zugehörigkeit und Haushaltseinkommen der Familien ausgesucht worden. 2003 erschien ihr Buch *Reading don't fix no Chevies* (zu übersetzen mit: *Lesen repariert keine Autos)*.

Das erwähnte Beispiel wird verständlicher, wenn man sich anschaut, auf welchen Erkenntnissen die Schlussfolgerung der beiden Wissenschaftler aufbaut:

1. Lesen in der Schule und Lesen in der Freizeit sind für Jungen offensichtlich zwei vollkommen verschiedene Paar Schuhe. Jungen, die in der Schule als Leseverweigerer eingestuft wurden, stellten sich häufiger als erwartet als Freizeitleser heraus.
2. Die Vermutung, Lesen werde von Jugendlichen als feminin wahrgenommen und deshalb als unattraktiv, verwarfen sie als einzigen Grund und spezifizierten: Jungen verweigern nicht das Lesen an sich. Jungen verweigern das Lesen in der Schule.
3. Die Begründung: Schullektüre wird von ihnen als Pflichtlektüre wahrgenommen. Schultexte sind zu lang und zu schwer. Der Anteil fiktiver Literatur ist zu groß.
4. Privates Lesen hingegen empfinden Schüler als freiwillig. Es knüpft an ihre individuellen Interessen an und besteht in der Regel aus kurzen Texten, für die Jungen sich auch kompetent genug fühlen.
5. Was Jungen gern lesen, wird in der Schule nicht geschätzt. Die Gruppe nannte Gruselgeschichten, Website-Inhalte, Liedtexte, spannende Romane und Magazine über Hobbys und Sport.
6. Schüler legen beim Lesen großen Wert auf nachhaltige Beziehungen zu Autoren und Charakteren, was Rückschlüsse auf den Erfolg von Reihen zulässt.

Für Smith und Wilhelm liegt die Vermutung nahe, dass Jungen sich weniger distanziert und ablehnend der Schule gegenüber verhalten würden, wenn Lehrer stärker auf sie eingingen. »Boys respond to people who listen to them.« Sie empfehlen, den Begriff »wertvolle

Literatur« – also den des »guten Buches« – zu erweitern. Der Englischunterricht sowie die dazugehörigen Lehr- und Leseinstruktionen müssten stärker an die soziale und visuelle Erfahrungswelt der Jungen anknüpfen. Texte sollten inhaltlich vorbesprochen werden, um Jungen kompetent lesen zu lassen. Wichtiger denn je sei es deshalb für Lehrer, ihre Schüler auch in der Freizeit zu erleben sowie an intensiveren Beziehungen zwischen Elternhaus und Schule zu arbeiten. Denn: »You can't teach kids unless you know them, care about them and address them at their point of need and interest.«[38]

Zwei Jahre später und um einige Forschungsergebnisse reicher, stößt auch PISA-Projektleiterin Petra Stranat in das gleiche Horn und ergänzt: »Um besser auf individuelle Stärken und Schwächen eingehen zu können, müssen diese zunächst einmal identifiziert werden.« Mit der Diagnostik hapere es jedoch mächtig an deutschen Schulen. Die meisten schlechten Leser würden gar nicht erkannt. Jungen würden zudem besser lesen, wenn sie sich während des Lesens körperlich betätigen: »Es hat ganz den Anschein«, so Stranat, »als ob sich die Jungen besser konzentrieren können, wenn sie beim Lesen stehen oder nebenbei einen Knetball quetschen.« In jedem Fall bräuchten Jungen mehr Zeit, um anzuhalten, umzuschalten und im Unterricht zu antworten. Diese Zeit müssten Lehrer ihnen einräumen.[39]

Wie wichtig es ist, auf die Bedürfnisse männlicher Schüler und damit auf ihr geschlechtsbedingtes Verhalten einzugehen, weiß auch Dr. Peter West von der University of Western Sidney. Seine vergleichende Literaturstudie *Boys' Underachievement in School: Some persistent problems and some current research* aus dem Jahr 1999[40] geht gedanklich noch einen Schritt weiter. Didaktische Empfehlungen ergänzt er um psychologische. Wer Jungen »richtig« unterrichten will, müsse auch wissen, wie Jungen sich selbst und ihre Männlichkeit sehen. »Die Gesellschaft verlangt von Jungen, ihre Gefühle zu verstecken. Gleichzeitig aber verlangen Lehrer von Jungen über Liebe, Angst und Emotionen in Englischarbeiten und Prüfungen Zeugnis abzulegen.« Das passe nicht zusammen. Alles deute darauf hin, so West, dass Männlichkeit im ausgehenden 20. Jahrhundert nicht als angeboren oder unveränderbar angesehen werden kann, sondern sich neu definiere. »But the difficulties inherent reveal that musculinity is much more a work under (re)construction than something immutable.«

Unter der Frage »Was ist männlich?« umreißt West, welchem historisch gewachsenen Männerbild Jungen folgen und wie es sich verändert. Vereinfacht lässt es sich so beschreiben:

1. Jungen/Männer meinen, sich ständig beweisen zu müssen: gegenüber anderen Männern, Partnern und sich selbst: ... dass sie nicht weiblich sind, ... dass sie nicht homosexuell sind. Männlichkeit trägt in sich den Status der Unsicherheit. Männlichkeit muss deshalb wiederholt bewiesen werden – auf dem Schlachtfeld, dem Fußballfeld, beim Joggen. Jungen verfolgen sehr aufmerksam, was die Gesellschaft auf dem Weg zum Erwachsenwerden von ihnen erwartet. Das Leitmotiv ist stets der Test.
2. Jungen fühlen sich aufgerufen, stark zu sein. Wirkliche Freunde findet »Mann« im Sport.
3. Jungen orientieren sich an »verfügbaren« Vorbildern, an Personen aus ihrem direkten und indirekten Umfeld (TV): Wenn Jungen eigene Erfahrungen schildern sollten, sprachen sie häufig über andere Männer – über Väter, Onkel, Brüder, Coaches – nicht aber über sich.
4. Jungen bekommen ihren Platz in der Gesellschaft von Männern zugewiesen – früher erfolgte dies über ein Autoritätennetzwerk, zumeist über den Vater oder den Großvater. Der Vater als familiäre Leitfigur tritt jedoch in den Hintergrund, wird durch die Frau ersetzt. Stichwort: alleinerziehend. Die Folge: Irritation.
5. Jungen definieren Männlichkeit darüber, »was andere Menschen nicht sind«: ... nicht schwach, nicht schwul usw. (Häufig regierten junge Männer nervös lachend auf die Frage nach dem

Inhalt von Männlichkeit, in der Annahme, dass sich ein Angriff dahinter versteckt.)

6. Jungen/Männer können heute auf sehr verschiedene Art und Weise männlich sein. Die Unterschiede fallen erheblich aus zwischen kultureller und ethnischer Zugehörigkeit, Klasse und Geschlecht.

Das sehr heterogene, sich zudem verändernde Rollenideal erschwert es also Jungen aller Schichten, einen für die Gesellschaft akzeptablen, männlichen Weg einzuschlagen. Das Verständnis dieser Frage ist für Peter West von zentraler Bedeutung. Jungen spüren, seiner Meinung nach, dass die Gesellschaft ihnen gegenüber eine kritische Position einnimmt und verhalten sich zunehmend hilflos. Das Spektrum reiche von vollkommen lethargisch bis gewalttätig. »Sie registrieren, dass Schule feminisiert ist, Mädchen zu Siegern macht und Jungen ignoriert.« Leseverweigerung erscheint also als sozialer Protest gegen Schule, Frauen, Eltern – gegen alles.

Erziehungswissenschaftler und Psychologen in Deutschland haben die »Risikogruppe Jungen« seit den neunziger Jahren fest im Blick. Ausdruck einer so genannten Identitätsproblematik sind Publikationen wie *Kleine Helden in Not – Jungen auf der Suche nach Männlichkeit* (1990), *Söhne wollen Väter* (1995,) *Echte Kerle* (2001), *Amokläufer* (2002), *Schulversager* (2003), *Sorgenkinder* (2003), *Das verdächtige Geschlecht* (2004), *Arme Jungs* (2004), *Schlaue Mädchen – dumme Jungs* (2004).

Eine »mögliche Benachteiligung« der Jungen bestimmt inzwischen auch die aktuelle pädagogische Diskussion in Deutschland. Dankbar registriert die Vorsitzende des Arbeitskreises für Jugendliteratur Professor Hannelore Daubert: »Ein pädagogisches Dogma gerät ins Wanken«. Allein von praktischen Schlussfolgerungen aus dieser Erkenntnis kann in Deutschlands Schulen anders als in Großbritannien und Australien bislang noch keine Rede sein. Nach Jahrzehnten der Frauenbewegung gilt bei uns noch immer: Wenn es eine Gruppe von Kindern gibt, die systematische Aufmerksamkeit, Förderung und Schonräume braucht, dann sind das die Mädchen. Jungen dagegen müssen eher gebremst werden in ihrem Tatendrang, ihrer Vitalität und ihrem auftrumpfenden Selbstbewusstsein. Besondere Aufmerksamkeit brauchen sie nicht. Das führt mitunter zu solchen Possen, dass deutsche Schulen Fußballmannschaften für Mädchen anbieten, nicht jedoch für Jungen.

Familientherapeutin Gisela Preuschoff, ursprünglich Lehrerin, positioniert sich in ihrem jüngsten Buch *Arme Jungs*[41] bewusst gegen politisch korrektes Denken und kritisiert: »Die Pädagogik für Jungen hinkt der Erziehung der Mädchen Jahrzehnte hinterher.« Immer noch ziele sie auf Anpassung, Zwang und Beschämung statt auf Förderung wie bei den Mädchen. Die Geschlechterforschung belege eindeutig: Jungen sind langsamer, sensibler, krankheitsanfälliger und liebebedürftiger als Mädchen. Das habe nur viel zulange niemand wahrhaben wollen.

Auch die Leipziger Soziologin Heike Diefenbach diagnostiziert im Ergebnis ihrer wissenschaftlichen Arbeit: Mädchen im Nachteil zu sehen, gilt als politisch korrekt. An deutschen Schulen hätten Jungen jedoch deutliche Nachteile gegenüber Mädchen. Gefragt sei deshalb Sensibilität für geschlechtsbewusste Erziehung!

In Großbritannien ist diese Sensibilität längst erkannt worden. Bildungsprogramme für Schüler müssen bei den Entwicklungsschwierigkeiten von Jungen anknüpfen. Diese Erkenntnis gehört für Julia Carroll von der Universität Warwick inzwischen zum Allgemeingut. Jungen hätten nicht nur doppelt so häufig Lese-und Schreibschwierigkeiten wie Mädchen, sondern insgesamt mehr Entwicklungsprobleme. Bislang sei oft vermutet worden, dass Lehrer Lernschwierigkeiten bei Jungen eher wahrnehmen als bei Mädchen. Doch das stimme nicht, so Carroll.[42]

Die Frauenbewegung hat zweifellos sinnvolle und konstruktive Diskussionen zur Stellung der Frau in der Gesellschaft und damit auch zur Erziehung von Mädchen in der Schule ausgelöst. Und auf keinen Fall sollten die erreichten positive Veränderungen im Lernumfeld von Mädchen zurückgefahren werden. Das wäre töricht. Was richtig ist, muss aber nicht für immer richtig beziehungsweise unantastbar bleiben. Einmal Erreichtes sollte stets mit neuen Erkenntnissen und Entwicklungen abgeglichen werden. Denn: Im steten Streben, nachteilige Situationen für Mädchen in der Schule abzubauen, wird seit Jahrzehnten stillschweigend davon ausgegangen, dass es Jungen immer gut gegangen ist, gut geht, sie in Freiheit und Zufriedenheit aufwachsen und sie ihr geistiges Potenzial voll ausschöpfen können. Spätestens seit PISA sollte klar sein: Das ist nicht der Fall. Lehrer, Psychologen und nun auch Kriminologen wie Pfeiffer warnen: Gefahr ist im Verzug!

Jungen schneiden im Durchschnitt in fast jedem hochentwickelten Land, mit Ausnahme von Japan, schlechter ab als Mädchen. Englischsprachige Studien weisen die größer werdende Leistungsschere zwischen Jungen und Mädchen bereits seit mehr als zehn Jahren nach.[43] Nach wie vor gibt es zwar immer noch eine kleine Gruppe von Jungen, die ähnlich gute Resultate wie Mädchen erzielen. Diese Gruppe besucht aber in der Regel so genannte Eliteschulen, das sind häufig Ganztagsschulen mit hohen Gebühren und langer Tradition. Die »Underperformer« stammen aus der großen Gruppe der Arbeiterschaft, die sich dieses Bildungslevel nicht leisten kann – mit weitreichenden Konsequenzen für die Zukunft. Lernprobleme in der Schule finden ihre Fortsetzung auf dem Arbeitsmarkt. Männer verlieren an Boden in dem Maße, wie körperliche Arbeit zunehmend durch geistige Tätigkeiten verdrängt wird. Die Zeitschrift *The Economist* nennt vor allem die Arbeitsbereiche Informationsverarbeitung, Dienstleistung, Bildung, Kommunikation, Pflege und Familie.

Die zitierten Forschungsergebnisse sprechen eine klare Sprache. Der Schule fällt in Sachen Lesekompetenz oder Literacy eine Schlüsselrolle zu. In Zeiten dysfunktionaler Familien muss sie gezwungenermaßen Aufgaben übernehmen, die über das Vermitteln von Wissen hinaus gehen, auch wenn so manchem Lehrer in Deutschland das nicht akzeptabel erscheint.

Literacy-Expertin Marian Whitehead hat in ihrem Heimatland Großbritannien bereits erlebt, wie positiv sich Jungen entwickeln können, wenn Lehrer und Eltern besondere Bedürfnisse beim Lernen wahrnehmen. »Jungen und Mädchen brauchen auch in der Schule, was normalerweise die funktionierende Familie an Werten vermittelt: Verlässlichkeit, wärmende Fürsorge, und die Bereitschaft der Erwachsenen, sensibel auf ihre Fragen, Interessen und auf ihre Neugierde einzugehen.«[44] Mit durchschnittlich sechs Schulstunden pro Woche mehr als in Deutschland haben Lehrer in Großbritannien auch mehr Zeit für Schüler, zum Beispiel am Nachmittag. Führen diese Überlegungen also zwangsläufig zur Ganztagsschule?

Ganztagsschule/Offene Ganztagsschule – noch immer ist dieses Thema ein Zankapfel in Deutschland. Ist das eine Schulform mit Nachmittagsangeboten zu Sport und Spiel an zwei, drei oder vier Tagen in der Woche? Oder geht es um Lernen am Nachmittag inklusive Hausaufgabenbetreuung und Freizeitangeboten? Wir Deutsche scheinen uns auf keine Formel einigen zu können. Allein das Wort »Ganztagsschule« lässt immer noch Eltern und Lehrer reihenweise in die Luft gehen. Außerhalb Deutschlands, in Finnland, Frankreich oder Großbritannien schütteln Fachleute darüber nur den Kopf.

Natürlich ist es zu begrüßen, wenn die Schule auch am Nachmittag Bildungsangebote bereithält, gern auf freiwilliger Basis. Eltern und Schülern können sie dann nutzen, müssen es aber nicht. Was aber in erster Linie für die Ganztagsschule spricht, ist die Aussicht auf ein besseres Schulklima. Pädagogen in unseren europäische Nachbarstaaten stimmen in dieser Prognose weitgehend überein und nennen als wichtigsten Grund wiederum: die längere »Verfügbareit einer Lehrkraft«. In Schweden beispielsweise sind Lehrer 35 Stunden pro Woche in der Schule und damit für Schüler auch am Nachmittag ansprechbar. Das trifft genauso auf das PISA-Spitzenland Finnland, auf Frankreich oder auf die USA zu. In Deutschland beträgt die durchschnittliche Pflichtstundenzahl eines Lehrers 24 Wochenstunden.

Je mehr Zeit Lehrer mit ihren Schülern verbringen, desto mehr wissen sie voneinander, desto größer ist die Wahrscheinlichkeit, dass Kinder Lehrer nicht nur als Pauker wahrnehmen. Aus dem Mehr an Zeit am Nachmittag tatsächlich Quality Time zu machen, liegt an Lehrern wie Schülern.

Aus Sicht von US-Experten ist das jedoch noch immer nicht genug. Wenn das Ziel Lesekompetenz heißt, kann die Ganztagsschule nur Teil des Plans sein. Die New Yorker Bildungsbehörde beispielsweise plädiert dafür, auch die »Community« als dritte Kraft neben Elternhaus und Schule mit ins Leselustboot zu holen. Gemeint ist das unmittelbare Lebensumfeld von Familien, die Menschen in der Wohngegend. Das Ausbilden von Lesekompetenz wird also eindeutig als gesellschaftlich relevante und nicht ausschließlich als schulische Aufgabe angesehen.

Unter der Überschrift *Joint Strategies for the School, Community and Home* unterbreiten die New Yorker Pädagogen Vorschläge, wie Bibliotheken, Schulen, Interessengruppen und Vereine gemeinsam mit Schulen und Familien das lustvolle Lesen unterstützen können: mit Programmen, Events und Initiativen außerhalb der Schule bis hin zu Lesepatenschaften unter Männern. In jedem Falle aber müssten Lesen und Sport miteinander verknüpft werden.

Gehen wir noch einmal zurück zur Idee des Kriminologen Pfeiffer. Was ist dran an der »Gewaltbremse Ganztagsschule«? Zweifellos ist die Kenntnis der Welt der Schüler eine wichtige Voraussetzung, um sie erfolgreich unterrichten zu können, auch am Nachmittag. Ziel muss jedoch ein pädagogisch sinnvolles Nachmittagsangebot für Schüler sein, das weit über eine sporadische Hausaufgabenbetreuung hinausgeht. Betrachtet man Pfeiffers Idee unter diesem Blickwinkel, kann auch der härteste Gegner sich dieser Logik nicht ganz verschließen. Wobei klar ist, auch die beste Offene Ganztagsschule wird eine liebende Familie nicht ersetzen – wohl aber kann sie diese erheblich unterstützen. Eltern, die ihr Kind auch künftig selbst erziehen wollen und können, gewährt dieses Konzept weiterhin den nötigen Freiraum. Eltern jedoch, die sich mit Erziehungsfragen überfordert fühlen – und die Anzahl dieser Eltern steigt –, greift es unter die Arme, und damit automatisch auch den Kindern. Fühlen Mädchen wie Jungen sich auch in der Schule aufgehoben und verstanden, sinkt die Wahrscheinlichkeit, dass sie gewalttätig oder kriminell werden. Deshalb:

Sperrt muffige Schultore auf! Lasst Lernen endlich etwas Selbstverständliches am Vor- und Nachmittag werden, etwas Unkompliziertes, Fröhliches, Spielerisches. Wer dies in seiner eigenen Kindheit erlebt hat, weiß, dass es möglich ist! Nehmt deutschen Schulen endlich den Geruch vom Halbtagskrankenhaus, wo, je nach Länderrezept, im Falle akuten Herzversagens Schonkost oder bittere Pillen verabreicht werden.

Das Denken über Schul-, Bundesländer- und Deutschlands Grenzen hinaus ist es, was Pfeiffers Vorschlag erst interessant macht.

Kapitel 7

Jungen fördern, Mädchen sind schon stark genug!

Über Schulgrenzen und Landesgrenzen hinaus denken – das fällt manchem, der sein Leben bisher in geordneten deutschen Bahnen verbracht hat, schwer. Deutschland – zu langsam, zu schwerfällig, zu unflexibel. Reformstau aller Orten. Bildungsschock PISA und jetzt auch das noch das: Jungen fördern! Als ob nicht schon genug Reformen zu bewältigen wären! Nachdem in der Vergangenheit Mädchen bildungspolitisch zurecht bevorzugt und unterstützt wurden, behaupte ich: Wir dürfen Jungen jetzt nicht vergessen! Mädchen sind – gemessen am Nachholbedarf der Jungen und gemessen an gestellten Zukunftserwartungen – inzwischen stark genug.

»Das kann nicht sein!« meint Maya, 33, Journalistenkollegin der ARD. Kopfschüttelnd lehnt sie sich zurück, geradeso, als fühle sie sich körperlich unwohl bei dem Gedanken, dass Jungen das schwächere Geschlecht zu werden drohen. »Ich will nicht, dass das wahr ist«, platzt es aus ihr heraus. »Das stellt doch alles auf den Kopf, die ganze Frauenbewegung!«

So wie Maya reagieren auch andere, vor allem jene, die noch keine oder sehr junge Kinder oder eben keine Söhne haben. Für sie ist das Thema Jungenförderung nicht nachvollziehbar. Männliche Journalistenkollegen wiederum schmunzeln, teils freudig überrascht, teils tief befriedigt, so, als würde ihnen nach all der »Bildungsqual« in jungen Jahren endlich späte Genugtuung widerfahren. Und dabei gehör(t)en sie doch früher zu den Erfolgreichen unter den Jungen. Sie haben die deutsche Sprache letztlich zu ihrem Beruf gemacht. Wie mag es erst den anderen gehen?

Verglichen mit dem Deutschland der sechziger und siebziger Jahre hat sich unsere Lebenswirklichkeit erheblich verändert. Noch drastischer fällt der Unterschied mit Blick auf künftige Generationen aus. Zukunftsforscher Matthias Horx nennt vier so genannte Megatrends[45], die unser Leben – also auch das unserer Söhne und Töchter – in einer globalisierten Welt entscheidend beeinflussen werden. Sie verdeutlichen noch einmal mehr, weshalb wir Jungen fördern müssen.

Beginnen wir mit dem *Megatrend Frauen.* Horx beschreibt ihn so: »Frauen sind an allen Fronten auf dem Vormarsch. Kulturell, politisch, wertemäßig und ökonomisch.«[46] Innerhalb eines »gigantischen Umverteilungsprozesses« wird die Ressource Bildung von jungen Männern auf junge Frauen übertragen. Mädchen brillieren weltweit mit besseren Abschlüssen. Jungen dominieren auf den unteren Bildungsleveln.

Produktions- und Facharbeiterjobs, die bislang überwiegend von Männern ausgeübt wurden, fallen weg. Die häufig kommunikativeren, teamworkfähigeren Frauen haben in der künftigen Dienstleistungswelt bessere Chancen. Frauen werden zur strategischen Arbeitsreserve von Unternehmen. Der Grund: sinkende Geburtenraten und die steigende Anzahl wissensorientierter Berufe. Um Frauen in gute Jobs zu bringen und sie dort zu halten, tun Unternehmen und Staat mehr. Auch Berufschancen und Erwerbseinkommen werden langfristig umverteilt. Macht- und Einflussstrukturen in der Gesellschaft verändern sich. Horx erwartet einen der »fundamentalsten Macht-shifts« in der Geschichte.

Die neue Stärke der Frauen führt zu einer globalen Schwäche der Männer, die sich in den nächsten Jahrzehnten als »Quelle mannigfacher Konflikte« erweisen wird. Um überhaupt noch eigenen Identifikationsraum besetzen zu können, ziehen Jungen sich unverhältnismäßig stark auf archaische Tugenden zurück. Ihr Kraft-, Imponier- und Potenzgehabe nimmt zu, ihre Sozialkompetenzen nehmen ab. Horx schlussfolgert: Das klassische Familienbild verliert an Kontur. Die sich daraus ergebende Erziehungs- und Bildungssituation wirkt sich nachteilig auf Jungen aus. Selbst Mütter, die finanziell gut gestellt sind und sich liebevoll und psychologisch bewusst um ihre Söhne kümmern, können männliche Defizite allein nicht mehr kompensieren.

Zweitens: *Individualisierung*. Horx beschreibt im Kern eine Kultur der Revision. Wohnort, Berufswahl, Ehevetrag, – alles erscheint kündbar. Biographische Muster brechen auf. »Patchworkidentitäten« erodieren kulturelle Normen. Je mehr Optionen, desto größer das Dilemma für den Einzelnen. Weil auf immer weniger tradierte Strukturen Verlass ist, müssen private Beziehungen stets neu verhandelt werden. Das erfordert Kraft, Ausdauer und soziale Kompetenz.

Drittens: *New Work*. Aus Muskelkraft wird Hirnkraft, aus Fabrikarbeit Service, aus Verkaufen wird Kommunikation. Es entsteht eine Schicht von Billigdienstleistern. Produktzyklen verkürzen sich rapide. Symptome des permanenten Prozesses kreativer Zerstörung sind das Zusammengehen von Unternehmen und das Auslagern von Produktionsprozessen. Die Menschen sehen sich zunehmend gezwungen, mit dem Job zu gehen. Wurzeln schlagen fällt schwerer. Langfristige Beziehungen verwandeln sich in kurzfristige und projektgebundene. Lineare Qualifikation verwandelt sich in komplexe.

Und schließlich: *Megatrend Bildung*. Darunter versteht Horx Persönlichkeits-, Lebens- und emotionale Bildung. Voraussetzungen sind: ganzheitliche Erziehung und flächendeckende Erziehungsangebote. Er bilanziert: »Die Gesellschaft der Zukunft wird eine ältere, weiblichere, gebildetere, mobilere und multiplere Gesellschaft sein.«[47] Dafür sollten wir uns rüsten. Doch vielen Jugendlichen fällt das schwer.

Einen weiteren Grund, Jungen zu fördern, nennt die Zukunftsforscherin Faith Popcorn. Ende der achtziger Jahre erkannte und benannte sie das Phänomen Cocooning. Der Begriff bedeutet wörtlich: sich in einen Kokon einspinnen. Übertragen auf die von Jugendlichen empfundene Unsicherheit kann Cocooning auch als Sehnsucht nach Ankerung und Einkapselung verstanden werden. Heimat, Familie und Gebundenheit sind Themen von morgen, deren Stellenwert steigen wird. Das erklärt auch, weshalb immer mehr Jungen das »Hotel Mama« bevorzugen, statt möglichst schnell ausziehen zu wollen. Zu anstrengend zu kompliziert, zu wenig berechenbar empfinden sie ihre Welt und die Menschen darin. Aus ihrer Sicht lohnt der Versuch oft nicht mehr, sich darin aktiv zurechtzufinden, »etwas zu erreichen«. Entweder machen sie sowieso alles falsch oder sie schaffen es eh nicht. Das Ergebnis: Sie resignieren.

Mutlos und antriebslos schlittern sie jahrelang auf der schiefen Ebene schlechter Noten. Wer keine Eltern, große Geschwister oder Freunde hat, die das Gegenteil vorleben, rutscht weiter ab. Fehlende Freizeitangebote begünstigen den Trend. Wer auch am Nachmittag bei Sport und Spiel keine Erfolgserlebnisse verbuchen kann, dessen Selbstbewusstsein wird außerhalb der Schule nicht wachsen. Die Folge: Statt Selbstvertrauen – abhängen und chillen. Aus der Not machen Jungendliche dann schnell eine Tugend. Leistung wird für uncool erklärt. Wer sich in der Schule meldet, ist ein Streber. Daniel Pennac kennt das Phänomen aus seiner eigenen Lehrertätigkeit in Frankreich. Er nennt es die Untergangsästhetik männlicher Großtuerei: »Ich bin faul, ich bin dumm, ich bin eine Niete, ich habe alles versucht, geben Sie sich keine Mühe, meine Vergangenheit ist ohne Zukunft. Kurz, man liebt mich nicht.« [48] Längst wissen wir: Ausbleibende Erfolgserlebnisse führen fast zwangsläufig zu Passivität, häufig zu Plan- und Ziellosigkeit, im schlimmsten Fall zu aggressiver Kriminalität.

Jedoch nicht Extremfälle sollen als Argument dafür herhalten, Jungen zu fördern, vielmehr das Verständnis für die Lebensweise der unauffälligen, breiten jugendlichen Masse. Und damit sind wir bei einem weiteren Grund, Jungen mehr Aufmerksamkeit zu schenken. Mehr schlecht als recht schippern Jungen irgendwie im Schulboot gen Zukunft, wobei der Steuermann in der Hitze des deutschen Bildungsgefechtes anscheinend außenbords gegangen ist. »Lehrer über Bord«, möchte man rufen! So allein gelassen müssen die Jungen nun selbst entscheiden, Kurs festlegen und halten. Aber welchen Kurs? Kein Wunder, dass so mancher vor lauter Angst, etwas falsch zu machen und selbst unterzugehen, in virtuelle Welten flüchtet. Für aufmunterndes, gesponnenes Seemannsgarn hat eh kein Erwachsener mehr Zeit. Schnell ist der Computer der beste Freund. Der wiederspricht nicht, unterhält und suggeriert Erfolg. Jeder Treffer ein Sieg. Also, alles klar an Bord? Für den Moment scheint es so – bis der Sieg sich als Pyrrhussieg heraus stellt. Doch das erkennt nur, wer liest.

Und schon sind wir wieder beim »guten« alten Buch. Punktlandung. Genau dann, wenn der »erste Leseknick« erwachsene Aufmerksamkeit und Unterstützung erfordert – in der Grundschule –, gehen deutsche Lehrer um halb zwölf nach Hause oder sind Eltern froh, endlich nicht mehr jeden Schritt ihrer Kinder überwachen zu müssen. Für viele Kinder werden die langen Nachmittagsstunden zum großen schwarzen Loch. Allein gelassen taumeln sie zwischen telefonischen Absagen wie »Ich hab keine Zeit«, »Ich bin schon verabredet« oder »Ich hab keine Lust«. Haben sie endlich jemanden zum Spielen gefunden müssen sie zunehmend mit dem Umstand leben: »Mich fährt ja keiner hin«. Um es deutlich auszusprechen: Die Masse der Kinder in Deutschland wird nicht täglich zum Klavier- oder Golfunterricht gefahren. Die Masse der Kinder hat vielmehr Eltern, die seit Jahren mit Arbeitslosigkeit und sozialen Einschnitten kämpfen.

Immer mehr Kinder, vor allem Einzelkinder, sitzen nachmittags allein zu Hause und wissen mit sich nichts anzufangen. Die einzigen, die mit ihnen reden und sie leider auch immer stärker »leiten«, sind die Gebrüder Gameboy, Nintendo und Brutal Warrior. Wie fatal ist da der Irrtum vieler Eltern, genau zu diesen Zeitpunkt mit Erziehungsansichten aus den sechziger Jahren zu kommen. »Lass sie doch. Den Freiraum von Kindern einzuschränken, das ist doch irgendwie spießig.«

Mädchen wie Jungen brauchen genau jetzt, in Grundschule und Mittelstufe – zwischen Leseknick eins und zwei –, aktive, emotional wohlwollende, kenntnisreich begleitende, Grenzen setzende Erwachsene auf dem Weg zur »Lebensleseinsel Wunderbar«. Stattdessen sehen wir uns gezwungen, Therapieeinrichtungen für computerabhängige Kinder zu eröffnen, so geschehen im Frühjahr 2004 in Boltenhagen an der Ostsee. Hierher kommen Kinder, die mindestens sechs Stunden pro Tag fernsehen und/oder Computer spielen. Die Bundeszentrale für gesundheitliche Aufklärung empfiehlt, dass Kinder zwischen zehn und dreizehn Jahren nicht mehr als 90 Minuten täglich fernsehen sollten.

Die Krux ist: Versiegt das Leseinteresse von Jungen um den zweiten Leseknick herum, also zwischen elf und 13 Jahren, können Eltern das bei intensivem Fernsehkonsum und Bildschirmspiel ihrer Kinder nicht wirklich erkennen und folglich auch nicht mehr auffangen. Leselust ist und bleibt eine zarte Pflanze, die bei guter Pflege selbst auf unwirtlichem, menschlichem Boden gedeihen kann. Hat der Computer aber seinen Prägestempel der Kinderseele zu früh, zu lange und zu derb aufgedrückt, versiegt die potenzielle Leselust, noch bevor sie sich richtig entwickeln kann.

Eltern älterer Söhne wissen: Jungen sind oft so computerfixiert, dass sie selbst unter Gleichaltrigen nicht mehr wissen, was sie mit sich anfangen sollen. Treffen sie sich am Wochenende, kann das schönste Wetter sie nicht davon abhalten, Computer zu spielen. Mit zunehmendem Alter geht die Zahl der Freizeitalternativen quasi gen Null. Keine Idee, nichts kann gegen den »Lustgewinn durch hektische Reize« bestehen. Unterbrochen wird das stundenlange »Zocken« maximal noch durch Mahlzeiten oder Actionfilme wie *Matrix Reloaded* oder *Matrix Revolution*.

Freunde werden nicht mehr wie früher in der Schule oder über den Sport, sondern über LAN-Parties gefunden. Glücklich ist, wer auserwählt wird, und zur Computerorgie kommen darf. In der Woche, in der ich diese Zeilen schreibe, kleben bereits vier Einladungen zu derlei Partys an unserem Kühlschrank. Schlechtgerechnet sind das rund fünfunddreißig Stunden Ballerspiele. Doch auch daran finden manche Eltern immer noch etwas Positives. Tim, 16, wurde von John, 15, nicht eingeladen, weil er beim letzten Mal nicht mit der Gruppe gemeinsam virtuelle Menschen abgeknallt hat, sondern sein eigenes Ballerspiel spielte. »Soziale Werte lernen die heute eben so«, wurde ich aufgeklärt.

In der Tat, dachte ich, und musste unwillkürlich an Jemal denken, einen 16-jährigen Gymnasiasten aus Frankfurt/Main. Während seine Großmutter, körperlich sichtlich geschwächt, scheinbar regungslos auf der Terrasse ihres Einfamilienhauses saß, auf ihrem Unterarm deutlich die schwarz-blaue KZ-Nummer sichtbar, schoss Jemal zwei Zimmer weiter, als Nazi mit Sturmgewehr unterm Zeigefinger, Deutschland in Grund und Boden. »Das ist alles nur zur Entspannung«, erklärt man mir, »das machen alle, das ist ganz normal.« So scheint es. Nicht lange danach sah ich im Frühjahr 2004 im ICE nach Leipzig einen 20-jährigen Bundeswehrsoldaten. Mit dem Laptop auf dem Schoß bombte er sich durchs virtuelle Leben, Menschenfetzen flogen durch die Luft, Voice over. Das gesamte Zweite-Klasse-Abteil schüttelte darüber den Kopf. Noch vor ein paar Jahren waren es »nur« undichte Kopfhörer, deren ohrenbetäubende Drums Mitreisende nervten. Heute akzeptieren wir, dass jemand mit Kriegsspielen zwanzig Mitreisende terrorisiert – und niemand sagt laut etwas dagegen ... Der Schluss liegt nahe: Bemühen wir uns nicht darum, dass Jungen schon in frühen Jahren auch andere Freizeitwerte schätzen lernen, dann werden sie nie Spaß daran finden, ein Buch zu lesen, auch nicht im Zug.

Jahrelanges, täglich mehrstündiges, unkontrolliertes On-Screen-Training im Kinderzimmer führt überdies dazu, dass Schüler ausschließlich den Computer als Informationsquelle nutzen. Das Problem dabei ist nicht der Computer. Das Problem ist der oft unreife Umgang damit. Ein Realitätsverlust ist unvermeidbar. Der Glaube, was der quadratische Kasten anzeigt, stimme, ist selbst bei Älteren immer noch weit verbreitet. Die Bereitschaft, Informationen kritisch zu hinterfragen, wird nur noch ungenügend ausgebildet.

Ein Neuntklässler soll in einem Kurzvortrag erklären, wer Platon war. Er redet über einen russischen Atomphysiker der fünfziger Jahre. Als der Lehrer stirnrunzelnd fragt, was das jetzt eigentlich soll, antwortet der Schüler: »Wieso, das stand doch im Internet.« Eine politische Diskussionen über Vor- und Nachteile der Roadmap zur Lösung des israelisch-palästinensischen Konfliktes in der zehnten Klasse einer Gesamtschule verharrt dann schon mal auf Kampfspiellevel *Vietnam War*. Hat der Hubschrauber jetzt zwei Sitzplätze oder nur einen?, lautet die alle aufhaltende Frage. Kerb, 17, Lehrersohn, meint genau Bescheid zu wissen: »Einen«. Der Sohn des Bundeswehroffiziers, Raiko, 16, ebenso sicher: »Zwei«. Bis die Sache endlich ausdiskutiert ist, mit allen Verweisen auf bislang gespielte Computerspiele mit Hubschraubern dieses Typs, bleibt keine Zeit mehr für das ursprünglich vom Lehrer beabsichtigte Gespräch. Der Austausch gestammelter Halbsätze braucht eben seine Zeit. Angemessen reden, argumentieren, ja ein Thema diskutieren, wie künftige Abiturienten dies können sollten, das ist auf ihrer Festplatte nicht vorgesehen. Kein Wunder. Da gibt's nur ja und nein, 0 und 1, gut und böse. Fast möchte man alte Feindbilder wieder heraufbeschwören: Beim Fernsehen – da gibt's neben schwarz und weiß wenigstens noch ab und zu auch bunt. Die Rede ist von Grautönen, Nuancen, die mit steigender unkontrollierter Computernutzung nicht mehr wahrgenommen werden. Eine differenzierte Meinungsäußerung, das Verstehen derselben, das angemessene Reagieren darauf – das alles lehrt der Computer nicht.

Eltern zeigen sich immer öfter ratlos. Während keiner ihrer Vorschläge zur Freizeitgestaltung mehr zieht, haben die Jungen selbst auch keine Ideen mehr, »wollen irgendwie so gar nichts mehr«. Und so hoffen sie, dass es sich »bei diesem ganzen Kram« doch nur um so etwas wie eine »Phase« handelt, die bald! vorbei ist. Neurowissenschaftler mutmaßen indes: Womöglich hängt es mit dem irrwitzigen Konsum von interaktiven Spielen und Action-Filmen zusammen, dass Jungen Begriffe weniger mit Inhalt zu füllen wissen als früher. Ihr Gehirn nimmt eine Flut von visuellen Informationen auf, die aber inhaltsarm sind und immer nur ein und dasselbe bedeuten: Action. Das Gehirn läuft auf Hochtouren, es verarbeitet eine Menge aufwändig dargebotener Informationen, es versucht Schlüsse daraus zu ziehen und kommt dabei nicht weiter. »Es könnte sein, dass dieser Wahnsinn Jungengehirne lahm legt«, zitiert *Der Spiegel* einen Magdeburger Experten.[49] Auch wenn dieser Ansatz noch nicht bewiesen ist, so scheint die Erklärung zumindest nachvollziehbar.

Um jugendliche Lebensweisen oder genauer gesagt das Rezeptionsverhalten Jugendlicher Anfang des 21. Jahrhunderts besser verstehen zu können, richtet Professor Hans Heino Ewers, Leseforscher an der Universität Frankfurt/Main, unseren Blick auf gesamtgesellschaftliche Zusammenhänge. Schlagworte wie Spaß- oder Erlebnisgesellschaft sind seiner Meinung nach keine kurzlebigen Zeitgeisterscheinungen, sondern Begriffe für eine Grundqualität hochentwickelter und zugleich wohlhabender Industriegesellschaften, die wir ernst nehmen sollten.[50]

Schon die *Generation Golf*[51] distanziere sich deutlich von der elterlichen Rhetorik der Selbstverwirklichung: »Ich muss lernen, wissen – ich muss was schaffen – dann wird's mir besser gehen!« Laut Ewers fühlt sich der typische Vertreter der Generation Golf in mehreren so genannten Ich-Milieus zu Hause. Nachts und am Wochenende läuft er zum Unterhaltungsmilieu über, werktags zum Niveaumilieu der Großeltern. Zunehmend pendelt er zwischen Lust, Karriere und Action. Allen Vertretern der Generation Golf sei ein grenzenloser Zynismus eigen, geboren aus einer starken Orientierungslosigkeit heraus. Und so fragt er: Was bleibt der Generation denn auch anderes übrig als Spaß zu haben?

Mit dem Aufkommen tiefgreifender medialer Veränderungen – wie Privatfernsehen, Serienkultur, Computer und Internet – haben sich die Bedürfnisse und das Rezeptionsverhalten der noch einmal deutlich jüngeren Jugendlichen von heute offensichtlich weiter verändert. Ewers meint: Jugendliche finden ihre wirklichen Bedürfnisse heute nicht mehr durch Selbstreflexion, also durch gedankliches Ausdifferenzieren, sondern nur auf praktischem Wege. Erst die Erfahrung faktischer Bedürfnisbefriedigung lässt sie erkennen, welche Bedürfnisse sie wirklich haben. Unter dem Motto: »Da es mir gefallen hat, wollte ich es offenbar.« Da Jugendliche aber nicht von vornherein wissen oder durch eigene Überlegung herausfinden wollen, was ihnen Spaß bereitet, greifen sie gern, so Ewers, auf Serviceleistungen von Erlebnisanbietern zurück.

Für den Schulalltag heißt das: Würde man heute Schüler, wie noch vor 15 Jahren, danach befragen, ob sie zum Beispiel eine Fußball-AG eingerichtet haben möchten oder nicht, geht das Ergebnis der Befragung unter Umständen am Bedarf vollkommen vorbei. Schulen müssen eine solche AG zuerst einmal anbieten. Wird sie von den Schülern nach einigen positiv erlebten Fußballstunden »angenommen«, ist der Bedarf festgestellt. Dann weiß ein befragter Schüler: Ja, ich will die AG.

Während Eltern zwischen 40 und 50 Jahren (Vertreter des so genannten Selbstverwirklichungsmilieus) solch eine passive Haltung ihrer Schützlinge verständnislos ablehnen, finden Jugendliche als Repräsentanten des Unterhaltungsmilieus nichts Anstößiges daran. Aus ihrer unambitionierten, narzisstischen Ich-Haltung heraus wird die Welt von Jugendlichen als »Ressource der Bedürfnisbefriedigung« wahrgenommen. In erster Linie kommt es ihnen auf den Erlebnisreiz an. Ein Nachlassen der Erlebnisintensität ist deshalb auf Dauer unvermeidlich. Gegengesteuert wird im Hirn des Jugendlichen mit fortschreitender Dichte des Erlebniskonsums. Dienstleistungsanbieter wissen um diesen Zusammenhang und aus Erfahrung, was zu tun ist: Durch Stimulationsbeschuss jeder Enttäuschung vorbeugen! Das Resultat: Das Angebot beschäftigt den jugendlichen Konsumenten und nicht umgekehrt.

Manche Eltern werden jetzt besser verstehen, warum man Jungen mitunter zwingen muss, am Wochenende mit anderen gemeinsam »auf Entdeckungstour außerhalb der vier Wände« zu gehen.

Von allein würden sie dies nicht tun. Es könnte ja anstrengend werden. Es stört sie auch nicht, nichts zu erleben. Im Zweifel haben sie ja immer noch den Computer, der keine kräftezehrenden, kognitiven Überraschungen mit sich bringt. Jugendliche bevorzugen deshalb solche Angebote, die nur geringe Anforderung an subjektive Erlebniskompetenz stellen. Das Interesse an der objektiven Beschaffenheit der Wirklichkeit ist laut Ewers gering. »Entspanntes, unambitioniertes ich, Fixierung auf starke Erlebnisreize, Desinteresse an Realitätsdarstellung, anstrengungslose Dekodierarbeit – mit diesen Kategorien ist m. E. der Habitus hinreichend beschrieben, den die Mehrzahl der heutigen Kinder und Jugendlichen in ihrer Freizeit als Konsumenten kultureller Angebote an den Tag legen.«[52]

Jungen zu fördern bedeutet deshalb aus der Sicht der Leseforscher, sie vor allem beim Lesen zu fördern. Das Ziel: das Buch als sinn- und freudvolle Alternative zum Computer wieder zu stärken. Gleichzeitig gelte es aber auch, Verständnis für die typisch männlichen Bedürfnisse von Jungen aufzubringen sowie für die Gegebenheiten, die die Spaßgesellschaft mit sich bringt. Wir können uns zwar nicht aussuchen, in welcher Gesellschaft wir leben, wir können aber Mittel und Wege finden, um mit ihren Herausforderungen wie der Lesemotivation umzugehen.

Bildung neu denken, die Studie des Prognos-Institutes in München, zeichnet ein Bildungsszenario für das Jahr 2020. Folgt man diesem Zukunftsentwurf, sind die Stichworte künftigen Lernens: schneller, früher, dichter, individueller, privater und lebenslang.[53] Das scheint mir auch für das Lesen zuzutreffen. Über diese Beschreibung hinaus drängt sich zudem ein Zusammenhang auf, der sich mehr oder weniger stark durch alle praxisnahen Studien im Zusammenhang mit der Ausbildung von Lesekompetenz bei Jungen zieht. Schematisch sehr vereinfacht sieht er so aus:

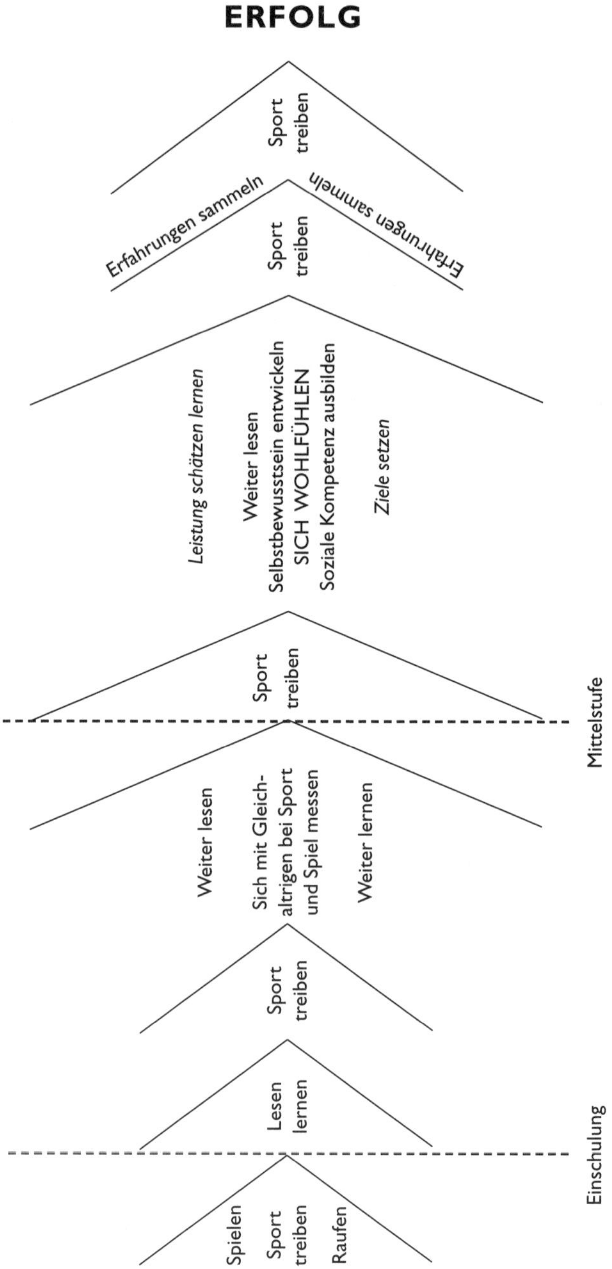
ERFOLG
Sport treiben
Erfahrungen sammeln
Erfahrungen sammeln
Sport treiben
Leistung schätzen lernen
Weiter lesen
Selbstbewusstsein entwickeln
SICH WOHLFÜHLEN
Soziale Kompetenz ausbilden
Ziele setzen
Sport treiben
Mittelstufe
Weiter lesen
Sich mit Gleichaltrigen bei Sport und Spiel messen
Weiter lernen
Sport treiben
Lesen lernen
Einschulung
Spielen
Sport treiben
Raufen

Alles beginnt mit der natürlichen spielerischen Lust von Jungen, zu kämpfen, sich mit Gleichaltrigen zu messen, an ihre Grenzen zu gelangen. Im Alter zwischen fünf und sechs Jahren gesellt sich zum körperlichen Sport der geistige. In einem gefühlsbetonten Prozess lernt der Junge im Idealfall Lesen und Schreiben und bildet durch lustvoll erlebtes Training erste Lesekompetenz aus. Seine Lesepraxis wird immer stärker von persönlichen Interessen geleitet, während er sich parallel dazu als Handballer oder Tischtennisspieler ebenfalls Erfolgserlebnisse erarbeiten kann. Sein Selbstbewusstsein steigt – und damit die schulischen Leistungen. Nun schon der Grundschule entwachsen, liest er und tobt sich weiter körperlich aus. Wie bei einer sich verjüngenden Spirale, die auf ihrer Spitze steht, breitet sich Wohlbefinden in immer größer werdenden Radien aus und unterstützt den natürlichen Wissensdurst. Lesebereitschaft, Sozialkompetenz und Belastbarkeit steigen. Moderne Medien wirken nun bereichernd, nicht tumb. Schulleistungen stabilisieren sich, das Wissen wird umfangreicher. Das positive Grundgefühl Erfolg stellt sich über immer länger anhaltende Lebensabschnitte ein.

Das im Vergleich zu Mädchen stärker ausgeprägte Bedürfnis von Jungen, sich zu bewegen, muss akzeptiert und in produktive Bahnen gelenkt werden. Das kann, sofern die Schule am Nachmittag keine entsprechenden Arbeitsgemeinschaften anbietet, in einem Sportverein sein. Schaffen wir Eltern es, Jungen bereits im Vorschulalter Leselust zu bereiten, wirkt sich das insgesamt positiv auf die Bereitschaft aus, überhaupt lesen zu lernen, weiterzulesen und Wissen zu erwerben. Bleiben wir lesefördernd am Ball, indem wir die Freizeitinteressen der Jungen ernst nehmen, ihnen entsprechende Literatur geben und sie immer wieder aufbauen, wenn der Lesefluss verebbt, festigen sich positive Erfahrungen und das Bedürfnis zu lernen wird größer. Ein positives Familienklima ist eine Grundbedingung und verstärkt diesen Prozess. Zufriedenheit und sozial erwünschtes Verhalten stellen sich dann fast automatisch ein.

Außer in Großbritannien werden auch in Australien bereits Programme getestet, die einen jungenfreundlicheren Unterricht auf den verschiedensten Gebieten zum Ziel haben. Dazu gehören eingeschlechtlicher Unterricht auf Fach-, Klassen- und Schulebene, geschlechtsspezifische Lehrpläne sowie Tutorenschaften zwischen älteren Schülern beziehungsweise Lehrern und besonders »bedürftigen« Jungen über Jahre hinaus. In den USA gibt es einige vielversprechende, lokale Initiativen, jedoch keine bundesweiten Bestrebungen. Möglicherweise, so spekuliert *The Atlantic Monthly*[54], weil wir in einer Gesellschaft leben, in der Jungen sich über einen so langen Zeitraum besonderer Vorteile erfreut haben.

Vorbehalte gegenüber solchen Bestrebungen gibt es genug. Noch wirken Petitionen an den Bundestag, Jungen zu fördern, die im Jahr 2004 durch Vereine wie MANNdat oder Elterninitiativen eingebracht wurden, wie ein Tropfen auf den heißen Stein. Doch sie werden zahlreicher, weil Aussitzen nicht das geeignete Mittel ist, der Herausforderung Boys' Underachievement im gesamtgesellschaftlichen Maßstab zu begegnen.

Lernen wir von unseren Nachbarn, die pragmatischer vorgehen. Einen einmal mit gutem Vorsatz eingeschlagenen Weg zu korrigieren, ist keine Schande. »Jungen fördern« muss auch für die deutsche Bildungspolitik ein zentraler Gedanke werden, Ausdruck einer Pädagogik, die sich stärker denn je an genetischen Möglichkeiten, individuellen Interessen und Bedürfnissen von Schülern orientiert. Versager von heute werden nicht die gewünschten Steuerzahler von morgen sein. Versager von heute werden nicht die bevorzugten Männer künftiger Mütter sein und Versager von heute werden auch nicht zu beziehungsfesten Vätern.

»Jungen fördern!« ist deshalb mitnichten eine platte Antwort auf die Frauenbewegung des 20. Jahrhunderts. Geschlechterkampf ist das Letzte, was dieses Buch unterstützt, ebenso wenig übertriebene Sorge von Frauen-Frauen, Übermüttern oder all zu engagierten Therapeuten. Langfristig gesehen geht es um nicht weniger als einen Beitrag zum Erhalt friedvoller, demokratischer Gesellschaften in hochentwickelten Industrieländern, in der alle gleichberechtigt ihren Weg gehen können.

Unterstützen wir Jungen von klein auf beim Lesen, unterstützen wir dadurch Mädchen und künftige Frauen. Es ist absehbar: Büchergebildete Jungen werden die bevorzugten Lebenspartner sein. Das Ziel lautet also nicht, Mädchen in die zweite Reihe zurückzudrängen, sondern sie nicht allein davonlaufen zu lassen.

Teil II

… und wie wir das ändern können

Kapitel 1

Wie ich es schaffe, mein Kind zum Lesen zu bewegen

Ein Buch zu entwenden, ist kein Diebstahl.

Alte chinesische Weisheit

Die gute Nachricht zuerst. In jedem Kind steckt das Zeug zur Leseratte. Die schlechte: Es liegt an uns, es worthungrig werden zu lassen. Es kostet Mühe.

Was Ihnen momentan vielleicht noch unmöglich erscheint, werden Sie schaffen. Ihr Kind wird mit großer Wahrscheinlichkeit lesen beziehungsweise wieder lesen, vorausgesetzt Sie stellen es richtig an und zeigen Stehvermögen. Lassen Sie sich von gelegentlichen Rückschlägen nicht entmutigen. Vergleichen Sie Ihre Erfahrungen mit denen anderer Eltern, aber vor allem: Fangen Sie an! Dieses Buch enthält alles, was Sie wissen müssen. Was Ihnen jedoch weit mehr hilft als gut gemeinte Ratschläge, ist die Liebe zu Ihren Kindern, sind Disziplin und Ausdauer.

Für den Fall, dass Sie erst hier zu lesen beginnen (das würden für gewöhnlich Männer tun; sie lesen viel zielorientierter als Frauen), sei noch einmal kurz daran erinnert: Lesen ist mehr als reine Informationsbeschaffung. Leselust hat vor allem mit Gefühlen zu tun. Das Wecken der Leselust steht deshalb in direktem Verhältnis zum Thema Erziehung. Voraussetzung für die Wirksamkeit aller nachfolgenden Tipps ist, dass die Beziehung zu Ihrem Kind nicht gestört ist. Das klingt vielleicht banal, aber gerade auf dem Weg zur Leseratte ist das gute Eltern-Kind-Verhältnis entscheidend. Deshalb …

Erstens: Seien Sie Vorbild!

Wann haben Sie das letzte Mal ein Buch gelesen und Ihrem Kind begeistert davon erzählt? Wann haben Sie das letzte Mal eine faszinierende Geschichte aus der Zeitung zum Gesprächsgegenstand beim Abendbrot gemacht und herzlich darüber gelacht? Wann haben Sie das letzte Mal zu Gunsten eines Buches den Fernseher ausgeschaltet mit den Worten: »Weißt du, was wir jetzt machen, wir lesen zusammen, ja?« Im Gespräch mit einem pubertierenden13-Jährigen ist das natürlich schwer vorstellbar, mit einem Fünfjährigen aber schon. Spätestens in diesem Alter beginnt der Weg zur Leseratte.

Dass Lesen wirklich begeistern kann, müssen wir unseren Kindern vorleben, lange bevor sie in die Schule kommen. In dieser Entwicklungsphase ist das noch relativ leicht, weil Kinder praktisch alles nachmachen, was Eltern tun. Mit dem Tag der Einschulung jedoch reicht es nicht mehr aus, dem Nachwuchs die eigene Leselust quasi in die Zuckertüte zu stecken. Vielmehr beginnt gerade jetzt die Zeit, in der wir, mit Blick auf den drohenden Leseknick 1 und Leseknick 2, besonders sensibel mit den Bedürfnissen unserer Kinder nach Aufmerksamkeit und Geschichten umgehen sollten. Der fröhliche, nicht dozierende, altersgemäße Umgang mit dem Buch bleibt bis weit über die Pubertät hinaus wichtig. Mindestens ebenso wichtig ist das individuell passende Buch.

Vorbild sein – das heißt lesemotivierend leben. Das bedeutet, Ihrem Kind *glaubhaft* das Gefühl zu vermitteln, dass es Abenteuer, sinnliche Eindrücke und Spaß auch über Geschichten erfahren kann und dass Geschichten, was den Unterhaltungswert angeht, mindestens gleichberechtigt neben anderen Freizeitbeschäftigungen stehen. So geben Sie ihrem Kind das Gefühl, dass Leselust eine andere Art von sinnlicher Erfahrung ist, die länger wirkt und uns innerlich reich macht.

Zweitens: Einmal Vorbild sein reicht nicht.

Wer als Erwachsener lesemotivierend oder leselustig leben und wirken will, sollte regelmäßig, das heißt, mehrfach in der Woche für sagen wir mindestens eine halbe Stunde ein Buch oder eine Zeitung zur Hand nehmen. Kinder müssen deutlich erkennen können, dass Lesen Eltern oder Großeltern fesselt, amüsiert und entspannt… Machen Sie es sich zur Gewohnheit, abends vor dem Schlafengehen zu lesen, am Wochenende nach dem Mittagessen, wann immer es in Ihr Familienleben passt, wann immer sich Ruhe in Ihrem Tagesablauf natürlich ergibt und Sie sich wohlfühlen. Freuen Sie sich auf Ihre »Auszeit Lesen« und erleben Sie mit Ihrem Kind gemeinsam solche »Auszeiten«. Ist das Buch in Ihrem Leben symbolisch immer mit einem Smiley verbunden und nicht mit dem erhobenen Zeigefinger, so sind Sie automatisch auf dem richtigen Weg.

Die ersten Schritte: Ist Ihr Nachwuchs noch im Vorschulalter, lesen Sie zunächst vor. Ihr Kind wird Ihre Anwesenheit genießen, sich ernst genommen fühlen und schon wegen der Gemütlichkeit später auf dem gemeinsamen Lesen bestehen. Je früher Sie damit beginnen (und dabei kann das erste Buch gern ein Fühlbuch sein, das Geschichten über verschiedene Materialien erzählt), desto eher entdecken Sie und Ihr Kind gemeinsam Ihre »Leseinsel Wunderbar«, den Geburtsort der Leselust.

Ein Tipp: Jedes Mal, wenn Sie und ihr Kind sich mit einer heißen Schokolade »bewaffnet« auf Ihre Insel zurückziehen, bringen Sie auch ein bisschen Wasser für eine Pflanze mit. Diese haben Sie zuvor gemeinsam aus einem Samen gezogen und gießen sie nun regelmäßig. Das positive Gefühl, das Ihr Kind beim Vorlesen erlebt, wird so verstärkt. Die Pflanze wächst langsam, aber bestimmt. Im Grunde ist sie nichts anderes als der Ausdruck Ihrer steten Zuwendung zu Ihrem Kind. So wie Sie Ihrem Kind vorlesen, wird es sich seinerseits liebevoll um die Pflanze kümmern. Seine Erfahrung: Es lohnt sich, sich in »andere« hineinzuversetzen, seien es nun Pflanzen, Bücher, fiktive Figuren oder Menschen. Vor allem Jungen erleben, die Fähigkeit sich einfühlen zu können (Empathie), als etwas Positives.

Die nächsten Schritte: Ist Ihr Kind inzwischen Grundschüler, sinkt Ihr aktiver Vorleseanteil auf der »Leseinsel« in gleichem Maße wie der Ihres Kindes steigt. Immer noch lesen Sie jedoch ein und dasselbe Buch. Nach und nach wird Ihr Kind selbstständiger, und schließlich lesen Sie zwar immer noch gemeinsam, aber jeder nun für sich im eigenen Buch. Ihr Kind wird spüren, dass es von verlässlichem Grund aus eigenständig in andere, fantasievolle Welten hineinwachsen kann, ohne seine engsten Bezugspersonen dabei zu verlieren.

Eine kritische Bemerkung sei an dieser Stelle gestattet. Vorgeblich im Interesse ihrer Kinder (»Sie sollen gute Noten bekommen« ...) bemüht sich so mancher überforderte Erwachsene nur deshalb um das Lesen, damit der Nachwuchs ihm »nicht länger auf den Wecker fällt«. Wenn das die Motivation für Leseförderung ist, scheint das Eltern-Kind-Verhältnis aus dem Gleichgewicht geraten zu sein. Davon betroffene Kinder brauchen zunächst einmal mehr Zuwendung, bevor sie überhaupt in der Lage sind, Spaß am Lesen zu entwickeln. Kinder spüren diese Unehrlichkeit viel eher als manchem Elternteil bewusst ist. Stimmt das Verhältnis wieder, werden sie sich von ganz allein in ihre Leseecke verkriechen, dann nämlich, wenn der Lesevirus auf fruchtbaren, gefühlsmäßig sicheren Boden fallen kann.

Geschichten, die Sie vorlesen, können Sie auch auf Kassette mitschneiden, um sie später abzuspielen, wenn Sie einmal nicht da sind. Kinder lieben Hörspielkassetten und hören eine Geschichte gern mehrfach hintereinander. Hören sie nun den eigenen Vater oder die Mutter sprechen, knüpft das an eine vertraute Situation an und macht Spaß. Möglicherweise trainieren Sie sogar die Kreativität des Kindes besonders, weil nur der Hörsinn angesprochen wird. Haben Sie sich eine eigene Geschichte ausgedacht und diese mitgeschnitten, ist das spielerische Trainingspotenzial am größten.

Tipp: Hinweise, wie Eltern mit Erstklässlern und dem Thema Lesen am besten umgehen finden Sie auch in Madeleine Willings *Mein Kind entdeckt das Lesen. Warum Jungen nicht mehr lesen und wie wir das ändern können* wendet sich jedoch eher an Eltern älterer Jungen. Deshalb gehe ich auf sie auch stärker ein. Für alle Altersgruppen gilt:

Drittens: Männliche Leseratten sind besonders wirksam!

Vor allem Väter, Großväter und Onkel sollten ihren Söhnen, Enkeln und Neffen vorleben, dass Lesen Spaß macht. Gibt es diese männlichen Vorbilder nicht, ist die Wahrscheinlichkeit, dass die heranwachsenden Männer gern lesen, geringer – in jedem Fall aber noch geringer als die Wahrscheinlichkeit, dass sie als Erwachsene wieder ein Buch zur Hand nehmen werden.

Männer wissen im übrigen viel besser, was ihre Söhne gern lesen würden, vor allem, wenn diese schon etwas älter sind. Nutzen Sie, liebe Väter, diesen Geschlechtervorteil und unterhalten Sie sich mit Ihren Söhnen über Teleskope, Motoren, Schumi, Sterne, chemische Verbindungen, Pop-Stars, Videokünstler, Comics und Science-Fiction – was immer Sie interessiert. Hier *wollen* Mütter oft nicht mitreden. Das ist eine Chance für Jungen, sich positiv von der Mutter zu entfernen, ohne dass die für das Erwachsenwerden so wichtige Lesesozialisation verloren geht. Ein vorlesender, mitlesender bzw. selbstlesender Vater wirkt übrigens auf Töchter mindestens genauso förderlich wie auf Söhne. Die vorlesende Mutter kann das in Bezug auf ihren Sohn leider nicht von sich behaupten, wie wir gesehen haben.

Doch was tun, wenn Väter in Ihrer Jugend schon nicht oder nur wenig gelesen haben? Dann geben Sie bitte nicht plötzlich die Leseratte. Das glaubt Ihnen niemand, schon gar nicht Ihr Sohn. Versuchen Sie in diesem Fall zumindest nicht negativ über das Lesen zu reden, etwa: »Lesen ist doch schwul, was für Weicheier …« Ein großer Teil der Leseunlust bei Jungen, so zeigen jüngste Leseforschungen, resultiert auch aus falsch verstandenem Rollenverhalten. Behandeln Sie Lesen deshalb zumindest als etwas Geschlechtsneutrales. Jungen wollen ihren Vätern nacheifern, so groß und stark werden wie sie. Welche Chance haben sie jedoch, Bücher bzw. Lesen erstrebenswert zu finden, wenn der Vater sie das Gegenteil lehrt?

Sind Sie eher ein Lesemuffel und können oder wollen daran auch nichts ändern, zeigen Sie sich dennoch ehrlich interessiert: »Ich weiß auch nicht, warum ich bisher wenig gelesen habe, vielleicht sollte ich doch öfter mal ... Hast Du denn ein spannendes Buch?« Wenn Ihr halbwüchsiger Sohn eines nennt, lesen Sie es. Weiß er keines, interessieren Sie sich zunächst einmal für die Texte, die ihn beschäftigen. Das können zum Beispiel Songtexte von Eminem sein, wenn Ihr Kind gerade diese Musik hört.

Was der US-amerikanische Musiker bislang auf Platten pressen ließ, ist keine leichte Kost – vulgär und frauenfeindlich, ohne das Wissen um die Hintergründe der Entstehung der Texte nicht tolerabel. Jugendliche hören jedoch begeistert Eminems Musik oder die anderer Rapper. Sie sind fasziniert von ihrer rotzigen Kraft, von Eminems TV-Präsenz und seinem Erfolg. »Aber der verdient doch damit ein unglaubliches Geld. Dann kann das doch nicht schlecht sein«, argumentieren Schüler wie Eltern. Ein Gespräch lohnt sich.

Seine Texte zu lesen bedeutet, sie zunächst einmal aus dem Englischen übersetzen, sie zu verstehen, ihre Hintergründe zu kennen, und sich so mit der Lebenswirklichkeit Eminems, aber auch der unserer Kinder auseinander zu setzen. Spaß (an der Musik) und Ernst liegen hier sehr dicht beieinander. Zetern, was das »alles für ein widerlicher Mist« sei, lässt junge Leute nur ratlos zurück und Sie sind ihrem Ziel, bestimmte Werte zu vermitteln, kein Stück näher gekommen. Im Gegenteil: Eine Chance für Ihren Nachwuchs, die Kraft der Musik wie der Texte positiv zu erfahren und gleichzeitig deren Grenzen zu erkennen, wurde vertan. Für das Eltern-Kind-Verhältnis ein glattes Eigentor. Machen Sie daraus ein 1:0 für sich und das Lesen. Versuchen Sie es zum Beispiel gemeinsam mit einer Biographie über Eminem: Anthony Bozza: *Eminem, Whatever you say I am,* erschienen im Heyne-Verlag. (Weitere Biographieempfehlungen von Jungen für Jungen, hervorgegangen aus unserer Umfrage, sind: John F. Kennedy, Boris Becker, Michael Jackson und Gina Wild.)

Der dauerhaft erfolgreiche Weg zur Leseratte muss also nicht zwangsläufig mit einem Buch beginnen. Einen Anfang können auch kürzere Texte bilden. Das gilt besonders für Leseeinsteiger, unabhängig von ihrem Alter. Sie empfinden ihre persönliche Lesehürde als besonders hoch. Bei 12- bis 13-Jährigen können Songtexte attraktiv genug sein, eine Brücke zum späteren Buch zu bauen. Bei Elf- bis Zwölfjährigen können das auch Comics sein. *Dragon Ball* ist bei Jungen diesen Alters sehr beliebt. Bei Grundschülern ist es die Reihe *Lustiges Taschenbuch*, die Ängste nimmt und zum Weiterlesen motiviert.

Das gilt auch für Zeitungen und Zeitschriften. Schüler lesen gern Vermischtes. Die Stiftung Lesen hat im Juni 2004 in Deutschland eine Kampagne gestartet, mit der Grundschullehrer dazu ermuntert werden sollen, Dritt- und Viertklässlern 14 Tage lang eine Zeitung zu bestellen. Leseforscher Bodo Franzmann begründet die Initiative unter anderem mit dem Hinweis auf Erfolge in skandinavischen Ländern. Dort werden Zeitungen und Bücher anders als in Deutschland zu gleichen Teilen im Unterricht eingesetzt. Aber warum warten, bis die Schule etwas tut? Was hindert Eltern, dem eigenen Kind eine altersgerechte Zeitung zu leihen, zu abonnieren oder gelegentlich zu kaufen? Sie bauen damit die Brücke zum Buch.

Und noch ein Tipp für Väter: Lesen Sie gemeinsam mit Ihren halbwüchsigen Söhnen die Bücher zu Filmen wie *Matrix* oder *8 Miles* und gehen Sie erst dann zusammen ins Kino. Das wird nicht ohne Überzeugungsarbeit klappen und natürlich braucht dieses Vorgehen Zeit. Aber wer behauptet schon, dass Kinder erziehen ruck, zuck geht und keine Arbeit ist?

Sich als Mann lesefördernd zu verhalten, bedeutet aber noch mehr. Achten Sie doch mal darauf, ob Sie nicht unbewusst durch das Fördern anderer Freizeitbeschäftigungen das Lesen an sich geradezu unmöglich machen. Mehr als einmal habe ich es erlebt, dass die Brisanz des Themas »Jungen lesen nicht mehr« im Gespräch zwar erkannt und als zutreffend eingeordnet wurde, aber genau drei Minuten später der Vater den Sohn begeistert zum Egoshooter-Computerspiel aufforderte. In einem konkreten Fall war der Vater promovierter Ökonom in Frankfurt/Main, der Junge elf Jahre alt. Er las immer noch nicht.[55] Jedes Videospiel erschwert, wie wir erfahren haben, den Zugang zum Buch ein bisschen mehr. Die natürliche Reizschwelle verändert sich. Abenteuer, Erfolge, Siege werden am Computer ohne große Anstrengung in Sekundenschnelle möglich. Warum sollte sich der Junge, der darauf besonders abfährt, dann stundenlang »durch ein Buch quälen«? Auch das beste, also individuell passendste Buch kann diesen Unterhaltungskampf um die Aufmerksamkeit eines Elfjährigen nicht mehr gewinnen.

Lesen war immer, ist und bleibt auch künftig Arbeit. Geistige Arbeit. Und das ist auch gar nicht schlimm. Die so genannte Spaßgesellschaft suggeriert Jugendlichen jedoch genau das Gegenteil. Arbeit' sei alles andere als spaßig und müsse deshalb vermieden werden. Unsinn! Unser Gehirn ist zwar nicht direkt für das Lesen »gebaut«, aber es ist dafür geschaffen, selbstständig kreativ zu arbeiten. So wie unsere Muskeln beim Sport, zum Beispiel auf dem Fußballplatz, spielerisch arbeiten können, so kann das unser Gehirn. Voraussetzung dafür ist, dass wir das wollen und motiviert sind. Lassen wir unser Gehirn jedoch immer nur berieseln, rufen wir also ausschließlich passive Funktionen ab, schlafft es ab. Es verliert Funktionen und damit Leistungsfähigkeit – ähnlich einem Muskel, der nicht benutzt wird.

Wie war das? Jungen wollen/sollen keine »Weicheier« sein? Herzlich gern. Viele Mädchen und Frauen finden das nach wie vor attraktiv. Aber dann doch bitte vom Scheitel bis zur Sohle. Neben Bi-und Trizeps dürfen Hirn- und Herzmuskeln gern ebenso ausdauernd trainiert werden. Warum also nicht auch mit einem Buch?

Viertens: Lesen kann Belohnung sein.

Noch einmal zurück in die Kindergartenzeit. Wenn Sie Ihr Kind nicht mit Süßigkeiten und Geschenken überhäufen, kann Lesen als Goody wirken. Das funktioniert bei Jungen wie bei Mädchen. Nutzen Sie diese Chance. Geht Ihr Kind zum Beispiel regelmäßig zwischen sieben und acht Uhr abends ins Bett, darf es zunächst, als kleine Belohnung, ein bisschen länger wach bleiben, um zu lesen. Lassen Sie diese Ausnahmen später zur Gewohnheit werden, wird das Lesen am Abend für Ihr Kind eine Selbstverständlichkeit.

Beginnen Sie mit einer halben Stunde in der ersten Klasse. Will Ihr Kind bereits vor der Einschulung lesen, verbieten Sie es nicht, nur weil Pädagogen »zu frühes Lernen« mitunter nicht gutheißen. Entscheidend ist, was Ihr Kind möchte. Wenn natürlicher Wissensdurst unmittelbar befriedigt wird, erhält das die kindliche Neugierde. Unterstützen Sie seine Lust zu lernen so lange wie möglich. Es dauert ohnehin nicht lange bis Mitschüler ihm suggerieren wollen, dass Leistung etwas Negatives sein soll. Leistungsorientiertes Verhalten wird leider von Lehrern und Eltern häufig noch als unsoziale Elitebildung missinterpretiert und deshalb verurteilt. Wie schade, so mancher wissensdurstige Grundschüler wird so dauerhaft unterfordert und letztendlich seiner Motivation beraubt. Tun Sie zumindest zu Hause etwas dagegen!

In der dritten oder vierten Klasse kann bis zu einer Stunde Lesen am Abend schon ausreichend sein. Kombinieren Sie das abendliche Lesen immer mit dem Ritual der Gute-Nacht-Geschichte. Sie unterstützt das ruhige Hinübergleiten des Kindes in den Schlaf. Erst hat es Ihre Anwesenheit genossen und die eine oder andere Frage mit Ihnen besprochen. Nun trennt es sich von Ihnen im Wissen, Sie nicht zu verlieren, sondern etwas Besonderes tun zu dürfen. Eigentlich ist ja schon Schlafenszeit.

Je älter die Kinder werden, desto mehr Freiraum, also zeitliche Goodys, sollten Sie ihm geben. Falls am nächsten Morgen die Leselampe noch brennt, freuen Sie sich. Es gibt Schlimmeres. Kinder haben in diesem Alter noch eine gut funktionierende innere Uhr, die sie von allein einschlafen lässt. Worauf Sie natürlich achten sollten, ist, dass in der abendlichen »Extrastunde« tatsächlich ausschließlich gelesen wird.

Fünftens: Ein Fernseher hat im Kinderzimmer nichts zu suchen.

Steht noch kein Fernseher im Kinderzimmer, haben Sie gute Chancen, die Leseratte in Ihrem Kind zu wecken. Haben Sie den Kampf Kinder gegen Eltern bereits verloren, hilft nur eins: Wenn Sie das Gerät nicht sofort entfernen wollen, müssen Sie überschaubare TV-Zeiten einführen und diese konsequent kontrollieren. Hält sich Ihr Kind nicht daran, müssen Sie den Fernseher aus dem Zimmer nehmen. Andernfalls hat das Buch keine Chance. Vergleichbares gilt übrigens für Playstation und Computer. Noch einmal:

Es geht nicht darum, elektronisches Unterhaltungsequipment grundsätzlich zu verdammen, sondern um ein vernünftiges Maß. Je jünger Kinder sind, desto schwerer fällt es ihnen, dieses rechte Maß zu finden. Das ist nur zu verständlich, setzt Maßhalten doch eine gewisse Reife voraus – und die soll ja erst noch erworben werden. Warum heißt die Reifeprüfung schließlich Reifeprüfung? Wann wird sie abgelegt? Die Antworten auf diese Fragen geben Ihnen eine Idee davon, wie sehr wir unsere Kinder mit der Entscheidung fernzusehen oder nicht, mitunter überfordern.

Es gibt heute keinen Zweifel mehr: Der unkontrollierte TV-Konsum, also das passive, ungesteuerte, unselektierte Aufnehmen permanent flimmernder Bilder, führt nicht nur dazu, dass Ihre Kinder Couchpotatoes werden. Jede andere Form der Freizeitbeschäftigung, die mit eigener Kreativität und Anstrengung verbunden ist, wird auf lange Sicht negativ überlagert. Als Orientierung für den täglichen TV-Konsum empfiehlt sich je nach Alter eine halbe bis eine Stunde. Im Vorschulalter länger als eine halbe Stunde pro Tag fernzusehen, ist ohnehin aus psychologischer Sicht nicht ratsam.

Wenn bereits Dreijährige *Arielle* oder den *König der Löwen* im Kino »großflächig inhalieren« und Bilderbücher nur vom Hörensagen kennen, haben Eltern bereits alles getan, damit ihre Kinder in der zweiten Klasse, gleich nach dem Erlernen der Buchstaben, das Buch für immer aus dem Kinderzimmer verbannen. Kein Buch kann mit den Videoeffekten und überlebensgroßen Leinwandkicks mithalten, die von Kindern in diesem Alter noch nicht verarbeitet werden können. Gedrucktes muss ihnen zwangsläufig langweilig vorkommen, in jedem Falle aber anstrengender. Und genau hier liegt der Hase im Pfeffer. Anstatt unsere Kinder zu ermutigen, ihre Muskeln und natürlichen Anlagen zu nutzen, zu entwickeln und zu stärken, halten wir sie dumm und tun auch noch so, als ob wir nur das Beste für sie wollten. Nichts gegen Disney. Aber auch hier kommt es auf das rechte Maß an.

Was für Kleinkinder zutrifft, ändert sich mit zunehmendem Alter nur unwesentlich. Wann immer ich während der Recherchen für dieses Buches ein Kind traf, das nicht mehr oder nur noch schleppend las, hatten TV- oder/und Computerkonsum in seinem Leben eine dominantere Rolle eingenommen. Die Gründe hierfür waren vielfältig. Freunde des Kindes hatten plötzlich von den Großeltern einen Fernseher ins Zimmer gestellt bekommen, Eltern boten keine alternativen Freizeitbeschäftigungen mehr an, Kinder blieben wegen Streitigkeiten der Eltern sich selbst überlassen …

Wenn Eltern jedoch für den Umgang, mit Fernsehen, Computer & Co. gemeinsam mit ihren Kindern klare, verlässliche Regeln entwickelt hatten, erlebte das Buch im Kinderzimmer plötzlich eine Renaissance.

Sechstens: Langeweile ist klasse!

Nach dem wichtigsten Motivationsfaktor »persönliches Interesse« liegt »Langeweile« auf Platz zwei der Lesemotivationsfaktoren. Das hat unsere Umfrage ergeben. Langeweile kann also durchaus zu einem positiven Nährboden für Lesemotivation umfunktioniert werden. Oft liegt es allerdings an uns Eltern, dass wir die mit der Langeweile verbundene »Nerverei« nicht aushalten und schwach werden. Nehmen wir eine Extremsituation:

Stellen Sie sich vor, Ihr Kind hat über die Stränge geschlagen und Ihnen ist es herausgerutscht: »Stubenarrest«, »Fernsehverbot«! Obwohl Sie sicherlich guten Grund hatten, Grenzen zu ziehen, fühlen Sie sich jetzt schlecht. Ihr Kind mault und weiß nichts mit sich anzufangen. Bleiben Sie konsequent, lassen Sie Ihr Kind ruhig jammern und sich langweilen. Diese Situation hat durchaus etwas Positives, weil Ihr Kind sich selbst helfen muss und dabei aktiv und kreativ werden kann. Wann immer ich in den Jahren meines Journalistenlebens in sozial schwächerem Umfeld recherchieren und Kinder beobachteten konnte, war ich erstaunt, welche Fantasie sie entwickelten, wenn sie wenig oder gar kein Spielzeug hatten. Je weniger elektronische Medien ablenken, desto eher wird sich Ihr Kind auf selbst ausgedachte Spiele oder ein Buch besinnen. Wichtig ist in so einem Moment, vor allem für ältere Kinder auch die richtige Lektüre parat zu haben.

Also: Langeweile ist Klasse. Machen Sie aus der »Not« eine Tugend, aus einer für alle Seiten quälenden Situation ein positives Erlebnis.

Siebtens: Ferien – die ideale Zeit, um gemeinsam zu lesen.

Nutzen Sie den Urlaub nicht nur, um Ihren Hobbys nachzugehen, sondern auch, um gemeinsam zu lesen. Während Sie die Koffer packen, erinnern Sie Ihren Nachwuchs schon mal daran, neben Karten, Spielen etc. auch ein Buch mitzunehmen. Vermutlich wird diese Anregung eine von vielen sein, die Ihr Filius ungehört im Winde verwehen lässt. Gut so. Jetzt müssen Sie nur noch warten. Wenn Gameboy, Nintendo und Fernseher auf dem Hotelzimmer nicht verfügbar sind – auch das kann man einrichten –, wird ihm höchstwahrscheinlich irgendwann langweilig. Halten Sie das aus. Am besten lesen Sie einfach selbst, wenn Ihnen nach der achtzehnten Spielidee keine weitere mehr einfällt. »Nach langer Qual« kommt die »Erlösung« aus dem Koffer.

Ein Elternpaar aus München erzählte mir, wie sie im Urlaub auf Mallorca bei ihrem sonnenverbrannten 13-Jährigen einen durchschlagenden Leseerfolg erzielten. Die »Erlösung« aus dem Koffer erschien in Form von *Mr. Vertigo*. Paul Auster erzählt darin die abenteuerliche Geschichte eines Jungen in Kansas, USA, Ende der zwanziger Jahre, der fliegen lernen will. Der Münchner Bub habe für ein paar Stunden seinen schmerzenden Rücken völlig vergessen. Der Grund: die recht deftige Sprache des Autors. Zu Beginn des Buches häufen sich in der Tat Textpassagen, die gerade Halbwüchsige unerhört und zum »ausschütten« finden. Auster spricht das Thema Sex zum Teil sehr offenherzig an.

In einem anderen Fall war es Richard Hayers *Palmerland*, das den Urlaub rettete. Mir hatte das Buch überhaupt nicht gefallen, ich war kaum über die ersten 30 Seiten hinausgekommen. Meinem Sohn, damals 14, sprach es aber offensichtlich aus der abenteuersuchenden Seele. Ägypten, Eiszeit, Mord, Flucht – die 600 Seiten des naturwissenschaftlich-geschichtlichen Krimis las er in einem Rutsch weg. Heute weiß ich: Diese Situation war ein weiteres Beispiel für geschlechtsabhängige und deshalb unterschiedliche Rezeption von Texten.

Und noch ein drittes Beispiel: Erst vor kurzem erzählte mir eine Mutter, sie habe die »Erlösung« aus dem Koffer bei ihrem Sohn nun schon zum zweiten Mal beschworen, diesmal allerdings ausgeschmückt mit distanzierenden Worten. »Der totale Fehlkauf!«, »Irgendwelcher Cyberquark!« und »Lohnt sich überhaupt nicht!« Das Ergebnis: Steffen aus Berlin las Douglas Adams' *Der elektrische Mönch* und fand es wunderbar. Der Plan hatte funktioniert. In der Pubertät, wenn alles, was Eltern machen, »irgendwie echt daneben« ist – wie wir heute hören dürfen, motiviert Distanz deutlich mehr als »Lies doch mal. Das ist doch ganz toll und bildet obendrein!« Die Gut-Menschen-Tour hat schließlich schon bei uns nicht gezogen. Also weg mit diesen Leselust-Killersätzen.

Tricks funktionieren natürlich immer nur begrenzt, helfen nur punktuell und kurzfristig. Irgendwann durchschauen Sohn und Tochter das Spiel. Auf lange Sicht ist es deshalb so wichtig, dass die Eltern-Kind-Beziehung wirklich stabil ist, nur dann fallen Tricks auf fruchtbaren Boden und werden von unseren Kindern mit einem Schmunzeln weggesteckt.

Übrigens: Man muss mit dem Lesen nicht warten, bis die ganze Familie im Urlaub ist. Lange Autofahrten, Aufenthalte auf Bahnhöfen oder Flughäfen werden Ihre Jüngsten mit Lesen prima überbrücken lernen, wenn Gameboys, »Musikanlagen« und tragbare DVD-Player gar nicht erst mit auf die Reise gehen. Allerdings darf dieser »Lernprozess« nicht erst mit 14 Jahren beginnen. Dann ist es sehr wahrscheinlich schon zu spät dafür.

Was halten Sie zum Beispiel davon, »endlos lange Wartezeiten« im Restaurant mit kleineren Kindern durch Vorlesen zu überbrücken? Eine Familie aus Bonn erzählte mir, dass sie damit ihren Kindern das Lesen schmackhaft gemacht hätte. Die Vier hatten sich auf eine Regel geeinigt: Es wird nur dann weitergelesen, wenn alle zum Essen am Tisch sitzen. Diese Regel, die ursprünglich mit Rücksicht auf den unterschiedlichen Schichtdienst der Eltern entstanden war, führte zu einem für die Kinder positiven Nebeneffekt. Der Reiz am Fortgang der Geschichte wurde erhöht. Die Kinder drängten darauf, das Abenteuer weiterverfolgen zu können, durften aber nicht. Ihre Lust zu lesen stieg.

Achtens: Lesen macht neugierig – die goldenen Regeln des Daniel Pennac

Für den Erfolgsautor und leidenschaftlichen Leser Pennac (*Wie ein Roman)* sind die nun folgenden Regeln die besten Tricks, mit denen man Kinder vom Lesen überzeugen kann. Erschöpft von überhöhten Bildungsansprüchen in Frankreich und ausgestattet mit einer gehörigen Portion Realitätssinn, versuchte der frühere Lehrer jahrelang auch Schüler aus sozial schwierigem Umfeld zum Schmökern zu motivieren. Wer seine Leseregeln beherzigt, so Pennac, werde merken, wie sich Erfolg einstellt. Ich habe es probiert und darf sagen: Er hat recht, die folgenden Regeln taugen – auch für die Praxis in Deutschland. Sie lauten:

Jeder Leser, auch der ganz junge, hat

- das Recht herumzuschmökern.
- das Recht, irgendwas zu lesen.
- das Recht, überall zu lesen.
- das Recht, Seiten zu überspringen.
- das Recht, ein Buch nicht zu Ende zu lesen.
- das Recht, ein Buch noch einmal zu lesen.
- das Recht, laut zu lesen.
- das Recht zu schweigen.

Welcher Junge redet schon gern über ein Buch – und dann auch noch vor der Klasse –, wenn es ihn emotional berührt hat? Schweigen bedeutet hier, keine Gegenleistung abliefern zu müssen. Keine Hausaufgabe, kein Werturteil, keine Textanalyse. Das Recht zu schweigen bedeutet, um des schieren Vergnügens willen lesen und dann schweigen zu dürfen, auch den Eltern gegenüber. Einfach so.

Neuntens: Einmal entfachtes Lesefeuer muss geschürt werden.

Die wohl schwierigste Frage zum Thema Lesemotivation ist: Wie halte ich Jugendliche, insbesondere Jungen, auf lange Sicht bei der Stange? Der Bestseller *Simplify your life* erteilt vorschnellen Rat: »Um Kinder und Jugendliche zum Lesen zu motivieren, machen Sie es wie ein Buchhändler, und stellen Sie wöchentlich wechselnd ein oder zwei Bücher mit der Titelseite nach vorn ins Regal. Das signalisiert dem Kind ›Wie schön, das habe ich ja auch noch!‹ und vermittelt die unterschwellige Botschaft ›Bücher sind wichtig‹«[56] Solche Vorschläge sind sicherlich gut gemeint, gehen aber an der Komplexität des Problems vorbei. Abgesehen davon, dass dieser Trick vermutlich in der zweiten Klasse ausgedient hat, setzt er doch voraus, dass bereits lesewillige »Kunden« am Regal vorbeischlendern.

Ist die Lesemotivation einmal entfacht, gilt es sie über den ersten Leseknick, die Jahre danach und den zweiten Leseknick hinaus zu erhalten. Sprechen wir es deutlich aus: Ihrem Sohn die Welt der Bücher dauerhaft erschließen zu wollen, bedeutet, jahrelang gegen gesellschaftlichen Druck kämpfen und erziehen zu müssen. Je älter Ihr Sohn wird, desto schwieriger gestaltet sich der »Motivationsprozess«. Das kostet Sie und Ihr Kind gemeinsam Kraft.

Noch nie war die Vielfalt der mit dem Buch konkurrierenden Freizeitbeschäftigungen so groß wie heute. Noch nie war der Erwartungsdruck, der auf Jungen in Bezug auf männliches Rollenverhalten lastet, so vielschichtig. Noch nie war die Summe der von Jugendlichen pro Tag konsumierten Werbespots höher. Oder haben Sie schon mal einen Spot, in dem Lesen angepriesen wurde, auf Viva oder MTV gesehen?

Auch die Buchbranche selbst spricht unsere Zielgruppe höchstens indirekt an. Verlage, die zu 75 Prozent Frauen als Kunden haben, denken gar nicht dran, ein Cover für Jungen gestalten zu lassen. Sie bringen viel zu wenig Umsatz. Redakteure von Kinder- und Jugendbuchempfehlungen sind überwiegend junge Frauen, die getreu dem Motto rezensieren: Was mir selber gefällt, finden auch die lieben Kleinen gut. Auch der Name der Abteilung »Kinder- und Jugendbücher« in Buchhandlungen lädt Pubertierende nicht gerade zum Verweilen ein. Welcher 15-Jährige geht schon gern in die Ecke, in der sich auch Zehnjährige tummeln?

Der erfolgreichste Weg, Jungen dauerhaft zum Lesen zu motivieren, besteht darin, die Grundzüge ihres Rezeptionsverhaltens in Bezug auf Bücher zu kennen, zu beachten und stets auf Situationen vorbereitet zu sein, in denen sich der Wunsch nach einem Buch ergibt. Es geht um die einfache, aber in der Praxis schwierig umzusetzende Formel: Das rechte Buch zur rechten Zeit. Immer wieder, das werden Sie merken, will die einmal geweckte Leselust wieder einschlafen. Das ist normal und wird so lange so sein, bis sich ein festes Lesebedürfnis bei ihrem Nachwuchs herausgebildet hat, er Frotzeleien anderer Kumpels zu ertragen weiß und sich die Erkenntnis in sein Gehirn gebrannt hat, dass Lesen glücklich machen kann. Sollen die Peers doch reden, was sie wollen.

Ergo: In dem Moment, in dem Ihr Sohn nach einem Buch verlangt, ob nun von Ihnen »angestiftet« oder spontan, sollte er eines aus dem Regal ziehen können, das seiner derzeitigen Interessen- und Gefühlslage entspricht. Wichtig ist, die Fehlerquote dabei möglichst gering zu halten. Wenn sein Bedürfnis nach einem Buch nicht zeitnah adäquat befriedigt wird, fällt die mit diesem negativen Erlebnis verbundene Frustration um ein Vielfaches größer aus als die erlebte Lust bei einem zufriedenstellenden Leseerlebnis. Meiner Beobachtung nach sind nach einem einzigen negativen Leseerlebnis gleich mehrere echte Leseknüller (leichte Texte) nötig, um einen enttäuschten jugendlichen Leser wieder »neutral« zu stimmen und an ein Buch heranführen zu können.

Die zentrale Botschaft dieses Buches lautet deshalb: *Das rechte Buch zur rechten Zeit am rechten Ort!*

Kaufen oder schenken Sie nicht wahllos Bücher, frei nach dem Motto: »Hauptsache, der Junge liest!« oder »Das ist schließlich Weltliteratur«. Das Wort Weltliteratur steht ohnehin ganz oben auf der Lesemotivations-Killerliste der Jungen, weil es ambitioniert und nach Schule und »Lesen müssen« klingt. Fragen Sie in Buchhandlungen nach bei Jungen beliebten Titeln. Diese finden Sie in der Jugendbuchabteilung, aber vor allem in den Bereichen Fantasy und Science-Fiction. Häufig werden Sie auf Bücher stoßen, die eigentlich für Erwachsene geschrieben wurden. Doch Vorsicht: Nur weil ein Buch viel gekauft wird, bedeutet das nicht, dass Ihr Junge es auch begeistert liest. Um das beurteilen zu können, brauchen Sie einen guten Draht zu Ihrem Kind. Wissen Sie, was es beschäftigt, können Sie die Empfehlungen des Buchhändlers als für Ihr Kind passend erkennen oder verwerfen. Nutzen Sie die Tipps der Leseclubs, die deutschlandweit Titel für den Jugendliteraturpreis nominieren. Hier arbeiten auch Jungen mit.

Stecken Sie genauso viel Energie in die Auswahl von Büchern für Ihre Schützlinge wie in die Auswahl von Flötenschule, Judo- oder Tennisclub. Ihre Kinder sollen Spaß haben, sie zu lesen, genauso viel Spaß wie mit der Sportart Taekwondo oder beim Klavierspielen.

Liest Ihr Kind erst einmal über Jahre hinweg, von kurzen Unterbrechungen abgesehen, ist die Wahrscheinlichkeit groß, dass es später auch das »gute Buch« in die Hand nimmt. Versöhnt mit dem, was es in Kinderjahren lesen durfte, nähert es sich langsam den »Werken«, die es lesen sollte. Um diese jedoch sprachlich verdauen zu können, braucht Ihr Sohn erst einmal eine solide Leseerfahrungsbasis. Diese Brücke zur so genannten anspruchsvollen Literatur müssen Sie sich wie eine Art Trainingsstrecke vorstellen, ausgestattet mit allerlei unterhaltenden Ablenkungen, die darüber hinwegtäuschen sollen, dass die Strecke selbst immer schwieriger wird. Wie diese Trainingsstrecke aussieht, ist jedoch Eltern und Lehrern kaum bekannt. Der Grund: Der Weg zur Leseratte ist ein sehr individueller. Meine Empfehlungen am Ende des Buches geben Ihnen eine Idee davon, wie eine solche Trainingsstrecke für Jungen im Alter zwischen 12 und 18 aufgebaut sein könnte. Alle Titelempfehlungen gehen auf erfolgreiche Praxiserfahrung zurück, sind aber immer an Individuen gebunden. Das heißt, sie können auch bei Ihrem Nachwuchs so erfolgreich funktionieren wie zuvor bei anderen Kindern. Eine Garantie gibt es dafür aber nicht.

Um über Jahre am Ball zu bleiben, sollten Sie in jedem Fall die Bücher Ihrer Kinder lesen, auch wenn es schwer fällt, und Sie meinen, dafür keine Zeit zu haben. Sie werden die Bemerkungen Ihrer Kinder dann einfach besser verstehen. Wenn Jungen lesen, dann lesen sie in der Regel (anders als Mädchen) kein Buch zu Ende, das sie nicht wirklich irgendwie »betrifft«. Plötzlich erfahren Sie, wenn auch über Umwege, was Ihr Junge für tolerabel hält und was nicht, worüber er sich Gedanken macht. Irgendwann rutscht auch dem verschwiegensten Jungen mal eine Bemerkung heraus. Wenn Sie wissen, worauf sie sich bezieht, können Sie sie besser einordnen. So sind Sie auch in der schwierigen Zeit der Pubertät in der Lage, das Verhältnis zu Ihrem Sohn über das Lesen hinaus positiv zu beeinflussen.

Der Frankfurter Psychotherapeut Dr. Karl Bräuer gab mir im Verlaufe meiner Recherchen einen ganz einfachen Satz mit auf den Weg: Liebe ist das Befriedigen von Bedürfnissen eines anderen Menschen im Moment, da diese offenbar werden, nicht Tage, Monate oder Jahre später. Für mich war diese Maxime der Schlüssel zum Verständnis für dauerhaft erfolgreiche Lesemotivation. Bei meinem Sohn hat es geklappt.

Kapitel 2

Was Lehrer tun, Eltern wissen und sie gemeinsam erreichen können

> There is no child who wakes up in the morning
> and says: »I want to fail in everything
> I do today and annoy everyone in school.«
> Kids do want to succeed.
> Our job is to show them how!
>
> Patrick Welsh, *Washington Post*,
> 2. Mai 2004

Ratlosigkeit – das war der nachhaltigste Eindruck, den ich in den vergangenen zwei Jahren in Gesprächen mit deutschen Pädagogen gewann. Erfolgreiche Lesemotivation an deutschen Schulen schien ihnen, ebenso wie vielen Eltern, ein Buch mit sieben Siegeln zu sein.

Dass das deutsche Schulsystem erhebliche Schwächen aufweist und dieser Umstand »irgendwie mit der schwindenden Leselust bei Jugendlichen zu tun haben muss«, war den meisten Lehrern wohl bewusst. Andererseits fühlten sie sich durch öffentliche Kritik an ihrer Arbeit derart unter Druck gesetzt, dass so mancher bereits aufgegeben hatte, nach Lösungen zu suchen. »Bevor ich etwas Falsches mache, mache ich gar nichts mehr«, hörte ich frustrierte Stimmen. Warten auf den »Befreiungsschlag von oben« nannte ich das dann immer und drängte optimistisch auf das Machbare. Wider die Beamtenmentalität suchte ich nach Ideen, die alltagstauglich waren, realistisch und praktikabel in jeder Schule. Doch die Antworten blieben rar. Warum, fragte ich mich, sollte es so schwierig sein, zumindest kleine Lösungen zu finden?

Eine Idee von der Kluft, die zwischen Lehrern und Schülern bereits entstanden war, bekam ich, als ich mit immer mehr »besten Deutschlehrern« sprach. Sie waren mir bei meinen Schulbesuchen jeweils vom Direktor als Gesprächspartner empfohlen worden. Die meisten von ihnen, so musste ich leider feststellen, hatten keine genauen Vorstellungen davon, was Jugendliche – vor allem männliche Jugendliche im Jahr 2004 – nachmittags mit sich und ihrer freien Zeit anstellen. Sie kannten ihre Spiele nicht. Sie hatten nur einen vagen Begriff von deren bevorzugter Musik und den Interpreten. Begriffe wie Empire Earth, Warhammer, Warcraft, Dragonball, 50 Cents, CS oder LAN[57] sagten ihnen nichts. Bei Jugendlichen beliebte TV-Serien kannten diese Lehrer nur, wenn sie ihnen selbst gefielen – zum Beispiel *Friends.*[58] Fragte man sie nach Freizeitlektüre für Jungen, nannten sie zwar »alle Klassiker«, zum Teil aber nicht ein aktuelles Jugendbuch jenseits von *Harry Potter* oder dem *Herrn der Ringe.* Von einem Jugendliteraturpreis hatten sie zum Teil noch nie etwas gehört. Stattdessen erntete ich zu Titeln wie *TKKG* oder *Fünf Freunde* Kommentare wie »Ach ja, na ja, das sind diese Serien.« Mit anderen Worten »Unrat«.

Um nicht missverstanden zu werden. Meine bevorzugte Literatur für Jugendliche sind nicht die *Fünf Freunde.* Ich wünsche mir auch nicht aus tiefstem Herzen, dass alle Kinder Warhammer spielen. Aber auch ein Arzt muss wissen, was sein Patient hat, um die richtige Therapie anwenden zu können, ebenso wie Eltern und Lehrkräfte meiner Ansicht nach wissen sollten, was Kinder umtreibt.

Ist es zuviel verlangt, dass auch deutsche Lehrer sich für die persönlichen Vorlieben ihrer Schüler interessieren? Ist das angewiderte Abwenden von vermeintlichem Trash nicht eine Arroganz, die wir uns gar nicht leisten können angesichts landesweit diskutierter Leseinkompetenz von Schülern?

Jugendliche haben das Bedürfnis zu lesen, auch männliche. Im Zweifelsfall wissen sie es nur noch nicht oder verdrängen dieses Interesse, weil sie beispielsweise unter starkem Gruppendruck stehen. Ein Lesebedürfnis können wir Erwachsenen aber nur wecken, wenn wir wissen, wo wir am erfolgversprechendsten anknüpfen können. Doch das zu erkennen, scheint, bedingt durch den zunehmenden Altersunterschied von Generationen, immer schwieriger zu werden. Eltern sind bei der Geburt ihres ersten Kindes immer öfter um die 40 Jahre alt. Selbst männliche Lehrer können bei einem Altersunterschied von rund 30 Jahren aus eigener Erfahrung kaum noch wissen, in welcher Traumwelt männliche Jugendliche leben.

Ohne unseren praktizierten Willen, genau diese Wissenslücke zu schließen, ist es fast unmöglich, Teenager erfolgreich zu motivieren. Zusätzliche Anstrengungen sind nötig, von Eltern wie von Lehrern. Das Quäntchen »Mehr« in Sachen Lesemotivation aber kann nicht nur helfen, sondern kann entscheidend sein. Deshalb ...

Interessieren Sie sich für das Freizeitverhalten Ihrer Schüler.

Das gilt für Mädchen wie für Jungen. Versuchen Sie Ansatzpunkte zu finden, die Sie nicht nur im Unterricht einen Schritt vorwärts bringen. Eine Studie der OECD aus dem Jahre 2002[59], in der Schüler aus 30 Ländern inklusive USA und Kanada befragt wurden, zeigt, dass Hobbys und Lesen bei Jungen in einem viel direkteren Zusammenhang stehen als bei Mädchen. Hobbys bestimmen bei Jungen nicht nur die Bücherauswahl, sondern auch, welche Zeitschriften sie lesen. Zeitschriften und Tageszeitungen standen in dieser Studie sowohl bei Jungen als auch bei Mädchen ganz oben auf der Liste des bevorzugten Lesematerials. Comics rangierten an zweiter Stelle.

Wissen Erwachsene erst einmal mehr über die Black Box, in der Schülerinnen und Schüler am Nachmittag verschwinden, können sie angemessener reagieren und müssen bei der Suche nach lesemotivierenden Ideen nicht auf einen Zufall hoffen.

Ein Beispiel: Die ausgeprägte Schreibunlust meines Sohnes nach dem Wechsel zum Gymnasium (er war wie viele Jungen vermehrt an naturwissenschaftlichen Zusammenhängen interessiert) verwandelte sich in der neunten Klasse plötzlich in konzentriertes Arbeitsverhalten. Er setzte sich freiwillig an den Computer und schrieb – stundenlang. Als ich endlich einen Blick auf die umfangreiche Blattsammlung werfen durfte, war ich überrascht. Er hatte die überaus komplizierten Regeln des Warhammer-Spiels, mit dem er sich seit Monaten beschäftigte, für null und nichtig erklärt und seine eigenen entworfen. Es war ein neues, einfacheres Regelwerk für das Zusammenspiel der Warhammer-Armeen auf seinem selbstgebauten Papprasen entstanden. Die Regeln verfeinerte er später immer weiter. Die Anzahl seiner Rechtschreibfehler sank. Irgendwann erkannte ich: Das Zinnfigurenspiel, das ich innerlich immer abgelehnt hatte, spielte er gern. Es motivierte ihn, ließ ihn freiwillig lesen, am Computer recherchieren und schreiben. Für mich ist das ein Beispiel von vielen, das in der Summe zu seinem »Gut« in Deutsch beigetragen hat. Entscheidend dabei war, dass er seine Blockadehaltung zum geschriebenen Wort irgendwann aufgegeben hatte.

Wenn mein Sohn und ich heute an den Tag zurückdenken, an dem er mich zum ersten Mal in ein Warhammer-Geschäft »schleppte«, müssen wir beide lachen. Sorgenfalten hatte dieses »dunkle Loch« mir auf die Stirn getrieben, ob seines martialischen Ambientes und der unverschämten Preise, die ich für kleine glänzende Figuren bezahlen sollte, die auch noch selbst angemalt werden mussten. Wenn ich jedoch bereits vor vier Jahren mehr über Möglichkeiten und Grenzen dieses besonders bei Jungen so beliebten Spiels gewusst hätte, wäre ich sicher schon damals »cooler« damit umgegangen. Aus der Sicht meines Sohnes hätte das manches erleichtert.

Nun ahne ich, dass so mancher Kritiker an der Verallgemeinerungswürdigkeit solcher Erlebnisse zweifelt. Für diese Skepsis habe ich Verständnis. Der Schulalltag ist viel komplizierter, als Eltern sich das gemeinhin vorstellen. Manche Eltern neigen sicherlich auch dazu, Dinge zu vereinfachen, weil sie immer nur den eigenen Nachwuchs sehen. Zum Teil formulieren sie in der Tat Ansprüche, die sie besser erst einmal selbst erfüllten. Dennoch scheint es mir hilfreich, meine praktischen Erfahrungen aufzuschreiben. Zum einen, weil sie mehr als einmal gefruchtet haben. Zum anderen, weil sie nicht den Anspruch auf Wissenschaftlichkeit erheben. Wissenschaft und das damit tradierte gesellschaftliche Bewusstsein, ein »gutes Buch« müsse zwangsläufig anspruchsvoll und deshalb mühsam zu lesen sein, hat mit dazu beigetragen, Eltern und Lehrer zu »verbilden«. In einer Art deutschem Intellektuellenkrampf jammern wir seit Jahren anhaltend auf hohem Niveau, anstatt pragmatisch lesemotivierend zu handeln. Mädchen und Jungen hat auch das den Spaß am Lesen verdorben.

Stets auf der Suche nach pragmatischen Lösungen in Deutschland, schien es mir nach meinem Umzug in die USA reizvoll, das Blickfeld international zu weiten. Mit der Library of Congress in Washington, DC., stand mir ein Meer an Büchern zur Verfügung, ein wahrer Schatz, den es zu heben galt. Außerdem stieß ich auf ein Netzwerk an Buch-, lese- und Teenager-geschulten Fachkräften, die ich befragen konnte. Zu meiner Freude wusste mancher Rat. Als Nicht-Pädagogin, wenn man von gelegentlichen Vorlesungen und Seminaren an Hochschulen und Universitäten absieht, verweise ich im Folgenden also ganz bewusst auf Praxiserfahrungen von Lehrkräften. Bei den Recherchen bin ich nur solchen Hinweisen gefolgt, die mir aus der Sicht der Jungen sinnvoll und aus der Sicht von Lehrern in Deutschland praktikabel erschienen. Auf dem virtuellen Kaffeefilter, durch den ich all die klugen Erkenntnisse ausgebildeter Pädagogen gegossen habe, stand mit großen Buchstaben »gesunder Menschenverstand«.

Viel selbstverständlicher als in Deutschland stehen in den USA fundierte Praxiserfahrungen gleichberechtigt neben universitären Forschungsergebnissen. Was zählt, ist nicht der theoretische Diskurs, sondern der praktische Erfolg; in unserem Fall: Jungen entweder zum ersten Mal oder wieder für Bücher zu begeistern. Landestypische Ausrutscher wie »Lesen lernen in fünf Tagen« ließen mich mitunter zweifeln. Auf der anderen Seite traf ich auf einen geradezu ansteckenden Tatendrang unter Pädagogen und überwältigenden Optimismus, der, gepaart mit Selbstverantwortung und Ideenreichtum, auch deutsche Bedenkenträger beflügeln könnte.

Ein Überraschungsmoment muss her.

Publizierende Praktiker im Raum Nordamerika sind sich überwiegend darin einig, dass der Spaß der Jungen, sich freiwillig einer Sache zuzuwenden, auf lange Sicht *das* Motivationsmittel beim Überwinden von Leseunlust ist. Aus Dutzenden »Erfolgsrezepten« amerikanischer Pädagogen lässt sich ein wiederkehrendes Motivationsprinzip destillieren: Haben wir erst einmal die richtige »Hobbykiste« aufgezogen, kann es mittels überraschender Ideen gelingen, das Interesse der Jungen an einem Text über die Lese-Initialzündung hinaus wach zuhalten und in wirkliches Leseinteresse umzuwandeln.

Patrick Jones, langjähriger Lehrer und Bibliothekar sowie Autor verschiedener Bücher rund um das Thema Lesen in den USA, empfiehlt Lehrern: »Setzen Sie das Thema Unterhaltung an die erste Stelle ihrer Auswahlkriterien für Kinder- und Jugendbücher. Stellen Sie gemeinsam mit Ihren Kollegen und den Schülern eine Liste mit Büchern für Jungen und deren Eltern sowie für Mädchen und deren Eltern zusammen, zugeschnitten auf unterschiedliche Altersgruppen. Lassen Sie danach Jungen und Mädchen selbst entscheiden, welche Bücher sie lesen mögen.«[60]

Diesen Gedanken unterstützt auch seine Kollegin Dawn Cartwright Fiorelli. Sie arbeitet als Bibliothekarin in Madison, Connecticut, USA, und hat sich auf Jugendliche spezialisiert. Sie ergänzt: »Erleichtern Sie den Jungen nun den Sprung über die Lesehürde. Langes Suchen in endlosen Regalen schreckt insbesondere leseungeübte Schüler ab.«[61] Fiorelli berichtet von einem »ziemlich coolen Siebtklässler«, der ihr ein Schlüsselerlebnis bescherte. »Ich werde nie lesen!« hatte er ihr während einer Buchvorstellung stolz erklärt, so wie übrigens Hunderte anderer Schüler zuvor auch schon. »Warum nicht?« fragte Fiorelli. *Harris and me* von Gery Paulson sei zweifellos das lustigste Buch, das sie je gelesen habe. »Bücher sind nicht witzig.« lautete die Antwort des Jungen. Anders als bei anderen Lesungen hatte sie ihm daraufhin das Buch kurzentschlossen in die Hand gedrückt und gesagt: »Versuch's.« Sein Kommentar bei der Rückgabe des Buches: »Yeah, pretty funny«.

Was wollen Jones und Fiorelli? Es geht ihnen zum einen darum, Jungen bei ihren Vorlieben abzuholen; in diesem Fall Humor. Zum anderen wollen sie potenzielle Leser, möglichst schnell an gewünschten Lesestoff heranführen, Stichwort Überraschungsmoment. Kein Ausleihen, kein langes Suchen zwischen meterlangen, hohen Regalen, womöglich noch nach Registriernummern. Konzentration und Geduld sind für Jungen häufig unbekannte Größen. Manche hatten selten oder nie ein positives Leseerlebnis. Diese Jungen wollen fröhlich überrascht/überrumpelt werden oder anders ausgedrückt: Man muss sie mit einem Augenzwinkern an die Hand nehmen und sicher zur »Leseinsel Wunderbar« führen.

Erkennen Sie den Stellenwert von Sachbüchern.

Dr. Ray Doiren von der Universität Prince Edward Island, USA, verweist in zahlreichen Publikationen auf die Bedeutung von Sachbüchern nicht nur für Jungen: Lehrende sollten einmal grundsätzlich das Verhältnis von Romanen und Sachbüchern beim Einsatz in der Schule prüfen. Nicht nur in Deutschland überwiegt der Gebrauch von fiktiver Literatur im muttersprachlichen Unterricht. Er begründet das wie folgt: Jungen können über Sachbücher stärker ermutigt werden, überhaupt zu lesen. Mädchen werden auf diese Weise darin unterstützt, ausgeglichener zu lesen, das heißt die Auswahl der von ihnen bevorzugten Romanliteratur um Sachbücher zu erweitern. Besonders in der dritten und vierten Klasse kommt dem Sachbuch eine Schlüsselstellung zu. In dieser Zeit werden Sachbücher, so Doiren, besonders häufig noch von Schülern gewünscht. Er appelliert: Einige Lehrer bevorzugen das Vorlesen von Sachbüchern, andere den gezielten Einsatz im Fachunterricht. In jedem Fall aber sollten sich Lehrer im Umgang mit Sachbüchern begeistert zeigen. Die Freude springe dann wie ein Funke auf die Kinder über.[62]

Was meint Doiren? Auch er knüpft bei den spezifischen Sachinteressen potentieller Leser an und fordert ein für Schüler ungewohntes Leseereignis/einen Überraschungseffekt: in diesem Fall das begeisterte Vorlesen von Sachbüchern im Unterricht. Mit anderen Worten: »Let's do booktalks, read-alouds, author-studies, book displays and the many other things we do to promote reading; only let's use information books.«

Das Prinzip der Leselustkette

Das einmal erkannte Prinzip: Kenntnis des Freizeitverhaltens plus Überraschungsmoment initiiert Leselust, kann als *Kettenprinzip* sich entwickelnder Leselust verstanden werden. Immer wieder angewendet, verstärkt es bereits entfachte Lesefreude, hilft es leseungeübten Schülern über Durststrecken hinweg und steigert langfristig das Niveaus von Lesebereitschaft.

Die Schwierigkeit besteht nun darin, nicht nur immer wieder aufs neue »Überraschungsmomente« für den jungen Leser zu ermöglichen, sondern nach jedem Leseerlebnis an das tatsächlich erreichte Leseniveau des einzelnen Jungen anzuknüpfen. Jede seiner Leseerfahrungen kann es verändern, positiv wie negativ. Im besten Falle steigt das Niveau. Optimal ist ein langsamer, stetiger Anstieg der Leselust, die auf einer breiten, soliden Basis aufbaut. Darauf kommt es an. Auf den Unterbau. Eintagsfliegen wie »Mein Sohn hat doch alle Harry-Potter-Bücher verschlungen …« sind deshalb auch kein Garant für anhaltende Leselust. Erst eine große

Anzahl ähnlicher, positiver Leseerlebnisse auf gleichem Niveau führt zu dem Bedürfnis, weiter lesen zu wollen und sich an anspruchsvollere Texte heranzuwagen. Nach und nach erreicht die Leserfahrung so eine neue Qualität und die Leselust ein höheres Niveau. Dieser Prozess wiederholt sich mehrfach, wobei die Anzahl der nötigen positiven Leseerlebnisse bei steigendem Leselustniveau abnimmt.

Fällt die Anzahl der positiven Leselusterlebnisse zu gering aus, erhöht ein Kind zu schnell sein Leseniveau, sei es unbewusst, weil es zufällig nach dem »falschen« Buch greift oder weil wir Erwachsenen ein nicht passendes Buch empfehlen, empfindet unsere potenzielle Leseratte den Anstieg zur »Leseinsel Wunderbar« als zu steil. Die Folge: Sie strauchelt am Berg und fällt auf den Rücken. Nur selten ist das Kind dann zu einem neuen Anstieg zu motivieren, in jedem Fall aber nur mit sehr viel Geduld und Verständnis.

Wer bislang also noch nicht verstehen konnte, warum Lesemotivation Langlaufqualitäten erfordert, der ahnt spätestens jetzt, was auch Lehrer leisten sollen. Bei 25 bis 30 Schülern zu erkennen, auf welchem Leseniveau sich jeder befindet, das individuell passende Buch plus Überraschungseffekt parat zu haben, im Zweifel Wunden zu heilen, und gleichzeitig noch den Lehrplan abzuarbeiten, das kommt der Quadratur des Kreises gleich. Deshalb ist begleitende Hilfe durch Eltern unbedingt erforderlich. Sie müssen dafür Sorge tragen, dass ihr Kind bereits ein gerüttelt Maß an Vorleseerfahrung mit in die Schule bringt und mit daran arbeiten, dass die ersten Leserfahrungen in der Grundschule den Nachwuchs nicht entmutigen. Doch oft haben sie, wie die Realität zeigt, nicht die Zeit dazu, nicht die Muße oder auch nicht die Einsicht, mit ihnen zum Beispiel zu lesen oder in eine Bibliothek zu gehen.

Und die Schule? Schüler, die außerhalb des Stundenplanes das Bedürfnis nach einem Buch verspüren, stehen nachmittags immer noch häufig vor verschlossenen Türen. Das leistungsferne Entlohnungssystem im deutschen Bildungswesen motiviert Lehrer nicht gerade dazu, sich auch am Nachmittag in der Schule aufzuhalten, um Schülern in diesem Fall beratend zur Seite zu stehen. Doch bis sich Strukturen im deutschen Bildungswesen ändern, können noch Jahre vergehen. Deshalb an dieser Stelle kein Carepaket, sondern ein Erste-Hilfe-Paket aus den USA. Für all jene, die, unabhängig von beamtenrechtlichen Regelungen, noch in dieser Woche damit anfangen wollen, die Lesemotivation von Jungen zu verbessern, bieten Fiorelli und Jones eine Art 11-Punkte-Plan, der sich, auf Deutschland zugeschnitten, wie folgt liest:

1. Verlinken Sie Ihre Schulwebseite mit anderen Webseiten, die Lesestoff bieten, beispielsweise www.guysread.com. Dort finden Sie zahlreiche Bücher, empfohlen von Jungen für Jungen. Wenn Fantasy gerade im Trend liegt, warum dann nicht mal bei www.bibliotheka-phantastika.de nachschauen, was gleichaltrige Fans als Lektüre vorschlagen. Die Erfahrungen, positive wie negative, können zum Gegenstand von Schulforen gemacht werden. In jedem Fall gehen Schüler im Umgang mit der Sprache ihren Interessen nach und liefern Lehrern Ideen, die im Unterricht genutzt werden können. Halten Sie diese Angebote nicht für anspruchsvoll genug, entwickeln Sie mit ihren Schülern gemeinsam Leseinhalte, die Sie mit der Schulwebsite verlinken.
2. Planen Sie mindestens eine Veranstaltung pro Jahr, die sich speziell an Jungen richtet und direkt oder indirekt mit dem Thema Lesen verknüpft ist. Das könnte zum Beispiel ein Workshop zum Thema Kriegskunst sein. Sorgen Sie dafür, dass auf jedem Stuhl für die Teilnehmer ein Buch oder Magazin dazu liegt.[63]
3. Gehen Sie in Unterricht und nachmittägliche Buchvorstellungen mit einer breiten Auswahl an Nonfiction-Literatur. Halten Sie nicht nur Buchtitel hoch.
4. Nutzen Sie Power-Point-Präsentationen, um Cover und Inhalte der Bücher vorzustellen. Jungen wollen nicht nur hören. Sie wollen technisch unterstützt sehen.

5. Kaufen Sie jedes Poster, das einen Mann beim Lesen zeigt. Die meisten Sprachlehrer und Bibliothekare sind Frauen. Vor diesem Hintergrund ist jedes Beispiel eines lesenden Mannes wertvoll.
6. Beziehen Sie männliche Trainer in Leseprojekte für Jungen ein. Das kann beim Vorlesen im Bus auf dem Weg zu einem Auswärtsspiel sein oder einfach nur bedeuten, dass erfolgreiche ältere Athleten Jüngeren vorlesen.
7. Kaufen Sie weniger Romane und stecken sie das gesparte Geld lieber in Periodika wie Magazine, Comics oder Zeitungen wie z. B. *Newsweek*. (In Deutschland könnten das *Spiegel*, *Stern* oder *Focus* sein, d. A.)
8. Gewinnen Sie männliche Teenager für freiwillige Arbeiten in der Bibliothek. Sorgen Sie dafür, dass die Jungen nicht nur Briefmarken auf Werbepostkarten kleben, sondern wirklich Erfahrungen beim Lesen sammeln. Sie können beispielsweise Webseiten nach für Jungen interessanten Inhalten durchsuchen und Buchempfehlungen lesen.
9. Fragen Sie Jungen nach Büchern, die sie gelesen haben. Finden Sie heraus, was sie daran mochten. Jedoch nicht mit der Frage: »Was gefiel dir daran?« Lassen Sie sich eher die Geschichte erzählen. Suchen Sie dann nach ähnlichen Empfehlungen für diesen Schüler. Machen Sie Umfragen. Sprechen Sie mit Jungen eins zu eins und wann immer Sie können über das Thema Lesen.
10. Männliche Teenager nutzen in Bibliotheken Computer, Kopierer und Schreibtische. Die Bücher aber bleiben oft im Regal stehen. Stellen Sie also die Bücher dorthin, wo die Jungen sich aufhalten. Wählen Sie Buchthemen wie Sexualität, Sport oder Video-Animation.
11. Kaufen Sie Bücher, die Jungen wirklich lesen wollen und nicht die, die sie lesen sollen, denn der Spaß macht den Unterschied.

Diesen Gedanken unterstützt auch Jon Scieszka, Autor verschiedener Jugendbücher, die Jungen in den USA besonders mögen (*Time Warps*, *The True Story of the Three Little Pigs*). Er schreibt: »Die meisten der Gründe, die Jungen vom Lesen abhalten, können auf ein wichtiges Element reduziert werden: Motivation. Lesestudien zeigen, dass Jungen hochqualifizierte Lehrer brauchen, eine große Auswahl an Büchern und Leseaktivitäten. Wir sollten ihnen vorlesen und wir müssen mit ihnen über das Gelesene reden. Damit aber all diese Mittel erfolgreich umgesetzt werden können, müssen Kinder lesen wollen. Die meisten Mädchen, die ich unterrichtet habe, wollten lesen. Die Jungen sahen keinen wirklichen Grund dafür.«[64]

Der frühere Lehrer ließ sich etwas einfallen. »Die *Time-Warp*-Serie (geeignet für Grundschüler, d. A.) habe ich aus einem einzigen Grund entwickelt: um leseunwillige Geister zum Lesen zu bringen ... Ich wollte nicht, dass meine Leser denken, wie gut Lesen für sie ist. Ich wollte, dass meine Leser verrückt danach sind, zu erfahren, wie die Geschichte weitergeht.« Scieszkas Idee, potenzielle Leser über einen Text zu motivieren, sieht vor, ihnen möglichst viele kleine Erfolgserlebnisse zu vermitteln. Nach einem kurzen Text (zum Beispiel ein Kapitel) stellt sich bei jungen Lesern das Gefühl ein, erfolgreich gelesen zu haben, nach mehreren Kapiteln entsprechend häufiger – das Kettenprinzip.

»Jede Geschichte ist in kurzen Kapiteln erzählt, jeweils mit Cliff-Hanger-Endings (einem Ende, das ähnlich wie in TV-Serien unmittelbar vor der Werbung Lust macht, weiterzuschauen. d. A.), viel Action ... realistischen Dialogen und Humor, drastischen Schilderungen und geschichtlichen Details. Die Seiten selbst bestehen aus einem Text mit großem Zeilenabstand sowie einer Vielzahl an Illustrationen. Ein fünf Seiten langer *Time-Warp*-Text entspricht etwa einem dreiseitigen Text in einem Roman für Erwachsene. All diese Dinge erleichtern es Lesern, sich erfolgreich zu fühlen. Die stets wiederkehrenden Elemente erstens Handlung, zweitens Rückblick und drittens Wiederaufnahme der Handlung sind es, die den Leser mit der Geschichte vertrauter werden lassen, ebenso die drei

Hauptcharaktere. Das Buch zur Serie zu machen, bot Schülern gleich mehrfach die Gelegenheit, lesen zu üben. Oft reagierten sie so: ›Mir gefällt das Buch. Haben Sie noch ein ähnliches?‹«[65]

Und noch ein Tipp aus den USA: Dort geben Lehrer vor den Ferien so genannte Summerreading-Lists aus. Hierbei handelt es sich um Literaturempfehlungen für Schüler. Sie werden ihnen jährlich mit den Zeugnissen ausgehändigt. Die Breite der Lektüre ist erstaunlich. Anspruchsvolle Literatur (Klassiker) mischt sich mit Büchern zum Film, also ausschließlich unterhaltenden Titeln, und Sachbüchern. Erstaunlich ist ebenso, dass Schüler über alle Altersgruppen und Schultypen hinweg mit diesen Listen in die Sommerferien gehen. Je nach Schultyp lesen sie mindestens zwei der empfohlenen Bücher als Pflichtlektüre, zwei weitere können sie von der Liste frei wählen. Im folgenden Schuljahr werden alle vier Titel zum Gegenstand des Unterrichts gemacht – wenn auch in unterschiedlicher Form. Nicht selten haben gewählte Schülervertreter die Zusammenstellung der Summerreading-List mit beeinflusst. Mädchen und Jungen lernen so von der ersten Klasse an: Ferienzeit ist Lesezeit. Wäre das nicht auch eine gute Idee für deutschen Schüler? (Die Listen finden sich zumeist auf den Webseiten der Schulen, so dass Eltern unproblematisch Zugang dazu haben.)

Männer, erkennt, welche Chance und Verantwortung Ihr habt!

Der Schlüssel zu mehr Lesemotivation liegt auch nach Scieszkas Meinung in den Händen von Männern. Doch er weiß ebenso: »Ausgewachsene Männer dazu zu bewegen, etwas vorzuleben, was sie nicht wirklich sind oder tun, ist nicht einfach.«

Können wir soziale Werte und das damit verbundene Rollenverhalten ändern? Von heute auf morgen sicher nicht. Machbar für Eltern und Lehrer aber ist es, den Peerdruck, der Jungen vom Lesen abhält, positiv umzukehren. Auch eine Bibliothekarin kann eine männliche Auswahl an Büchern anbieten und sagen: »Andere Jungen mochten Louis Sachers *Holes*. Dir könnte es auch gefallen.« Lassen Sie Jungen wissen, dass ihre Auswahl an Texten von Nonfiction über Comics, Zeitschriften, Tageszeitungen bis Internet berechtigt ist. »Challenge the men to get involved and become positive role models[66].«

Entwickeln Sie Lese-Events.

Als Knüller empfiehlt Robie Martin, Bibliothekarin an der Parsons Middle School in Parson, Kansas, ihren US-amerikanischen Lehrerkollegen die Einführung des Lunch Bunch.[67]

Einmal monatlich treffen sich Schüler und Schülerinnen der sechsten bis achten Klasse mit ihr in der Bibliothek, um gemeinsam zu Mittag zu essen. Dabei wird über ein Buch gesprochen, das die Kinder begeistert hat. Den Anfang, so berichtet Martin, machte Louis Lowrys *The Giver* (*Hüter der Erinnerung*). Während sich bei der ersten Veranstaltung die Anzahl der Mädchen und Jungen noch die Waage hielt, waren schon ab dem zweiten Lunch Bunch die Jungen in der Mehrzahl. Der offensichtliche Grund: das Essen! »It's a basic law of human nature that food attracts boys«, behauptet Martin. Sie ist Mutter zweier Söhne und muss es wissen. Sie räumt zwar ein, dass die Jungen anfänglich mehr besorgt darüber waren, ein ordentlich großes Stück Cheesecake abzubekommen, als sich auf die Diskussion vorzubereiten. Doch die Mund-zu-Mund-Propaganda habe gewirkt. Letztlich dominierten die Jungen die Lunch Bunches – in der Anzahl, was die Auswahl der Bücher anging und beim Reden darüber. »Lunch Bunch ist bei uns zur Männersache geworden«, strahlt Martin.

Und das sind ihre Regeln: Bevor sich ein Schüler anmelden darf, muss er das betreffende Buch vollständig gelesen haben und eine Meinung, eine Frage oder einen Diskussionsgedanken in das geplante Forum einbringen können. Die Anmeldeliste hängt immer offen an der Bibliothek aus. Martin versucht, stets genug Exemplare der zu besprechenden Titel vorzuhalten. Fundraising unter den Eltern, in den USA sicher wesentlich stärker ausgeprägt als in Deutschland, hilft dabei. Beim Einlass zeigen die Schüler ihre Einladung vor, die sie nur erhalten, wenn der Klassenlehrer der Teilnahme zugestimmt hat (wegen des Unterrichtsausfalls). Die Bibliothekarin bringt für alle einen tollen Nachtisch mit zur Lesung. Alle anderen Lehrer wurden zuvor vom Nutzen des Projektes überzeugt und unterstützen es. Ihr Fazit: Die Schüler überhäuften sie mit Titelvorschlägen für kommende Lunch Bunches und: »The guys are reading, reading, reading.«

Für meine Ohren klang das alles zu schön, um wahr zu sein. Ich rief in der Schule an, um zu erfahren, ob Lunch Bunch immer noch aktuell sei. Die Antwort: Inzwischen lunche man 14-täglich. Das einzige Problem: langsam gingen die Rezepte für leckere Nachtische aus. Was denn die deutsche Küche so zu bieten hätte ...?

In anderen Gesprächen erfuhr ich von Lesungen mit Autoren auf einem Fußballfeld, von Sportfesten mit anschließender Buchlesung und von Schnitzeljagden nach einem Schatz, der neben Schokolade auch ein Buch enthielt. Es wurde im Anschluss an die Schatzsuche gemeinsam gelesen. Der Hintergedanke hierbei: Die lautesten Jungen hatten sich körperlich verausgabt und genossen es später, passiv zu sein und zuzuhören. Sprach das Buch sie an, wurde dieser Titel von Jungen häufiger nachgefragt. Die Bibliothekare hatten danach die Chance, mit den Jungen ins Gespräch zu kommen und ähnliche Titel an den Mann zu bringen.

Überraschend war dabei für mich, dass Jungen Veranstaltungen in der Schule als »schön« oder »entspannend« wahrnahmen. Mich erinnerte das an meine eigene Schulzeit. Bis ich zehn Jahre alt war, verbrachte ich meine Nachmittage in der Schule, so wie alle Kinder in meinem Heimatort auch – ganz selbstverständlich, ohne das »Fuhrunternehmen Mama«. Schule muss nicht nur »pauken« sein, lernte ich damals. Schule war auch Brennball oder Ball-über-die-Schnur spielen, Schule war Fußball, Gummitwist und Völkerball.

Deutsche Schüler heute erleben auf dem Schulhof jedoch das Gegenteil von spontaner, ausgelassener Freude – gähnende Leere, verschlossene Schultore und als Höhepunkt schimpfende Hausmeister, wenn ein paar fußballverrückte Jungen einfach über den Zaun klettern, um zu kicken. Was können sie dafür, dass es keinen öffentlichen Fußballplatz in ihrer Nähe gibt?

Die Idee der Ganztagsschule ist also nicht nur eine Antwort auf das Bedürfnis von Eltern, die arbeiten gehen wollen oder müssen. Ganztagsschule kann, wie wir auch hier sehen, der Ort sein, an dem gelernt und gespielt und auch ganz locker gelesen wird. Vorausgesetzt der Gesetzgeber schafft die Bedingungen dazu und Erwachsene hören endlich auf, so zu tun, als sei die Ganztagsschule eine Zumutung für Kinder.

Lassen Sie Jungen im Netz lesen.

Es klingt vielleicht in manchen Ohren noch immer gewöhnungsbedürftig, aber auch das Recherchieren im Internet ist Lesen. Manche Erwachsene haben da noch Zweifel. Das *andere* Leseverhalten von Jungen im Gegensatz zu Mädchen zu akzeptieren, bedeutet heute auch, nicht geringschätzig darüber zu sprechen, etwa: »Ach im Internet, na ja, das ist doch aber kein Buch!« Vielmehr sollten Eltern wie Lehrer vermehrt darauf achten, Quellen im Netz stets genau zu prüfen. Während früher, noch vor dem Entstehen privater Fernsehanstalten, der Spruch galt: »Doch, das stimmt, das habe ich im Fernsehen gesehen.«, heißt es heute: »Doch, das stimmt, das steht im Internet.« Noch immer ist nicht allen Jugendlichen klar, dass jeder, der drei Buchstaben zusammenhängend schreiben kann, der Autor eines »ersurften« Artikels sein kann.

Holen wir die Jungen also wieder bei ihren Freizeitinteressen ab. Diesmal bei ihrem Spielzeug Computer. Lassen wir sie nach den unterschiedlichsten Internetseiten suchen: von witzig bis informativ. Das kann auch gut in Gruppen stattfinden, nach dem Motto:

Wer findet die überzeugendste Internetseite? Diese Art des Lesens kann durchaus dazu führen, dass Jungen sich nach und nach komplexere Texte zutrauen: erst ein Sachtext, später ein Sachbuch, dann vielleicht ein Abenteuerroman und irgendwann dann sogar das »gute Buch«. Stellvertretend für interessante Lese-/Lernquellen, die in unserer Zielgruppe verfangen, seien drei Webseiten genannt.

Die *New York Times* – schon aus Kostengründen empfehle ich in Deutschland den Webauftritt – bietet unter der Adresse www.nytimes.com/learning ein Angebot, das sich wunderbar in den Unterricht verschiedener Fächer integrieren lässt. Pro Tag wird jeweils eine Story der aktuellen Online-Ausgabe zum Gegenstand einer Stunde gemacht. Unter der Überschrift: »Russische Geschichte in der Eierschale« berichtet die Zeitung am 6.2.2004 zum Beispiel über einen russischen Industriellen, der neun Fabergé-Eier vor einer Auktion gerettet hat und nach Russland zurückbringen will. Die Webseite stellt Ideen für den Unterricht in den Klassen sechs bis zwölf zusammen. Das reichte in diesem Fall von geschichtlichen Hintergründen, was Fabergé-Eier sind und warum die wertvolle Eiersammlung einstmals in den Westen verkauft wurde, bis hin zu Hinweisen zum selbständigen Gestalten eines Fabergé-Eis im Kunstunterricht. Obendrein erhalten Lehrer Anleitungen für Diskussionen, Hausaufgaben und Bewertungskriterien.

Am gleichen Tag fanden User unter www.newsweekeducation.com ein Dossier zum Thema Terrorismus: Ein Verzeichnis verübter Anschläge der vergangenen zwei Jahre plus Weltkarte mündete in die umfängliche Darstellung des US-Alarmstufensystems, bei dem unterschiedliche Farben eine drohende Gefahr signalisieren (Code Red, Code Orange). Für eine Debatte unter Schülern wurden Argumente für und gegen das System aufgelistet.

Auf www.bbc.co.uk wurden am 6. Februar 2004 ebenfalls unter dem Link »Learning« Lehrern, Schülern sowie Eltern Zusatzangebote für fast alle Wissensgebiete gemacht. Aufgegliedert in die Altersgruppen 4 bis 11 Jahre, 11 bis 16 und 16+ fanden sich unter dem Stichwort »Wikinger«, »Rune« und »Alphabet« die Buchstaben, die Wikinger einstmals benutzten. In einem Rätsel wurden Schüler aufgefordert, Wikingerworte zu bilden.

Ganz einfach: Aus der Not eine Tugend machen.

Stichwort Stundenausfall: Nicht nur in Deutschland klagen Erwachsene über einen unverhältnismäßig hohen Ausfall an Schulen; Eltern, weil kein fachgerechter Unterricht erteilt wird, Lehrer, weil sie von einer Stunde auf die andere statt Deutsch plötzlich Mathematik vertreten sollen. Nur die teuersten Schulen in den USA können es sich leisten, stets Fachlehrer in ausreichender Anzahl vorzuhalten, die im Notfall sofort in der Lage sind, die Vertretung kompetent zu übernehmen. Für alle anderen Lehrinstitute gilt: In so genannten Freistunden erledigen Schüler häufig unter Aufsicht Hausaufgaben, wenn die Stunde nicht ganz ausfällt. So auch in Deutschland.

Warum nicht aus der Not eine Tugend machen? Der Direktor einer Public School in Bethesda, Maryland, USA, machte Schlagzeilen, als er entschied: Hausaufgaben sollten Hausaufgaben bleiben und nicht in der Schule erledigt werden. Der Sinn von Hausaufgaben bestehe unter anderem darin, sich am Nachmittag nach einer Erholungsphase den gelernten Stoff noch einmal ins Gedächtnis zurückzurufen und dabei zu festigen. Bei Stundenausfall bat er deshalb alle verfügbaren Mitarbeiter der Schule – auch das Verwaltungspersonal –, Schülern bis zur fünften Klasse vorzulesen. Ältere Schüler durften unter Aufsicht selbst lesen, was sie persönlich mochten. Diese Form der Stundenvertretung wurde nicht als Notlösung, sondern als vorbildliche Idee auch von Eltern akzeptiert. Und so verfügte die Schule schon bald über eine aus Schülersicht entsprechend attraktive Auswahl an Büchern, aus der sich die Mädchen und Jungen seither bedienen können. In diesem Umfeld erlebten übrigens Lehrer zum ersten Mal, dass Jungen überhaupt ein Buch ganz durchlasen.

Warum erwähne ich dieses Beispiel hier? Weil es deutschen Lehrern in Berlin-Zehlendorf oder Hamburg zu simpel erschien oder anders ausgedrückt, nicht kompliziert genug, um als Lösung auch an einer deutschen Schule überhaupt in Erwägung gezogen zu werden. »Wo ist denn da der Projektcharakter?« wurde ich gefragt. »Gibt es Studien, die so etwas theoretisch stützen?« Auf meine Frage, was daran schlecht sein soll, Kindern in Ausfallstunden vorzulesen, bekam ich keine Antwort. Und wieder verging in Deutschland ein letzter Schultag, an dem Fachlehrer statt vorzulesen, ihren Schülern mehrere Stunden lang Videos zeigten, bis die Schüler ihre Zeugnisse bekamen. Schade.

Zu dem Beispiel noch ein kleiner Nachtrag: Die empfohlene Anzahl der von Schülern spätestens in der Mittelstufe zu lesenden Bücher (in der Schule und zu Hause) liegt im Staate Maryland, USA, bei 25 pro Jahr. Während Deutschland in der *PISA-Nationenrangliste der Leistungen im Lesen* auf Platz 21 landete, belegten die USA nach Frankreich Platz 15.[68] Wie viele Bücher liest Ihr Kind im Jahr?

Auch auf dem kleinsten Kontinent Australien favorisieren führende Pädagogen in Sachen Lesemotivation pragmatische Lösungen, so ernst erscheint ihnen die Lese-Lage bei den Jungen. Deshalb an dieser Stelle auch ein Erste Hilfe-Paket aus Australien:

Unter der Überschrift *Bait the boys and hook them into reading* hat Barbara Braxton, erfahrene Pädagogin an der District Primary School in Palmerston, eine Tipp-Sammlung zusammengetragen, die den in den USA publizierten Erfahrungen ähnlich ist. Doch lohnt es sich, auch diese anzuschauen:[69] »Hunderte von Stunden, Tausende von Dollar und Millionen von Worten sind weltweit schon verwandt worden, um herauszufinden, warum Jungen nicht lesen. Lassen Sie uns nicht noch weitere Gedanken zum Warum? hinzufügen, lassen Sie uns zustimmen, ja, es gibt ein

Problem: Lassen Sie uns überlegen, wie das Problem gelöst werden kann.« Hier Braxtons Rezept, das ich auf deutsche Verhältnisse zugeschnitten habe:

1. Stellen Sie sicher, dass genügend Bücher in Ihrer Schulbibliothek vorhanden sind, die Jungen wirklich lesen wollen.
2. Starten Sie mit Umfragen. Über einen Monat hinweg lassen Sie Jungen notieren, welche Titel sie ausleihen. Jeder, der sich beteiligt, nimmt an der Verlosung um einen Preis teil. Sammeln Sie die ausgefüllten Zettel und suchen Sie nach Trends.
3. Ignorieren Sie Empfindlichkeiten von Erwachsenen. Investieren sie in Bücher, die »ghoulish, gross and disgusting« sind[70] – also düster, drastisch und abstoßend.
4. Veranstalten Sie Vorlesenachmittage. Schüler hören so auch kompliziertere Satzkonstruktionen und eine andere Sprache, die sie sonst im Klassenraum oder auf dem Spielplatz normalerweise nicht hören würden.
5. Haben Sie Spaß mit Büchern. Nutzen Sie Ihre Stimme, Ihr Gestik und Mimik, um Charaktere zum Leben zu erwecken.
6. Fördern Sie das Lesen von Büchern, in denen Jungen die Helden sind.
7. Stellen Sie Bücher aus, die an Jungeninteressen anknüpfen: Extremsport, Weltraum, Dinosaurier, Schiffbruch, Piraten.
8. Stellen Sie Schautafeln auf: »Wenn dir das gefallen hat … gefällt dir auch das« – also ganz praktisch: Wenn Du den *Herrn der Ringe* mochtest, versuch es mit der *Midkemia-Saga*.
9. Nutzen Sie Aufsteller, auf denen »Unter 40'« zu lesen ist. Damit sind Kurzgeschichten gemeint, die Schüler in weniger als 40 Minuten bewältigen können, eine ideale Zeitspanne für ungeübte Leser.

10. Geben Sie Schülern die Aufgabe, Bücher in ungewöhnlichem Umfeld zu präsentieren. Braxton versorgte ihre Schüler mit einer Schwimmweste, einem Badetuch, mit einem Leuchtturm sowie einer Boje und ließ sie ein Display für ein Lieblingsbuch entwickeln. Die Ideen, nicht nur für Displays, sondern auch für Bücher, seien fantastisch und zahlreich gewesen.
11. Zur Fußballsaison: Lassen Sie Jungen die Ergebnisse ihrer jüngsten Spiele in Übersichten (Zahlen, Diagramme) darstellen, ebenso die Regeln der Spiele, die sie interessieren: Football, Basketball, Baseball ... Darüber hinaus können Sie sie über ihre Erlebnisse berichten lassen. Interaktion funktioniert. Wer schreibt, liest auch.
12. Geben Sie Jungen Verantwortung in Ihrer Bibliothek.
13. Suchen Sie im Internet nach Mysterien und Rätseln, die nur durch Lesen, Denken und Analysieren gelöst werden können. Ein Beispiel liefert die Webseite www.dcls.org/pirate. Lesen Sie Tolkiens Beschreibung eines Hobbit. Lassen Sie Jungen die wichtigsten Punkte aufschreiben und dann entsprechende Bilder zum Vergleich im Internet suchen.
14. Nutzen Sie den Trend »das Buch zum Film« oder umgekehrt »der Film zum Buch«. Diskutieren Sie über Gemeinsamkeiten und Unterschiede in der Handlung, der Darstellung der Szenen und Protagonisten.
15. Und vergessen Sie nicht, immer zu fragen, was die Jungen wirklich lesen wollen. Vielleicht haben Sie den Titel ja noch nicht in Ihrer Bibliothek.

Braxtons Fazit: »Ich glaube nicht, dass Jungen das Lesen hassen, ich glaube, sie haben es nur noch nicht entdeckt.« Zahlreiche weitere Vorschläge könnten hier aufgelistet werden. Die eingeschlagen Richtung ist indes stets die gleiche und lässt sich wie folgt zusammenfassen:

1. Das von Generationen gelernte und gesellschaftlich akzeptierte Denkschema: Buch gleich geistige Arbeit – also langweilig bis unattraktiv – muss durchbrochen werden.
2. Ein neues Muster: Buch gleich Unterhaltung auf unterschiedlichen Gebieten (spannend, lustig, nachdenklich, informativ usw.) muss erkannt und gelernt werden.
3. Je häufiger und länger positive Erfahrungen mit Büchern gemacht werden, desto eher sind Jungen bereit, »Abturner« zu tolerieren, also ein Buch, das nicht gefällt; das Ausbleiben einer Überraschungs-/Ermunterungsaktion durch Eltern oder Lehrer (besondere Idee, Event) oder Hänseleien von Peers.

Am besten aber ist es, kontinuierlich, das heißt, ausdauernd und mit allmählich steigendem Anspruch zu lesen. Arbeiten Eltern und Lehrer Hand in Hand können sie es schaffen, ihren Kindern und Schülern eine Welt zu eröffnen, in der Lesen nichts Besonderes, nichts Elitäres, sondern etwas Selbstverständliches wird. Deshalb …

Lesen muss so selbstverständlich werden wie schlafen, essen oder trinken.

Dazu abschließend eine Stimme aus Kanada. Sie lässt ahnen, welche Flexibilität uns beim Umdenken im Zusammenhang mit dem Thema Leselust in Deutschland abverlangt wird. Wie auch immer Sie zu nachfolgender Meinung stehen, eines ist sicher: Weder Eltern, noch Pädagogen als einzelne Gruppe werden etwas gegen die Leseunlust ausrichten können. Leselust wird von so vielen Faktoren bestimmt – psychologischen, pädagogischen, medialen, materiellen … –, dass nur eine anhaltende konzertierte Kraftanstrengung Abhilfe schafft. Positives Denken, der Wille zur Veränderung, Witz und Ideen sind gefragt, um Lesen so selbstverständlich werden zu lassen wie schlafen, essen und trinken.

David Bouchard, Schuldirektor, Lehrer und mehrfach preisgekrönter Autor von Jugendbüchern in Kanada, weist deshalb noch einmal deutlich auf die Vorbildwirkung von uns Erwachsenen hin. In der Fachzeitschrift *Teacher Librarian* berichtet er von einem Vortrag, den er vor rund 100 Schuldirektoren und Stellvertreten in Alberta, Kanada, gehalten hat: Auf seine Frage »Können Sie mir sagen, wie Harry Potters Pate im Roman heißt?« habe er nicht mal ein Hüsteln vernommen, geschweige denn eine Antwort. Leseratten wissen: Man muss bis Band drei gekommen sein, um den Namen zu kennen. »Ich war überrascht,« schreibt er, »dass offensichtlich niemand die Zeit gefunden hatte, das bis heute einflussreichste Kinderbuch aller Zeiten zu lesen. Diese Direktoren und Stellvertreter waren alles hart arbeitende, fähige und sich sorgende Profis. Ihr Einsatz für ihre Schüler und ihre Liebe zu ihnen sind glaubhaft, aber nicht das Problem. Das Problem besteht darin, dass wir Verwaltungsvertreter Lesen nicht als unsere Aufgabe ansehen.« Und so fordert er: »Nehmt euch ein Buch und lest jeden Tag.« Sein Appell richtet sich jedoch nicht nur an Eltern und Lehrer, sondern auch an alle Verwaltungsangestellten in einer Schule. »In den über 30 Jahren meiner Berufspraxis als Lehrer und Vorgesetzter bin ich Zeuge zahlreicher Veränderungen von Lehrplänen und Budgets geworden. Was wir brauchen, um unsere Kinder zum Lesen zu bewegen, ist jedoch etwas anderes. Auch wir Verwaltungsangestellte sollten anfangen zu lesen und vorzulesen.

Indem wir uns in Bücher verlieben, werden wir verstehen, das Lesen etwas Menschliches ist und nichts Wissenschaftliches. … Selbst wenn wir die wissenschaftlichen Instrumente beherrschen, Kindern das Lesen beizubringen, tun wir ihnen keinen Gefallen, wenn wir sie zu Erwachsenen erziehen, die zwar lesen können, es aber nicht wollen. »Wir alle müssen anfangen zu lesen. Wir müssen anfangen, die Bücher unserer Kinder zu lesen. Und wir müssen uns endlich unserer Vorbildrolle bewusst werden«[71].

War nicht auch Einstein auf dem rechten Weg, als er sagte: »Vorbild sein ist nicht nur ein Weg Menschen zu beeinflussen. Es ist der Weg!«

Kapitel 3
Was ist ein gutes Jungenbuch?

Mit dieser Frage haben sich in den vergangenen Jahren verstärkt Wissenschaftler, Pädagogen, Schriftsteller und Journalisten beschäftigt – jeder mit eigenem gedanklichen Ansatz, doch letztlich vereint im Wunsch, zu verstehen, warum Jungen, bezogen auf fiktionale Literatur, nicht oder nicht mehr lesen. Sie ahnen, so unterschiedlich wie die Erfahrungshorizonte der Berufsgruppen sind, so unterschiedlich fielen auch die Ratschläge aus. Woran erkennt man nun ein »gutes Jungenbuch«?

Nach meiner Auffassung kann diese Frage nur in Bezug auf unsere bewusst eingegrenzte Zielgruppe beantwortet werden. Es mag sein, dass dieses Herangehen für manche Ohren zu wenig pädagogisch klingt, ja geradezu »marketingmäßig«. Aber genau dieser Ansatz scheint mir der richtige zu sein. Unsere Kinder leben nicht in einer idealisierten Welt. Sie bewegen sie sich vielmehr in einem gesellschaftlichen Umfeld, das von Marken beherrscht wird. Welche Sprache wir Erwachsenen für sinnvoll und erstrebenswert halten, ist das eine, welche unsere Kinder tatsächlich erreicht, etwas anderes.

Wir erinnern uns an das Vermittlerproblem. Auf der einen Seite senden Erwachsene gut gemeinte Botschaften, auf der anderen Seite aber, bei unseren Kindern, kommen diese Botschaften nicht mehr an. Vor allem deshalb halte ich es mit Daniel Pennac: »Der Weg der Erkenntnis muss von der Praxis ausgehen.«[72] Und ich behaupte: Die Erkenntnis, was ein gutes Jungenbuch ist, muss nicht nur von jungen, männlichen Lesern ausgehen, sie muss von jungen Leuten in einer bestimmten Zeitspanne ausgehen. Das hat zur Folge, das nachfolgend aufgeführte Erkennungsmerkmale nicht für immer gültig sein müssen. Was heute ein »cooles« oder bei männlichen Lesern akzeptiertes Jugendbuch ist, wird diesem Anspruch aller Wahrscheinlichkeit nach in 15 oder 20 Jahren nicht mehr gerecht werden. Das ist die gemeinsame Botschaft der beiden Studien, die wir in Vorbereitung dieses Buches durchführten.

Zwei Forschungsinstitute, das Jugendforschungsinstitut, ijf, in München und das Institut für Markt- und Sozialforschung, SKOPOS, in Köln haben repräsentativ 2234 Kinder und Jugendliche zwischen 10 und 22 Jahren an deutschen Schulen und in Privathaushalten in Ost und West, Nord und Süd, Stadt und Land befragt. Das geschah zwischen Oktober 2003 und Mai 2004 zum Teil in aufwändigen Privatinterviews, aber auch per Fragebogen. Gegenstand der Fragen waren Lesegewohnheiten der Heranwachsenden, aktuelle Einflussfaktoren auf das Lesen sowie Leseempfehlungen.[73]

Als Ergebnis dieser umfangreichen Recherchen entstand das Kapitel »Der Jungen Wahl«. Die 50 Buchrezensionen geben sehr konkrete Hinweise darauf, warum ein Buch Jungen überzeugt hat. Die gewählte Reihenfolge der Bücher bildet eine Art Lese-Trainingsstrecke, die zunehmend mehr Lesekompetenz verlangt. Ich habe die einzelnen Leseempfehlungen aus einer mehrere Hundert Titel umfassenden Liste von Buchtipps ausgewählt[74] – entsprechend der Häufigkeit ihrer Nennung, entsprechend ihrem Leselustpotenzial und der Glaubwürdigkeit des Votums. Hinzu kamen Empfehlungen von Büchern an so genannten »Jungenwühltischen«. Aus einer vorsortierten Menge an Büchern mit hohem Leselustpotenzial, welche die Jungen nicht kannten, suchten sie sich bestimmte Titel aus und testeten sie. Fiel der Test positiv aus, berücksichtigte ich den Titel eher. Gleichzeitig habe ich versucht, bei der Auswahl der entsprechenden Titel das inhaltliche Spektrum der von den Jungen empfohlenen Texte ausgewogen abzubilden sowie »anspruchsvollere« und »weniger anspruchsvolle« Titel zu mischen.

Nun zu den Kriterien, die als Leitfaden für die Leseinteressen von Jungen im Alter zwischen 13 und 17 verstanden werden können. Um die damit verbunden Inhalte vor Ihrem geistigen Auge lebendig werden zu lassen, habe ich Buchtitel beispielhaft ergänzt. Interessiert Sie ein Titel, schlagen Sie ihn einfach nach. Das wichtigste Kriterium für alle befragten Jungen lautet:

1. Das Buch bereitet Lesevergnügen. Darunter versteht die überwiegende Anzahl der befragten Jungen in der Reihenfolge:
   a) Der Text ist lustig. *Sprich langsam, Türke*
   b) Die Geschichte ist spannend und/oder aktionsgeladen. *Das magische Messer*
   c) Das Buch ist informativ. *Das Universum in der Nussschale*
   d) Der Text hat Tiefe. *Trilogie der Wendepunkte*

Durchaus positiv wahrgenommen wurden Bücher, die nachhallen, also einen emotionalen Eindruck hinterlassen. Es hat zwar kaum ein Junge offen über seine Gefühle gesprochen. Anhand der empfohlenen Titel konnte ich jedoch nachvollziehen, dass Helden in emotionalen Konfliktsituationen mit ihren Familien, Freunden oder Freundinnen sehr wohl von Interesse für sie sind. Wichtig dabei ist: Die Geschichten dürfen nicht ambitioniert daherkommen. Angemessen gelöst haben das Thema »Tiefe« unter anderem Janet Tashijian in *Die Welt, wie Larry sie sieht*, Luis Sacher in *Wholes* oder Rainer M. Schröder in *Die lange Reise des Jacob Stern.*

Außerdem waren den Jungen folgende Kriterien wichtig, wobei ihre Reihenfolge diesmal nicht für eine Rangfolge steht:

2. Das Buch liest sich leicht. *Flucht vom Mond*
3. Die Geschichte bietet dem Leser ein Szenario, das er sonst nicht durchleben würde. *Hüter der Erinnerung*
4. Die Idee der Geschichte ist für den jugendlichen Leser neu. Er hat sie so noch nicht gedacht. *Play Zone*

5. Der Autor vermittelt parallel zur Handlung Faktenwissen, das mit dem wirklichen Leben des Lesers nichts zu tun hat. *Palmerland*
6. Die Geschichte bietet Gesprächs-/Diskussionsstoff über die eigentliche Handlung hinaus. *Das Skorpionhaus*
7. Die Geschichte ist nur 200 Seiten lang. *Crash*
8. Das Buch muss ein cooles Cover haben. *Das magische Messer*
9. Die Schrift darf nicht so klein sein. *Berts gesammelte Katastrophen*

Nachfolgende Kriterien stammen von Jugendbuchautoren. Die befragten Jungen haben sie selbst zwar nicht erwähnt, aber je nach Leseerfahrung toleriert. Deshalb habe ich sie hier mit aufgeführt:

10. Die Geschichte sollte in mindestens zwei Ebenen geschrieben sein. Das können zwei zeitliche Ebenen sein, wie bei *Holes* oder auch zwei stilistische beziehungsweise inhaltliche, wie in *Per Anhalter durch die Galaxis.*
11. Die Geschichte sollte dem Leser »ein Stück zu groß« sein, etwa wie ein Kleidungsstück, in das er hineinwachsen kann. *Der Herr der Ringe*
12. Die Geschichte sollte auch Erwachsenen gefallen. *Der Medicus, Die unsichtbare Pyramide, Tintenherz*

Nicht immer führt ein Kriterium allein zwangsläufig dazu, dass ein männlicher Teenager ein Buch lesenswert findet. Oft bedienen Autoren einen Mix der oben genannten Kriterien. Ein Meisterstück im virtuosen Einsatz von Lesemotivationsinstrumentarien ist zweifellos Joanne K. Rowling mit *Harry Potter* gelungen. An diesem Beispiel wird nachfolgend erläutert, wie die Bewertungen der in Teil III genannten Titel entstanden sind. Mithilfe der Tabelle und der sich anschließenden Kommentare sollte es Ihnen leichter fallen, ein für Ihren Filius passendes Buch zu finden.

Harry Potter:

Spannung	Humor	Action	Tiefe	Leselevel
xxxx	xx	xxxx	xxx	Lesemuffel – Leseratte

Die ersten drei Bewertungskriterien Spannung, Humor und Action ergeben sich aus den Voten der jugendlichen, männlichen Leser. Für *Harry Potter* vergaben sie in den Kategorien Spannung und Action Höchstnoten. Die Serie weist humorvolle Textpassagen auf, ist aber nicht vordergründig witzig. Deshalb gibt es in der Rubrik Humor nur zwei Sterne. Die Kategorie Tiefe ist ein Zugeständnis an alle besorgten Eltern, die von tradierten Maßstäben nicht lassen möchten. Sie ist die einzige Rubrik, die ausschließlich auf meine persönliche Einschätzung zurückgeht und die den Versuch darstellt, Tiefe – im bildungsbürgerlichen Sinne – mit Lesefreundlichkeit zu vereinen. *Harry Potter* ist aus meiner Sicht ein durchaus anspruchsvolles, aber nicht »tiefes« Buch. Deshalb zwei Sterne. Insgesamt wirkt es aber lesemotivierend, also noch einen Stern. Das macht insgesamt drei Sterne. Das Leselevel verrät, welche Leseerfahrungen mindestens vorhanden sein sollten, um das Buch gern zu lesen. Im Falle *Harry Potter* sind selbst leseungeübte Jungen auf der weltweiten Welle der Begeisterung mitgeschwommen, während die Geschichte, verbunden mit der enormen Seitenanzahl, eher auf ein höheres Leselevel schließen läßt. Deshalb empfohlen für Lesemuffel bis Leseratte.

13+ ist eine Altersangabe. Sie bedeutet hier, dass alle zu unserer Fokusgruppe gehörenden Leser plus deren Eltern dieses Buch lesenswert finden könnten, unabhängig vom Leselevel.

Im Alter zwischen 13 und 17 Jahren sind Schüler sehr unterschiedlich entwickelt. Die eigene Veranlagung, die Pubertät, das unterschiedliche Anspruchsniveau der gewählten Schule (Haupt-, Realschule oder Gymnasium) sowie die häusliche Situation beeinflussen die Jugendlichen. So überrascht es nicht, dass Zwölfjährige lesen wie andere Jungen mit 15, und manch 18-Jähriger den Reifegrad eines 16-Jährigen noch nicht überwunden hat. Ich traf Jungen, die im Alter von 13 Jahren noch nie ein Buch gelesen hatten, und Jungen, die im gleichen Alter schon 100 und mehr Bücher als gelesen angaben.

Vor diesem Hintergrund schien es nicht nur sinnvoll, sondern notwendig, die Lesetipps in mindestens drei Leselevel und drei Altersgruppen zu gliedern, wobei unsere Kernzielgruppe, Jungen im Alter zwischen 13 und 17 Jahren, gedanklich immer mit einem Spiel von plus minus einem Jahr versehen wurde. Daraus ergaben sich folgende Gruppen:

1. 12- bis 14-jährige Leser,
2. 14- bis 15-jährige und
3. 16- bis 18-jährige Leser.

Die überproportionale Berücksichtigung jüngerer Leser (12 bis 15 Jahre) bei der Einteilung der Gruppen erfolgte aus gutem Grund. In diesem Alter ist die Wahrscheinlichkeit, erfolgreich Lesemotivation zu praktizieren, noch höher als in den Jahren danach.

Die Altersangaben bei den Besprechungen sind immer eher auf der »sicheren«, denn auf der »anspruchsvollen« Seite angesiedelt. Ein 13+-Buch kann also durchaus auch schon von jüngeren geübten Lesern bewältigt werden, aber nicht umgekehrt. Die stets eher vorsichtige Altersempfehlung sollte auch bewirken, dass das positives Leseerlebnis mit großer Wahrscheinlichkeit eintritt. Die gewünschte Motivationskette sollte nicht abreißen.

Was sind nun Lesebeginner, Lesemuffel und Leseratten? Lesebeginner werden nachfolgend Schüler genannt, die bereits lesen können. Sie sind mindestens zwölf Jahre alt, jedoch im Umgang mit Texten, insbesondere mit Büchern, kaum bis nicht erfahren. In der Regel lesen sie, wenn überhaupt, ausschließlich am Computer, Texte auf Lebensmittelpackungen oder Filmankündigungen. Verwandte haben ihnen kaum oder nicht vorgelesen.

Mit dem Ausdruck Lesemuffel haben wir diejenigen beschreiben wollen, die erste Erfahrungen mit dem Buch gesammelt haben oder Wenigleser sind. Eltern, Geschwister oder Grundschullehrer haben ihnen vorgelesen. Die eigenen Leserfahrungen sind aber insgesamt nicht so positiv ausgefallen, dass sie sich aus freien Stücken ein Buch nehmen oder gar den Aufwand betreiben würde, sich eines zu leihen. Die Lesehürde wird als mittelhoch bis hoch eingestuft. Lesemuffel lesen Comics, gelegentlich auch Zeitschriftenartikel. Der Computer wird sowohl zum Spielen als auch zum Recherchieren im Internet genutzt.

Unter einer Leseratte verstehe ich Schüler, die in der Vergangenheit über einen Zeitraum von mindestens einem Jahr regelmäßig, das heißt, mindestens ein Buch monatlich gelesen haben. Sie haben mehrfach erfahren, dass Geschichten ein Wohlgefühl vermitteln. Die Phase ausgeprägten Lesens sollte nicht länger als ein Jahr zurückliegen. (Ist das der Fall, greifen Sie auf Titel der Stufe Lesemuffel plus passende Altersangabe zurück.) Zu einer Leseratte gehört überdies das eigenständige Lesen von interessengeleiteten Artikeln in der Tagespresse oder in Zeitschriften. Gelegentliches Abflauen des Leseinteresses wird von den Eltern als natürlich wahrgenommen und positiv begleitet. Die Leseratte findet, wenn auch mit Hilfe, immer wieder zum Buch zurück. Mit zunehmendem Alter tritt sie selbstbestimmter gegenüber lesehemmenden äußeren Einflüssen auf und nimmt positiv Einfluss auf andere.

Das Beste, was Ihnen nun auf der Lesetrainingsstrecke mit Ihrem Nachwuchs passieren kann, ist, im näheren Umfeld auf eine jugendliche, männliche Leseratte zu treffen, die auch zugibt zu lesen. Laut unserer Umfrage ist der Tipp eines männlichen Freundes der wichtigste Grund für junge Männer, zum Buch zu greifen. Wenn es also überhaupt ein Kriterium für ein gutes Jungenbuch gibt, das über die Jahre Bestand haben könnte, dann ist es »Der Jungen Wahl«.

Teil III

Der Jungen Wahl: »Coole Bücher« aus der Sicht von Heranwachsenden

Kapitel 1

12- bis 14-Jährige

Santiago breitete seinen Mantel auf dem Fußboden aus, legte sich nieder und nahm das Buch, das er gerade gelesen hatte,als Kopfkissen. Vor dem Einschlafen dachte er daran, dass er in Zukunft dickere Bücher lesen wollte, weil man länger etwas davon hat und weil sie eine bequemere Kopfstütze abgeben.

Paulo Coelho, *Der Alchimist*

Autor:	Anders Jacobsson, Sören Olsson
Titel:	*Berts gesammelte Katastrophen*, 11 Bände
Verlag:	Oetinger
Preis:	9,90 €
Seitenanzahl:	zwischen 130 und 160
ISBN:	3-7891-2263-7
Lesealter:	10 bis 12+

Spannung	Humor	Action	Tiefe	Leselevel
xx	xxxx	xxx	xx	Lesebeginner – Leseratte

Nehmen wir mal an, Ihr Sohn hat die Grundschule überstanden, kann leidlich lesen, hat aber keine Lust dazu. Oder ihm ist nach ersten positiven Leseerfahrungen irgendwie die Lust vergangen. Was Sie brauchen, ist ein Buch, mit dem Sie das Ruder in Richtung »Leseinsel Wunderbar« noch einmal rumreißen können – auch ohne die Empfehlung des besten Freundes.

Versuchen Sie es mit *Berts gesammelte Katastrophen* beziehungsweise zunächst einmal mit einem der insgesamt elf Tagebuch-Bände. Neben Sprachwitz und Situationskomik ist das Beste an der Reihe, dass sie mit dem Leser mitwächst. Während Bert in den ersten beiden Bänden noch 11 beziehungsweise 13 Jahre alt ist, beginnt mit Band 11 *Berts allerletzte Katastrophe.* Bert ist jetzt 16, also fast erwachsen.

Bis dahin hat er eigentlich die ganze Zeit nur Mist gemacht, ein guter Kerl also. Er versteckt das Glasauge seines Vaters im Aquarium und lästert hinterher, ob der Vater wohl Wasser ins Auge bekommen hat. Bert testet Werwolfdrinks an kleinen Schwestern und wundert sich, dass ihnen keine Haare im Gesicht wachsen. Bert kämpft gegen Eltern und Pickel und rasiert sich den Bart herbei. Er steht auf Bockbier, Mopeds und harte Kerle. Weiche Knie bekommt er höchstens bei Rebekka, Nadja, Pauline, Ida oder Emilia. Er plant eine Karriere als internationaler Playboy, weil man da kein Mathe braucht oder als Musikkritiker, weil man dann all die fertig machen kann, die es zu etwas gebracht haben. Er lernt schnorcheln und beguckt sich Bräute von unten. Und hin und wieder denkt Bert an Sex. Genau genommen alle zwei Stunden.

Wann immer ich nach Einsteigertipps für Jungen gefragt habe, die partout nicht lesen wollen, war *Bert* immer für einen Spruch gut. Wichtig für ältere Einsteiger: Sie sollten spätestens bei Band vier beginnen. Mit aufsteigender Zahl häufen sich die Bezüge zu vorherigen Katastrophen.

Weitere Bände:

Lesealter 10 +	*Berts intime Katastrophen*
	Berts romantische Katastrophen
Lesealter 10 bis 12+	*Berts hemmungslose Katastrophen*
Lesealter 12 bis 14+	*Berts heimliche Katastrophen*
	Berts Megakatastrophen
	Berts jungfräuliche Katastrophen
Lesealter 13 bis 14+	*Berts Herzenskatastrophen*
	Berts haarsträubende Katastrophen
	Berts vorletzte Katastrophen
	Berts allerletzte Katastrophen

Autor:	Robert L. Stine
Titel:	*Schuldig* aus der Reihe *Fear Street*
Verlag:	Loewe
Preis:	6,90 €
Seitenanzahl:	155
ISBN:	3-7855-4830-3
Lesealter:	12+

Spannung	Humor	Action	Tiefe	Leselevel
xxxx		xxx	x	Lesebeginner

Ähnlich lesemotivierend wie *Berts Katastrophen* wirken Buchreihen wie *Gänsehaut* (Platz drei) oder *Fear Street* (Platz neun). Sie setzen weniger auf Humor als auf Nervenkitzel und eignen sich für die Altersgruppen zehn beziehungsweise 14 Jahre (wenngleich sogar 16-Jährige Titel aus der Reihe empfohlen haben).

In *Fear Street* knüpft der kommerziell gefeierte US-Autor R. L. Stine an bevorzugte Hobbys amerikanischer Jungen an. In *Schuldig, der Mörder feiert mit* sind das Grusel- und Gewaltvideos, Spiele wie *Dungeons and Dragons*. Megs Freund spielt diese Spiele. Er verhält sich zunehmend merkwürdig. Eine anonyme Morddrohung soll seine Freundin Meg dazu bringen, eine Party abzusagen. Ein Verbrechen droht aufzufliegen …

Wörtliche Rede und sehr kurze Sätze transportieren die Spannung bis zur letzten Seite. Das macht Jungen Leselust. »Leider«, würde mancher Erwachsene sagen, »erfährt der Leser kaum etwas über Charaktere und Hintergründe« – »Gott sei Dank!« denken vermutlich viele Schüler. Wenn Erwachsene dieses Buch als ein Glied der Lesemotivationskette verstehen, schaffen und bewahren sie Raum für mehr und andere Bücher. Lassen Sie sich von der teilweise recht blutigen Aufmachung der Buchreihe nicht abschrecken. Dieser Marketingtrick zieht bei Jungen.

Lesebeginner, aber auch wenig leseerfahrene Jungen im Alter zwischen neun und 13 mögen ebenfalls Abenteuer der *TKKG*-Bande, der *Fünf Freunde* oder der *Drei Fragezeichen*. Sie versprechen leichte Unterhaltung und schnellen, vorzeigbaren Leseerfolg auf dem Regal: »Mama, kuck ma', jetzt hab ich schon 23 Stück.« Nicht selten ist es also auch die Sammelleidenschaft, die Lesevorbehalte abbauen und Leseratten hervorbringen kann. Das *TKKG*-Motto lautet: Kinder spielen erfolgreich Detektiv – das Gute siegt.

Autor: Andreas Schlüter
Titel: *Crash* aus der Reihe *Kurierdienst Rattenzahn*
Verlag: dtv junior
Preis: 6,50 €
Seitenanzahl: 192
ISBN: 3-423-70864-6
Lesealter: 12+

Spannung	Humor	Action	Tiefe	Leselevel
xxxx		xxxx	xxx	Lesebeginner – Leseratte

Und noch ein Hinweis auf eine Serie. Auch *Kurierdienst Rattenzahn* ist immer für ein schnelles Leseabenteuer gut. In *Crash* hat es sogar Tiefgang. Tasse hat gesehen, wie ihre kleine Cousine Bella auf der Straße überfahren wurde. Gemeinsam mit ihren Freunden Lars, Mischa und Tina (alle 13) beschließt sie, den Mörder zu stellen. Immer tiefer verstricken sie sich dabei in die Szene von Crashkids und Autodealern, knacken selbst Autos, liefern sich wilde Verfolgungsjagden durch Berlin und geraten mit dem Gesetz in Konflikt.

Wegen der großen Buchstaben spricht *Crash* jüngere Vielleser (elf bis 13 Jahre) an. Ältere Lesebeginner und -muffel (13/14 Jahre) mögen vor allem den aktionsgeladenen Teil der Geschichte. Reflexionen zum Thema Tod werden akzeptiert. Warum schweigen alle? Darf man sich dafür interessieren, wie jemandem zumute ist, der ein Kind todgefahren hat? In einer Berliner Buchhandlung wurde ich Zeuge folgenden Wortwechsels: »Die waren alle total fertig, deshalb hat keiner in der Familie geredet.« »Oder, weil es eine griechische Familie war.« »Wieso, ich denke, Griechen reden immer so viel wie bei *My Big Fat Greek Wedding*?« (Einem Kinofilm, d. A.) »Was hat denn das damit zu tun?« »Na, jedenfalls hat Tasse dann gefragt, wie sich der Mörder wohl gefühlt hat.« »Na, da ist doch klar, dass die Eltern nicht mehr mit ihr reden wollten. Schließlich ist doch Bella tot und nicht der Scheißmörder!«

Das Cover überzeugt. Jungen mögen das Buch aber auch, weil reflektierende Fragen zu sozialem Verhalten »nicht seitenlang« vertieft werden. Von Vorteil kann es sein, wenn sie nicht wissen, wer im Buch die zentrale Figur ist. Tasse, das kann ein Mädchen oder ein Junge sein. »Wenn ich vorher gewusst hätte, dass das ein Mädchen ist, hätte ich das Buch nie gelesen. Aber jetzt war ich einmal dabei, und da fand ich es spannend und habe eben weiter gelesen.«

Weitere Titel aus der Reihe *Kurierdienst Rattenzahn sind*: *Die Rollschuhräuber*, *Ein Teufelsbraten*, *Die Megastars* und *Fauler Zauber*.

Autor:	Andreas Schlüter
Titel:	*Flucht vom Mond*
Verlag:	dtv junior
Preis:	7,50 €
Seitenanzahl:	288
ISBN:	3-423-70817-4
Lesealter:	12+

Spannung	Humor	Action	Tiefe	Leselevel
xxxx		xxxx	xx	Lesebeginner – Leseratte

Ebenso wie *Crash* ist auch *Flucht vom Mond* ein überaus aktionsgeladenes Abenteuer für geübte jüngere Leser (ab elf Jahre) sowie Lesebeginner (zwölf Jahre und älter). Kurze Sätze und dynamische Verben bestimmen wiederum den Text. Das Interessante aus Jungensicht ist hier das Wandern zwischen Welten, zwischen Realität und Fantasie.

Bei einem Schulausflug zur deutschen Luft- und Raumfahrtbehörde entdecken Ben und seine Freunde eine Art Transportluftschiff, das sie für einen Flugsimulator halten. Gespannt auf die Show lassen sie sich auch nicht von der Roboterstimme irritieren, die ihnen bestimmte Anweisungen gibt. Begeistert erleben sie einen Raketenstart, der sich als echt erweist. Sie landen auf dem Mond. Offenbar sind sie Opfer einer haarsträubenden Verwechslung geworden. In einem illegalen Jugendgefängnis sollen sie als Versuchskaninchen von Psychologen erzogen werden.

Hin und wieder verwendet der Autor eine etwas gestelzte Sprache (»Du Schnapsnase!« oder »›Interessant‹, bemerkte Jennifer schnippisch!«). Ansonsten ist es in zeitgemäßen, klaren Sätzen geschrieben und hat einen unschätzbaren Vorteil: Ausgesprochen beiläufig werden naturwissenschaftliche Fragen wie: Wie fühlt sich Schwerelosigkeit an? oder Wie schläft es sich darin? behandelt. Die Computersprache auf dem Cover empfanden Jungen als lesemotivierend.

Autor: Avi
Titel: *Jenseits des großen Meeres*, Band 1: *Die Flucht*, Band 2: *Der blinde Passagier*
Verlag: Ravensburger
Preis: 8,95 €
Seitenanzahl: 434 (Band 1), 541 (Band 2)
ISBN: 3-473-58153-4 (Band 1), 3-473-58169-0 (Band 2)
Lesealter: 12+

Spannung	Humor	Action	Tiefe	Leselevel
xxxx	x	xxxx	xxx	Lesebeginner – Lesemuffel

Schon der erste Band des Zweiteilers, *Die Flucht,* ist so packend erzählt, dass Realschüler einer siebten Klasse aus Plön wütend wurden, weil die Lehrerin nicht gleich auch den zweiten Teil parat hatte. Sie hatte ihren Zöglingen im Unterricht laut vorgelesen und war überrascht, selbst Jungen begeistert zu sehen. Abenteuer *Jenseits des großen Meeres.* Dieser Titel versprach eine andere Deutschstunde. Die Geschichte ist schnell erzählt: England 1851. Das ungleiche Heldenpaar Patrick, elf, und Laurentz, zwölf, haben eines gemeinsam. Sie wissen wohin sie wollen – über den Atlantik, wo einfach alles besser sein soll –, aber sie wissen nicht, woher sie kommen. Rein zufällig haben sich ihre Wege gekreuzt. Patrick, Katholik, irisch und verarmt, trifft Laurentz, Brite, reich und »hochadlig«. Der eine wurde aus des Vaters Haus vertrieben, der andere wird von seinem intriganten Bruder gejagt. Gemeinsam gehen die beiden Jungen an Bord, Laurentz als blinder Passagier. Werden sie die Passage ohne einen Penny in der Tasche überleben und in Amerika, *Jenseits des Meeres,* noch stark genug sein, um ein eigenes unabhängiges Leben aufzubauen?

Autor:	Michael Ende
Titel:	*Die unendliche Geschichte*
Verlag:	Thienemann
Seitenzahl:	480
Preis:	18 €
ISBN:	3-522-17684-7
Lesealter:	12+

Spannung	Humor	Action	Tiefe	Leselevel
xxxx	x	xxx	xxx	Leseratte

Platz zwölf überraschte. Obwohl das Buch schon über 20 Jahre alt ist, hat *Die unendliche Geschichte* offensichtlich noch keinen Staub angesetzt; zumindest wurde sie von jüngeren Lesern immer wieder überzeugend empfohlen. Zumeist waren sie mit dem Autor vertraut. Ende, einer *der* deutschen Erfolgsautoren, vermag, was nur wenigen gelingt: Lausbuben über mehrere Jahre hinweg zum Lesen zu motivieren – mit Freunden wie *Jim Knopf*, *Lukas, der Lokomotivführer*, *Momo* oder eben Bastian Balthasar Bux aus *Die unendliche Geschichte.*

Bastian, unsicher und wenig beliebt unter seinen Klassenkameraden, gerät eines Tages in einem Antiquariat in den magischen Bann eines Buches und stiehlt es. Aus Angst, nun auch noch bestraft zu werden, verkriecht er sich auf einem Dachboden. Doch plötzlich reißt ihn die Geschichte, die ihn mehr als alles andere auf der Welt zu fesseln beginnt, mit sich fort. Durch den Buchdeckel hindurch gelangt er nach Phantasien, in ein Land, das in höchster Gefahr ist und dem er helfen möchte. Aber kann er das, er, der von allen verlacht wird?

Wie aus einem kleinen Jungen ein Held wird, wie Neugier und Mut Positives bewirken können, wie Gutes zu wollen nicht immer Gutes nach sich zieht, das beschreibt Ende in seiner *Unendlichen Geschichte*. 1984 wurde sie erfolgreich verfilmt.

Autor:	Paul Stewart, Chris Riddell
Titel:	*Die Klippenland-Chroniken*, Band 1: *Twig im Dunkelwald* (weitere Bände: *Twig bei den Himmelpiraten, Twig im Auge des Sturms, Twig – Fluch über Sanktaphrax*)
Verlag:	Carlsen
Seitenzahl:	336
Preis:	8,50 €
ISBN:	3-551-37217-9 (Band 1), 3-551-37219-5 (Band 2), 3-7941-4746-4 (Band 3), 3-7941-6003-7 (Band 4)
Lesealter:	12+

Spannung	Humor	Action	Tiefe	Leselevel
xxxx		xxxx	xx	Lesebeginner – Lesemuffel

Lesestoff der Sorte »leicht verdaulich« liefern die *Klippenland-chroniken*. Nicht preisgekrönt und von der Schule heftig gemieden, finden sie sich unter den Top 20, unmittelbar nach *Berts Katastrophen* und den Abenteuern der *TKKG*-Bande. Was ist dran?

Lesebeginner ab Klasse sechs werden Twigs Abenteuer mögen, weil sie eine Mischung aus (bebildertem) Märchen und Fantasyroman sind, dabei höchst spannend und aktionsgeladen. Ältere Lesemuffel finden das Leben im Dunkelwald unterhaltend. Der gerade 13-jährigeTwig, ein menschenähnliches Wesen, das als Findelkind bei Trollen im Dunkelwald aufgewachsen ist, spürt jeden Tag mehr, dass seine ihn liebenden »Troll-Eltern« nicht seine wirklichen Eltern sind. Auf seinem Weg zu Verwandten kommt er im Dunkelwald vom Weg ab. Hier lauern auf ihn Schwebewürmer, Bluteichen, Faulsauger, Höhlenfurien, Schleimschmeichler und Himmelspiraten. Am Ende des ersten Bandes findet Twig aber doch noch seinen Vater …

Die Kapitel sind immer gleich aufgebaut. Kaum erholt vom gerade durchlebten Abenteuer trifft Twig auf ein unheimliches Wesen oder eine geheimnisvolle Stimme, die er nicht einordnen kann. Schnell entpuppt sie sich als Gefahr. Twig kämpft um sein Leben – stets begleitet von Selbstzweifeln und Angst und rettet er sich dann doch noch – aus eigener Kraft, mit Überlegung und ein bisschen Glück.

Der Brite Paul Stewart, ehemals Lehrer, erinnert sich offenbar genau, wie viel er einem durchschnittlichen Schüler früher zumuten konnte, um Lust an Sprache zu entwickeln. »In jedem Fall wird die Rechtschreibung besser«, kommentiert er seine Bücher etwas zynisch. »Welcher Schultext schafft das schon?« Diese Beobachtung teile ich. Überdies haben die Jungen ja immer noch die Wahl: Leseerfahrenere werden nach dem ersten Band eher auf anspruchsvollere Texte zugehen, Lesebeginner und Muffel zu Band zwei greifen. Beides ist, wie ich finde, nicht nur legitim, sondern im Sinne von individueller Lesemotivation auch wünschenswert.

Autor: Tilman Röhrig
Titel: *Eric der Rote oder die Suche nach dem Glück*
Verlag: Dressler
Seitenanzahl: 480
Preis: 17,90 €
ISBN: 3-7915-1841-0
Lesealter: 12+

Spannung	Humor	Action	Tiefe	Leselevel
xxxx	x	xxxx	xxx	Lesemuffel – Leseratte

Eric der Rote scheint zunächst ebenso wie *Die unendliche Geschichte* für eine eher jüngere Leserschaft geeignet zu sein (zehn bis zwölf Jahre). Zumindest lässt der Titel dies vermuten. Doch der erste Eindruck täuscht. Ältere Wenigleser im Alter zwischen 15 und 16 Jahren spricht das Buch genau so an wie Vielleser zwischen 13 und 14 Jahren. Nicht allen Lesern hat jede Seite gleichermaßen Lesevergnügen bereitet. Offenbar aber bietet das Buch genug Stoff für alle zum Weiterlesen. Das bewog mich, es mit aufzunehmen.

Der bärenstarke Eric Thorvaldsson, 17, ein Held nach dem Strickmuster raue Schale weicher Kern, muss seine Heimat Norwegen verlassen. Der Rotschopf flieht über das Meer nach Island, um dort sein Glück zu machen. Doch auch hier gerät er wieder in Schwierigkeiten. Gutes zu wollen allein reicht nicht, lernt er. Mit Bösem klug umgehen zu können, ist fast noch wichtiger, vor allem, wenn man bereits Verantwortung trägt. Gerade frisch verheiratet, steht Eric unter Mordanklage. Um zu überleben, tötet er und flieht wieder, diesmal in die Verbannung. Er entdeckt Grönland. Schon bald gehört er zu den ersten Siedlern. Nach Jahren der Entbehrung scheint hier sein Traum von einem friedlichen Leben in Erfüllung zu gehen. Da erreicht ihn die Nachricht, dass Norwegens König Olaf sich zum Christentum bekannt hat. Wir schreiben das Jahr 994. Erics Erstgeborener Leif, inzwischen schon selbst erwachsen, steigt vom Schiff und trägt ein Kreuz auf der Brust. Für den prinzipientreuen Heiden Eric ist das zuviel.

Handlung, Struktur und Anlage der Figuren sind grob geschnitzt, passend zur Wikingerzeit. Der Überlebenskampf Mensch gegen Natur lässt offenbar kaum Raum für Nuancen. Tiefe verleihen dem Buch vor allem zwei Themen. Zum einen geht es um die Frage: Wie gerecht ist Recht? Wie entsteht Recht, und wie hat es sich verändert? Zum anderen geht es um den Konflikt Christen kontra Nichtchristen.

Beide Themen bieten Gesprächsstoff weit über den Plot hinaus. Religion, Gesellschaftskunde, Geschichte – überall kann das Buch Heranwachsende fächerübergreifend motivieren, sich über den Lesespaß hinaus mit aktuellen Fragen zu beschäftigen.

Autor:	J. R. R. Tolkien
Titel:	*Der Herr der Ringe*, Band 1: *Die Gefährten*, Band 2: *Die zwei Türme*, Band 3: *Die Wiederkehr des Königs* (mit seinem Vorläufer *Der kleine Hobbit*, der Platz 4 der Liste erreichte – *Der Herr der Ringe* erreichte Platz 2)
Verlag:	Klett-Cotta/dtv (*Der kleine Hobbit*)
Seitenzahl:	677/608/705/336 (*Der kleine Hobbit*)
Preis:	13,50 €/9 € (*Der kleine Hobbit*)
ISBN:	3-608-93541-X (Band 1), 3-608-93542-8 (Band 2), 3-608-93543-6 (Band 3), 3-423-20277-7 (*Der kleine Hobbit*)
Lesealter:	13+

Spannung	Humor	Action	Tiefe	Leselevel
xxxx	xxx	xxxx	xxx	Lesemuffel – Leseratte

Der große Sprachgelehrte und Erfinder alter Welten jongliert so virtuos mit Fantasiegestalten, dass jungen Lesern fast die Luft wegbleibt. Atemlos verfolgen sie, wie stolze Zwerge, fiese Orks und drollige Hobbits aneinander geraten, und das alles nur, weil Zauberer Gandalf eine verloren geglaubte Zwergenstadt aus den Fängen des Drachen Smaug befreien muss. Eine kräftzehrende Reise durch unwirtliche Gebirge beginnt, denn »der Ring«, der seinen Träger unsichtbar werden lässt, macht ihn gleichzeitig böse.

Auch bei Tolkien sind Dinge häufig nicht so, wie sie auf den ersten Blick scheinen. Diese Leseerfahrungen, aber auch leidenschaftliche, ehrliche Gefühle verleihen der Trilogie Tiefe. Jungen mögen das Reich »Mittelerde« mit seiner artenreichen Flora und Fauna. Wer sich auf Tolkiens Welt einlässt, kann für einige Zeit ganz darin versinken und seine eigenen Vorstellungen von Aussehen und Sprache der zahlreichen Gestalten entwickeln. Der Leser hört im Kopf den Klang von Waffen, das Aufeinandertreffen großer Streitmächte, er fiebert mit und hofft, dass das Abenteuer einen guten Abschluss findet.

Es könnte sein, dass der oscargekrönte, gleichnamige Film Jungen, davon abhält, die Bücher zu lesen und sich ein eigenes Bild von Mittelerde und seinen Figuren zu machen. Um das zu vermeiden, sollte Sie am besten in der Grundschule mit dem Vorläufer des *Herren der Ringe* starten: *Der kleine Hobbit.* Lesen Sie dann in der Mittelstufe den *Herrn der Ringe* und schauen Sie erst danach gemeinsam den Film. (Auch das Buch *Die Abenteuer des Tom Bombadil*, benannt nach einer Figur aus Tolkiens Welt Mittelerde, ist empfehlenswert, wie unsere Umfrage ergeben hat.)

Autor:	Kai Meyer
Titel:	*Die fließende Königin,* *Das Steinerne Licht,* *Das Gläserne Wort*
Verlag:	Loewe
Preis:	14,90 €
Seitenanzahl:	288/352/288
ISBN:	3-7855-4015-9 (Band 1), 3-7855-4278-X (Band 2), 3-7855-4403-0 (Band 3)
Lesealter:	13+

Spannung	Humor	Action	Tiefe	Leselevel
xxxx	x	xxxx	xxx	Leseratte

»Das ist besser als der Potter«, schwärmt Steffen, 13, aus Barth bei Stralsund, und meint damit *Die fließende Königin.* Seinem Bruder Jan, 15, geht es ebenso. Er hatte zuvor den *Herrn der Ringe* gelesen und auch er empfiehlt den dreibändigen Meyer, »obwohl der ganz anders ist«. »Wie anders?«, »Na Fantasy, aber in echt.« Aha.

Vor den Toren Venedigs stehen grausame Mumienkrieger, lebende Tote, die dem wiedergeborenen Pharao gehorchen. Ägypten will die Stadt schon seit Ewigkeiten versklaven. Daran hat bislang nur die Lagune gehindert, ein merkwürdiges, lebendes Wesen. Verrat spielt dem Pharao in die Hände. Venedig steht kurz vor dem Fall. Alle, auch die Hauptfigur Merle, hoffen auf *Die fließende Königin.* Doch sie ist mit einem Fluch belegt, eingesperrt in einer Kristallkaraffe. Trinkt Merle die Essenz, kann sie die Königin vielleicht retten und diese wiederum die Stadt.

Steinerne Löwen, die fliegen und kämpfen, Meerjungfrauen mit haifischähnlichen Mäulern, wässrige Spiegel, in die Merle hineinfassen kann, wandernde Schemen – sie alle treiben Merle von einem Abenteuer zum nächsten und letztlich hinein in das Reich von Lord Licht. Meyers Trilogie liest sich wie ein Märchen mit realistischem Zuschnitt. Erstaunt war ich, dass das Buch auch von Zehntklässlern empfohlen wurde. Der Grund? »Man kann sich da richtig ausspinnen.«

Autor:	Joanne K. Rowling
Titel:	*Harry Potter und der Stein der Weisen,* *Harry Potter und die Kammer des Schreckens,* *Harry Potter und der Gefangene von Askaban,* *Harry Potter und der Feuerkelch,* *Harry Potter und der Orden des Phönix*
Verlag:	Carlsen Scholastic
Preis:	7,90 €/14,50 €/15,50 €/22,50 €/28,50 €
ISBN:	3-551-35401-4 (Band 1)/3-551-55168-5 (Band 2)/ 3-551-55169-3 (Band 3)/3-551-55193-6 (Band 4)/ 3-551-55555-9 (Band 5)
Seitenanzahl:	335/336/448/767/1024
Lesealter:	12+

Spannung	Humor	Action	Tiefe	Leselevel
xxxx	xx	xxxx	xxx	Lesemuffel – Leseratte

Auf Platz eins der Empfehlungsliste (wie erwartet): *Harry Potter.* Dazu ist, denke ich, alles gesagt und gesendet worden. Was an Bänden noch aussteht, daran werden Sie in der aktuellen Berichterstattung ohnehin nicht vorbeikommen. Lesen Sie die Bücher einfach mit Ihren Kindern. Die Zeilen, die ich hier spare, kann ich unbekannteren Büchern widmen, wie dem folgenden.

Autor:	Cornelia Funke
Titel:	*Tintenherz*
Verlag:	Dressler
Preis:	19,90 €
Seitenanzahl:	576
ISBN:	3-7915-0465-7
Lesealter:	12+

Spannung	Humor	Action	Tiefe	Leselevel
xxx		xxx	xxx	Leseratte

Schon von außen sieht es märchenhaft aus. Cornelia Funkes Buch *Tintenherz* steckt in einer Art Schatzkiste, reich verziert mit rötlichgrünen fantastischen Ornamenten, bis an den Rand gefüllt mit allerlei Köstlichkeiten. Wer den Deckel öffnet, erweckt mit dem Umklappen des purpurnen Einschlagpapiers Wesen aus vergangener Zeit. Der Theatervorhang öffnet sich. Das Spiel beginnt.

Leselust – dieses Buch erklärt uns, was das bedeutet. Bücher waren Meggies Freunde. Nie stritten sie. »Es waren kluge, mächtige Freunde, verwegen und mit allen Wassern der Welt gewaschen, weit gereist, abenteuererprobt. Ihre Bücher munterten sie auf, wenn sie traurig war, und vertrieben ihr die Langeweile.« Fantasie und Wirklichkeit und auch Weisheit sind in *Tintenherz* spielerisch miteinander verwoben. Ein Kinder-, ein Jugend-, ein Familienbuch.

Tintenherz erzählt von Meggies Fluch und Gabe, Figuren aus Büchern herauslesen zu können. Schon ihr Vater konnte dies, lange bevor sie geboren wurde. Mit *Tintenherz* jedoch begann sein Unglück. Seine eigene Frau verschwand darin, während ein Vogel erschien. Nie hat ihr Vater, der Bücher über alles liebt, ihr jemals wieder vorgelesen, aus Angst, es könnten weitere Menschen verschwinden. Neun Jahre später wird er samt *Tintenherz* nach Italien verschleppt. Meggies Suche nach ihrem Vater und ihrem Lieblingsbuch beginnt – mit Auto, Bus und Feuerfinger, Farid, dem Jungen aus 1001 Nacht, Andersens Zinnsoldaten, Tinker Bell, der kleinen Fee aus *Peter Pan*, korrupter Polizei in Norditalien und schwarzen Schatten. Eine überraschende Wende erfährt die Geschichte noch einmal fast zum Schluss. Der Autor muss sie umschreiben, um Schlimmstes zu verhindern.

»Wenn man dieses Buch gelesen hat, fühlt man sich danach besser!« Doch das verrät ein Junge nur, wenn kein anderer in der Nähe ist.

Autor:	Scott O'Dell
Titel:	*Insel der blauen Delphine*
	(Band 2: *Das verlassene Boot am Strand*)
Verlag:	dtv junior
Seitenzahl:	191
Preis:	6 €
ISBN:	3-423-07257-1
Lesealter:	12+

Spannung	Humor	Action	Tiefe	Leselevel
xxx		xxx	xxx	Lesemuffel – Leseratte

Deutlich schmaler im Seitenumfang, schlichter in der Sprache und doch nicht weniger warmherzig kommt die *Insel der blauben Delphine* daher. Scott O'Dell schaffte es mit dem ersten Band seines zweiteiligen Abenteuers unter die Top 20.

Ich las das Buch stellvertretend für all jene Bücher, die in unserer Umfrage mindestens ebenso häufig wie *Insel der blauen Delphine* als empfehlenswert eingestuft wurden, obwohl sie Gegenstand im Unterricht sind und das ja ein Ausschlusskriterium für unsere Besprechungen war. Zu »akzeptierter Schullektüre« gehören *Wir Kinder vom Bahnhof Zoo* oder *Die Welle*. In persönlichen Gesprächen gewann ich glaubhaft den Eindruck, dass auch Lesemuffel diese Titel wirklich mochten beziehungsweise stark beeindruckt waren. Nur deshalb erwähne ich sie hier.

Bei Scott O'Dells *Insel der blauen Delphine* war es der Überlebenskampf Mensch-Natur, der in der Gruppe der Zwölf- bis 14-Jährigen faszinierte. Die Geschichte: Indianer fliehen vor weiteren Überfällen von ihrer angestammten Insel südwestlich von Los Angeles. Unglücklicherweise bleibt ein junges Mädchen mit ihrem kleinen Bruder zurück. Mehr als 15 Jahre dauert es, bis es gerettet wird. Sich mit Wölfen anfreunden, aus Walrosszähnen Waffen bauen, Lebensmittel haltbar machen, Winter unter freiem Himmel überleben, davon erzählt Scott O'Dell schnörkel- und offensichtlich zeitlos. 1963 erhielt er für dieses Buch den Deutschen Jugendliteraturpreis.

Autor: Lois Lowry
Titel: *Hüter der Erinnerung*
Verlag: dtv
Preis: 7,50 €
Seitenanzahl: 208
ISBN: 3-423-78110-6
Lesealter: 13+

Spannung	Humor	Action	Tiefe	Leselevel
xxxx		xxx	xxx	Lesemuffel

Positiv überrascht hat mich Louis Lowrys *Hüter der Erinnerung*. Das unscheinbare Taschenbuch, von Jungen in Deutschland und den USA empfohlen, entpuppte sich als Geschichte, die nachhallt – sowohl emotional als auch gedanklich. Darf man Menschen vor falschen Entscheidungen schützen? Wann und unter welchen Bedingungen ist das legitim?

Die »Gemeinschaft« setzt seit Generationen mit großer Brutalität ihre Herrschaft durch und tarnt sie mit zuckersüßen Regeln, Genuss und Freundlichkeit. Jonas, ein so genannter Zwölfer, spürt die Spannung seiner Welt. Er kennt aber nichts anderes und wartet ab. Seit seinen frühesten Kindertagen legen die Erwachsenen großen Wert auf sprachliche Präzision. Was zunächst lobenswert und positiv erscheint, stellt sich als perfides Mittel in der »Gemeinschaft« heraus, Spontanität zu disziplinieren. Die Untertanen sollen unwissend bleiben, werden aber in dem Glauben gelassen, eine gute Bildung zu erhalten. Ein psychologisches Horrorszenario, das den Leser zwingt, sich auf unterschiedliche Gefühlslagen einzulassen.

Bis zum Tag seiner Ernennung zum »Hüter der Erinnerung« weiß Jonas nicht, was Liebe ist. Doch er ahnt: »es könnte Farben geben und Großeltern.« Mit seiner Schwester Lily und seinen Eltern meint er dennoch glücklich in der »Gemeinschaft« zu leben. Hier wird alles zugeteilt: Kinder Eltern, Kuschelobjekte Kindern, Berufe Heranwachsenden, Alte speziellen Heimen. Hier werden Menschen »freigegeben«. Das Leben verläuft ritualisiert, planmäßig, schmerz- und erinnerungsfrei. Vom »Geber«, dem einzigen Menschen der »Gemeinschaft«, der Fragen stellen und Bücher besitzen darf, lernt Jonas und flieht. Das ist ein Science-Fiction-Roman, der Jungen betroffen macht.

Und es gibt noch einen Grund, weshalb ich *The Giver* empfehle. Bücher werden darin als etwas Verdorbenes dargestellt und unter strengstem Verschluss gehalten. Was für ein Trick. Wenn es etwas gibt, das Heranwachsende neugierig macht, dann sind es ganz sicher Verbote.

Autor: Louis Sachar
Titel: *Löcher. Die Geheimnisse von Green Lake*
Verlag: Beltz & Gelberg
Preis: 7,90 €
Seitenanzahl: 296
ISBN: 3-407-80867-4
Lesealter: 13+

Spannung	Humor	Action	Tiefe	Leselevel
xxxx	xx	xxx	xxxx	Lesebeginner – Leseratte

Hier ist es ein Fluch, der den Erzählfaden spinnt, ein Fluch, der nun schon in vierter Generation der Familie Yelnats in Texas das Leben schwer macht. Nichts will ihr gelingen. Erst Stanley Yelnats der Vierte, 14 Jahre alt, übergewichtig, in der Schule unbeliebt und irgendwie immer am falschen Ort, soll es gelingen, den Fluch zu bannen – in Green Lake.

Dort, wo niemand freiwillig hinfährt, befindet sich eine Anstalt für schwere Jungs: Wüste, Klapperschlangen, Skorpione. Wer hier abhaut, ist nach drei Tagen Futter für die Geier. Der Richter hatte Stanley zuvor vor die Wahl gestellt. Gefängnis oder Camp. Da er noch nie in einem Ferienlager war, entschied er sich für das »Camp«, für »Spaß und Spiele«, wie er meinte. Turnschuhe haben ihn hierher gebracht; gestohlen, wie der Richter befand – vom Himmel gefallen, wie Stanley wahrheitsgetreu angegeben hatte. »Du brauchst keinen Anwalt«, hatte ihm seine Mutter geraten, »sag einfach nur die Wahrheit.« Ein verhängnisvoller Irrtum.

Im Camp merkt Stanley schnell, dass das Leben andere Regeln schreibt. Täglich graben die Jungen Löcher in die trockene Wüstenerde, so breit und so tief wie eine Bauarbeiter-Schaufel mit Stiel lang ist: fünf Fuß. Warum, erklärt ihnen niemand. Seiner Mutter schreibt Stanley, dass er viel Spaß im Camp hat und im See badet, den es in Wahrheit gar nicht gibt. Zero, ein Junge, der nur deshalb so genannt wird, weil er angeblich Zero, also Null im Kopf hat, bietet ihm ein Geschäft an. Um lesen und schreiben zu lernen, will Zero jeden Tag eine Stunde lang auch Stanleys Loch graben. Im Gegenzug bekommt er Unterricht. Die beiden freunden sich an.

Als Stanley eine Patronenhülse mit den Initialen K. B. entdeckt, gerät Bewegung in die »Löcher«. Der Wüstensand muss von Hunderten Kids nun auch noch gesiebt werden. Stanley dämmert es: Hier geht es um mehr. K. B. steht offenbar für Kate Barlow, eine gefürchtete Banditin, die vor knapp 100 Jahren schon Stanleys Urgroßvater ausgeraubt hat. Irgendwas stimmt hier nicht. So wie die Turnschuhe ausgerechnet in seine Hände fallen mussten, so scheint auch Green Lake einfach sein Schicksal zu sein. Immer wieder trifft er auf die Initialen. Als Zero aus dem Camp ausbricht und ohne Wasservorrat in die Wüste rennt, muss Stanley sich entscheiden. Hilft er Zero, riskiert er sein Leben. Am Ende löst sein Mut den Fluch.

Sachar hat *Löcher* in zwei Ebenen geschrieben; zum einen in der Gegenwart aus der Sicht Stanleys, zum anderen in der Vergangenheit. Hier entwickelt er den Fluch. Inzwischen ist *Holes* verfilmt worden, überraschend dicht am Buch gedreht: Alles in allem liefert Sacher weit mehr als einen unterhaltsamen Nachmittag für die ganze Familie. *Löcher* ist ein fast 100-prozentiger Tipp.

Autor:	Philip Pullman
Titel:	*Der goldene Kompass* (Band 1) *Das magische Messer* (Band 2) *Das Bernsteinteleskop* (Band 3)
Verlag:	Heyne
Preis:	8,95 €/7,95 €/9,95 €
Seitenanzahl:	410/333/593
ISBN:	3-453-13744-2 (Band 1), 3-453-15227-1 (Band 2), 3-453-86424-7 (Band 3)
Lesealter:	13+

Spannung	Humor	Action	Tiefe	Leselevel
xxxx	x	xxx	xx	Lesemuffel – Leseeratte

Für Leser zwischen 13 und 17 Jahren ist Pullmanns-Trilogie ein Muss, obwohl nicht gerade wenig Lesestoff zu bewältigen und der Held weiblich ist.

Lyra, 9, ist neugierig, clever und wächst ohne Eltern in einem College in Oxford auf. Plötzlich wird ihr bester Freund entführt, vermutlich von Gobblern. Die Suche führt sie hoch in den Norden zu ihrem Onkel, der Parallelwelten erforscht. Dorthin gerät sie dann auch im zweiten Band. In Lyras Heimat werden Menschen mit Dämonen geboren. Jeder ist vom ersten Tage an mit »seinem« Tier untrennbar verbunden. Die wahre Gestalt des Dämons zeigt sich jedoch erst, wenn er erwachsen ist. »Eine coole Idee«, stand auf dem Fragebogen eines Zehntklässlers, »immerhin, es könnte doch wahr sein. Aber eigentlich habe ich damals nur gelesen, weil ich Langeweile hatte«. Platz zwei der persönlichen Hitliste des hier zitierten 16-Jährigen: *Die Kinder der Dämmerung* von Ralf Isau.

Autor:	Bjarne Reuter
Titel:	*Prinz Faisals Ring*
Verlag:	Sauerländer
Preis:	18 €
Seitenanzahl:	490
ISBN:	3-7941-4800-2
Lesealter:	13+

Spannung	Humor	Action	Tiefe	Leselevel
xxxx	x	xxxx	xxx	Lesemuffel – Leseratte

In diesem Fall war es der Buchtitel, der zum Lesen verführte. »Irgendwie erinnerte er an den *Herrn der Ringe*. Und dann hab ich's ausprobiert« schrieb ein 15-Jähriger.

Tom Collins, 14, lebt nach dem Tod seines Vaters mit Mutter und Halbschwester auf einer Insel in der Karibik. Eines Tages klärt ihn eine Wahrsagerin über sein Schicksal auf. »Du hast blaues Blut, Quellwasser und siedenden Piratensaft in deinen Adern, Tom. Ein reichlich ungenießbarer Most.« Als die Inquisition ihn zum Handlanger machen will, beschließt Tom, die Insel zu verlassen, ausgestattet mit einer Jolle, einem Fässchen Wasser und der Eigenschaft, die ihn überleben lassen wird – einem unbeirrbaren Willen. Nach einem fürchterlichen Sturm zieht er einen abgemagerten Sklaven aus dem Wasser. Er soll der Sohn eines Königs sein, Prinz Faisal. Auf der Jagd nach seinem Erbe paktiert Tom mit Piraten und mordet. Er wird kielgeholt, gewinnt und verliert und sehnt sich unendlich zurück nach seiner Insel Nevia. Doch er will noch nicht zurück. Nicht ohne seiner Familie ein neues, besseres Leben bieten zu können.

Mal abgesehen von ein wenig Kitsch am Ende des Buches – als fast erwachsener Mann bietet Tom *dem* Piraten der Karibik, Kapitän Bull, an, seine Seele wieder zurückzuerlangen – überzeugt es durch sein rasantes Tempo und die Reflektiertheit der Hauptfigur. Es gelingt Reuter, nicht vordergründig rührselig, sondern glaubwürdig zu schreiben. Ein Buch, das zu Recht preisgekrönt ist.

Autor:	Raymond Feist
Titel:	*Midkemia-Saga*, Band 1: *Der Lehrling des Magiers* (Band 2: *Der verwaiste Thron*, Band 3: *Die Gilde des Todes* – insgesamt 6 Bände)
Verlag:	Blanvalet
Preis:	9 €
Seitenanzahl:	448/512/480
ISBN:	3-442-24616-4 (Band 1)
Lesealter:	13+

Spannung	Humor	Action	Tiefe	Leselevel
xxxx	xx	xxxx	xx	Lesemuffel – Leseratte

Midkemia. Fantasykenner wissen sofort Bescheid. Raymond Feist hat eine Welt entworfen, die irgendwo zwischen den Nordbergen, der Straße der Finsternis, dem blutigen Meer und dem Tal der Träume liegt, gleich neben dem Kaiserreich Groß-Kesh. Gern vergleichen die Fans – nicht Marketingstrategen – diese Welt mit der des *Herrn der Ringe*. Das kommt einer Adelung gleich, die sich in Platz acht der Empfehlungsliste widerspiegelt.

Trolle und Elfen, Lindwürmer und Zwerge, Magie und schöne Frauen begleiten die beiden Waisen Pug, 14, und Thomas, 15, auf ihrem Weg in höchste Ämter. Im ersten Band finden die Freunde, die auf der Burg Crydee aufgewachsen sind, an der Küste ein altes Wrack. Es verdichten sich die Anzeichen, dass Krieger aus einer fremden Welt nach *Midkemia* gelangt sind. Wie, weiß nicht einmal der große Zauberer Kulgan. Nur soviel ist klar: Es ist ein Volk aus dem Nichts, das das friedliche *Midkemia* in tödliche Gefahr bringen kann. Immer wieder bestimmen Schlachten das Geschehen, die jedoch, und das überzeugt, nicht um ihrer selbst willen stattfinden. Nachdenkliche, widersprüchliche Charaktere prägen die Handlung im *Lehrling des Magiers*. Für Pug beginnt die harte Zauberschule des Lebens.

Folgen wir unserer Umfrage, aber auch jungen Männern, die unter www.bibliotheka.phantastika.de ihre Meinung zur Saga äußerten, lohnen sich nur die ersten drei Bände.

Autor:	Nikolaus Piper
Titel:	*Felix und das liebe Geld*
Verlag:	Beltz & Gelberg
Preis:	8,90 €
Seitenanzahl:	376
ISBN:	3-407-78441-4
Lesealter:	13+

Spannung	Humor	Action	Tiefe	Leselevel
xxxx	xx	xxx	xxx	Leseratte

Haben Jungen reichlich Abenteuer genossen, darf es auch gern mal der Mix aus Spannung plus Sachinteresse sein. *Felix und das liebe Geld* ist ein Beispiel dafür. »Ich habe damals keine Ahnung gehabt von Aktien«, mailte mir Felix, 13, aus Freiburg. »Aber die Geschichte war o.k. Hat mir ein Freund gegeben. Da war auch ein kleines Lexikon hinten drin, damit man weiß, was ein Warentermingeschäft ist und so. War ein bisschen wie ein Krimi.«

Felix aus Freiburg ist bis heute Gymnasiast. Genau wie die Hauptfigur gleichen Namens im Buch, fand er die Vorstellung, schnell reich zu werden, sehr verlockend. Hier holt Nikolaus Piper seine Leser ab. Felix und seine Freunde lernen einen Musikalienhändler kennen, der vom Geld offensichtlich ebensoviel versteht wie von Musik und ihnen helfen will. Doch wie im wirklichen Leben steigen und fallen auch hier die Aktien. Das Buch liest sich wie ein abenteuerliches Wirtschaftsseminar »light«.

Autor:	Janet Tashjian
Titel:	*Die Welt, wie Larry sie sieht*
Verlag:	Dressler
Preis:	12 €
Seitenanzahl:	208
ISBN:	3-7915-1994-8
Lesealter:	14+

Spannung	Humor	Action	Tiefe	Leselevel
xxxx	xx	xxx	xxxx	Lesemuffel – Leseeratte

»Mama, das musst du unbedingt lesen!«, hatte mich damals mein Sohn gedrängt, bis ich schließlich nachgab. Heute bin ich froh darüber, das Buch gelesen zu haben. *Larry* war der erste Stein zu einer neuen Lesebrücke zwischen ihm und mir. *Larry* war der Anfang zu vorliegendem Buch.

Larry heißt eigentlich Josh, ist 17 Jahre alt und lebt in der Nähe von Boston, USA. Seine Mutter hat er gerade an den Krebs verloren, seinen Vater, einen Werbemanager, an eine neue Freundin. Josh fühlt sich zerrissen – zwischen Trauer und Liebe, eigenen großen Wünschen und dem Klein-Klein des wirklichen Lebens. Intelligent und wagemutig will er die Welt verändern. Er weiß nur noch nicht wie. Und ganz nebenbei liebt er Beth. Sie hat so tolle Lippen, dass er manchmal schier irre wird und sich tagelang in eine selbstgebaute Erdhöhle verkriecht.

Die Geschichte klingt zunächst wie eine von Hunderten und doch hat sie ihren besonderen Reiz. Um sich endlich unbefangen äußern zu können, vor allem gegenüber Beth, erschafft der Mathe- und Logikfreak Josh eine fiktive Figur: Larry, ein Individuum mit einer eigenen Website. Bald machen die beiden wegen der veröffentlichten Botschaften, »Larrys Predigten«, Schlagzeilen. Kompromisslos kritisiert Larry Konsumgläubigkeit und Umweltzerstörung, Starkult und Oberflächlichkeit. Selbstbewusst ruft er zu mehr Toleranz und einem offenen Umgang untereinander auf. Immer mehr Fans klicken seine Webseite an. Die ganze Welt liest plötzlich seine Texte. Konzerte à la Woodstock erleben seinetwegen ein Revival. Schon steht die Werbeindustrie Schlange, um seine Popularität und seinen Einfluss auf Millionen Jugendliche auszunutzen. Während Josh noch meint, er könne die Welt zum Besseren wenden, merkt er, dass die Luft für Larry dünn wird.

Starkult, wenn auch ungewollt, auf der einen Seite – Anonymität auf der anderen, das geht nicht zusammen. Schon werden die kritischen Stimmen lauter. Ganz Hartnäckige drohen Larry mit Outing. Wie soll er das alles bloß Beth erklären? Ehrlichkeit ist für sie die wichtigste aller Tugenden. Längst hängt sie schwer beeindruckt an Larrys Lippen und unterstützt ihn mit eigenen Aktionen. Josh wächst der ganze Rummel über den Kopf. Er fliegt auf. Doch es kommt noch dicker. Sein Vater steht mit seiner Firma kurz vor dem Bankrott. Er, Larry, vertreibt ihm mit seinem »Antiwerbegequatsche« die Kunden. Was soll er tun? Will er Beth nicht für immer verlieren, muss er Farbe bekennen.

Als Leser verfolgt man fasziniert, wohin Larrys »Spinnereien« führen und ist sehr gespannt, wie die realistisch anmutende Geschichte ausgeht.

Autor: Thomas Feibel
Titel: *Play Zone. Das letzte Spiel*
Verlag: Sauerländer
Preis: 12,90 €
Seitenanzahl: 220
ISBN: 3-7941-7012-1
Lesealter: 13+

Spannung	Humor	Action	Tiefe	Leselevel
xxxx		xxxx	x	Lesebeginner – Leseratte

Jungen direkt bei ihren Leidenschaften abholen – genau das ist Feibel in *Play Zone* gelungen. Vom Computerspiel bis zum Spiel ohne Grenzen, um alles wird hier geschachert. Punkte sammeln um jeden Preis – auch um den des Todes – das ist der Lebensinhalt der Menschen in *Play Zone*. Für Vielleser Nicolai, 15, ist das eine »obercoole Idee, die ich so noch nie gedacht habe«. Doch auch Lesebeginner und Lesemuffel gaben *Play Zone* ihr O. K. Sie mochten den Plot und die reduzierte Sprache.

Aus einem Konzern, der einst Computerspiele herstellte, entwickelt sich ein Staat, der weltweit aggressiv expandiert. Auslöser der Eskalation ist ausgerechnet ein deutscher Außenminister, der zur *Play Zone* überläuft. Zentrale Leitfigur des Buches ist Fumashi, ein Siegertyp, reich und berühmt, bis schließlich auch er sein Leben setzt und verliert. Fumashis ärgster Feind ist seine Ex, die Führerin der Mother-Zone. Dort finden Looser, spielehassende Mütter und Kinder Unterschlupf. Breitschultrige, fette, keifende Frauen, bekleidet mit selbstgestrickten Pullovern und Schlabberhosen, halten die Fahne der Pflicht, Solidarität und Fürsorge hoch. Dabei reichen sie siegessicher Möhrensaft und Hirse vom Blech.

Feibel, der sich mit Kids und Computern bestens auskennt (er bringt jährlich einen Ratgeber heraus, der aktuelle Spielsoftware prüft und empfiehlt), spielt in *Play Zone* platt mit Klischees und sexuellen Vorurteilen. Das gibt es natürlich auch in vielen anderen Büchern für Jungen dieses Alters, aber Feibel scheint in diesem Falle besonders hemmungslos vorzugehen. So überraschte es mich, dass Susanne Herda in der *Süddeutschen Zeitung* auch nur ein gutes Haar an dem Buch gelassen hat und gar auf eine Fortsetzung dieses Science-Fiction-Krimis hofft. Ihr hat vermutlich gefallen, dass Fumashis hochintelligente Tochter, sinnigerweise heißt sie Sony, zusammen mit einem Jungen mit Gipsbein dem allerletzten Spiel der *Play Zone* überraschend ihren geläuterten Stempel aufdrückt. Beide erkennen schließlich, was Wunder, die Dark Side der *Play Zone* und entschließen sich dagegen vorzugehen.

Da ich von mehreren Jungen in verschiedenen Orten Deutschlands auf dieses Buch hingewiesen wurde, kam ich nicht umhin, es aufzunehmen. Wenn Ihr Ziel »positives Leseerlebnis« heißt und Sie nach einem Buch suchen, dass »nur« durchgelesen werden soll, dann pfeifen Sie auf Kritik von Alice Schwarzer und legen es ihrem Sohn unter den Weihnachtsbaum.

Autor: Rainer M. Schröder
Buchtitel: *Die lange Reise des Jacob Stern*
Verlag: C. Bertelsmann
Preis: 16,90 €
Seitenanzahl: 352
ISBN: 3-570-12645-5
Lesealter: 13+

Spannung	Humor	Action	Tiefe	Leselevel
xxx		xxx	xxxx	Lesemuffel

Mehr Substanz als Feibels *Play Zone* bietet *Die lange Reise des Jacob Stern*, und dabei wirkt das Buch alles andere als belehrend oder langweilig. Im Gegenteil: »Glaubwürdig. Packend erzählt.« Dieses Urteil verhalf dem Buch zur Aufnahme in unsere Empfehlungsliste. Schröder braucht keine künstlich erdachten, dramatischen Kniffe. Das Leben ist spannend genug.

Am Beispiel des 15-jährigen Jacob beschreibt Schröder dicht an den historischen Tatsachen die leidvolle Erfahrungen von Juden im »Dritten Reich«, die bislang im Jugendbuch kaum thematisiert wurden. Im Mittelpunkt: einer der »Kindertransporte« zwischen 1938 und 1939. Etwa zehntausend Kinder und Jugendliche, die maximal 16 Jahre alt waren, verließen in dieser Zeit Deutschland, Österreich, Polen und die Tschechoslowakei. Ihre Eltern schickten sie nach Großbritannien – in die Freiheit, wie sie meinten. Zu gleicher Zeit morden in Deutschland bereits die Nazis. Die Grenzen sind abgeriegelt. Kaum jemand findet noch heraus. Als Jacob von seinen Eltern Abschied nimmt, ahnt er, dass er sie nie wieder sehen wird.

Was ihm und seinen Weggefährten auf der jahrelangen Reise entgegenschlägt, sind Unwissenheit, Ignoranz und Fremdenhass. Sie erleben gemeinsame Lager mit kriegsgefangenen Nazis, Bombenangriffe und das qualvolle Hoffen auf eine Passage nach Amerika. Doch die ohnehin schon lebensgefährliche Überfahrt führt plötzlich ans andere Ende der Welt, nach Australien.

Das Buch eignet sich in der Schule auch gut für Deutsch, Geschichte oder Religion. Die innere Abkehr Jacobs vom Judentum sowie seine Streitgespräche darüber mit einem älteren, streng gläubigen Juden im Angesicht des Todes ließen auch Jungen nicht unbeeindruckt.

Autor:	William Nicholson
Titel:	*Der Windsänger* (Band 1), *Gefangene des Meisters* (Band 2), *Das Kind des Feuers* (Band 3), *Der Windsänger* – Gesamtausgabe
Verlag:	dtv
Seitenzahl:	336/408/400
Preis:	10 €/11,50 €/10 €/19,95 €
ISBN:	3-423-70667-8 (Band 1)/3-423-70704-6 (Band 2)/3-423-70740-2 (Band 3)/3-423-59073-4 (Gesamtausgabe)
Lesealter:	13+

Spannung	Humor	Action	Tiefe	Leselevel
xxxxx	x	xxxx	xxxx	Lesemuffel – Leseratte

»Fantasy, superspannend«, kommentierte ein zwölfjähriger Vielleser Nicholsons *Windsänger.* Ein 13-jähriger Lesemuffel meinte: »Das Buch ist wie Potter, nur mit'm Mädchen.« Und ein 15-Jähriger zog das Fazit: »Am Anfang ist es wie 'n Märchen, mehr was für Kleine, aber ich glaub', ich weiß jetzt, wie es ist in einer Diktatur.« Märchen und Diktatur?

William Nicholson spannt in der Tat einen weiten Bogen. Auf der einen Seite schildert er das realistisch anmutende, brutal gleichgeschaltete Leben der fünfköpfigen Familie Hath im Stadtstaat Aramanth. Auf der anderen Seite die abenteuerliche Jagd dreier Kinder nach des Windsängers Stimme, dem »zauberhaften Ding«, das allen ein Leben in Freiheit verspricht. Umgeben von scheinbar unüberwindlichen Mauern werden die Bewohner Aramanths von weißgekleideten Prüfern – den Vertretern der Macht – von einem Test zum nächsten getrieben, unter dem Motto: »Heute besser als gestern, morgen besser als heute.« Wer nicht mitkommt in der gefühllosen, überwachten Leistungsgesellschaft, verliert, steigt ab, landet womöglich bei den »alten Kindern« oder den Schlammmenschen unter den Salzmienen. Tief verletzt in ihrem Stolz, begehrt Kestrel, die Tochter des »Versagers Hath« eines Tages auf. Sie tut das zunächst spontan, wie ein Kind eben, das Prüfungen hasst. Dann wird ihr Widerstand immer konsequenter. Sie entschließt sich, nun auch den Kampf gegen den bösen Gott Morah aufzunehmen.

Der Windsänger ist ein wunderbar erzähltes, warmes Buch, das dem Leser Einfühlungsvermögen abverlangt. Über die Schilderung der spannenden Verfolgungsjagd hinaus bietet es Tiefe. Gutes und Böses erscheinen sehr nuanciert. Manche Szene erinnert an die subtile Gleichmacherei mit gutem Ziel in der DDR.

Autor: Klaus Kordon
Buchtitel: *Die Roten Matrosen oder Ein vergessener Winter*
Verlag: Beltz & Gelberg
Preis: 9,90 €
Seitenanzahl: 416
ISBN: 3-407-78921-1
Lesealter: 14+

Spannung	Humor	Action	Tiefe	Leselevel
xxxx	x	xxxx	xxxx	Leseratte

Geschichte lebendig werden lassen – das gelingt Klaus Kordon meisterlich in seiner Trilogie der Wendepunkte des 20. Jahrhunderts. Eine geradezu idealtypische Begleitlektüre für den Geschichtsunterricht ab Klasse acht. Gegenstand des ersten Teils *Die Roten Matrosen oder Ein vergessener Winter* ist die Novemberrevolution. Der Wende 1918/19 folgt die der Jahre 1932/33 – in *Mit dem Rücken zur Wand*. Zentrales Thema dort: das Ende der Weimarer Republik und die Machtergreifung durch die Nationalsozialisten. Die Trilogie schließt mit dem Zusammenbruch Hitlerdeutschlands 1945 in *Der erste Frühling*.

Kordons Helden sind frei erfunden und haben doch gelebt. Ziel war es, so schreibt er, Geschichte am Beispiel derer zu erzählen, die am meisten unter den gegebenen gesellschaftlichen Verhältnissen zu leiden hatten. Kordon ersann Familie Gebhardt aus der Ackerstraße 37 im Berliner Wedding. Wie ein roter Faden ziehen sich die Gebhardts durch die Trilogie.

Helle, 13, ist die Hauptperson in *Die Roten Matrosen*. Der kriegsverletzte Vater und die Mutter, die oft bis spät am Abend in der Fabrik schuften muss, lassen Helle immer häufiger allein mit seiner fünfjährigen Schwester Martha und dem Baby Hännschen. Zentnerschwer lastet die Verantwortung, die beiden Geschwister durchzubringen, auf seinen Schultern. Hunger, Kälte und Feuchtigkeit setzen den Kindern gesundheitlich zu, und das geht nicht nur ihnen so. Berlin beginnt zu brodeln. Gemeinsam mit seinem Freund Ede gerät Helle in das Ende der Kriegswirren, in Demonstrationen und Straßenkämpfe, in eine Revolution. Helle beginnt politisch zu denken.

Klaus Kordon ruft dem Leser Tatsachen, historische Persönlichkeiten und politische Ereignisse ins Gedächtnis. Helle erfährt vom tiefen Riss durch die deutsche Sozialdemokratie, lernt SPD, USPD, Spartakusgruppe und KPD kennen; lernt Namen wie Ebert, Scheidemann, Noske, Liebknecht und Luxemburg einzuordnen; hört vom Kapp-Putsch, vom Rat der Volksbeauftragten, vom vertriebenen Kaiser und er beginnt zu verstehen, was der mit der Gründung des Deutschen Reiches zu tun hat. Er erfährt den Grund für den Ersten Weltkrieg und ihm wird klar: Nur weil alle gegen das Alte sind, wollen noch lange nicht alle das gleiche Neue. Turbulente Zeiten für einen 13-Jährigen.

Mit dem Schwur, nie wieder eine Waffe in die Hand zu nehmen, kehrt der Vater aus dem Ersten Weltkrieg zurück und wird doch Spartakist – einer, der die ganze Revolution, nicht nur die halbe will, einer, der meint, dass man manchmal Frieden nur mit Krieg erreicht. »Jede Gewalt erzeugt neue Gewalt, Helle. Wichtig ist, wofür du kämpfst und vielleicht noch, wie du kämpfst, für eine gute oder eine schlechte Sache, dass du unnötige Grausamkeiten vermeidest.« Edes Vater, den man halb tot aus dem Gefängnis am Berliner Alex befreite, meint das auch und: »Auch schreiben ist kämpfen.«

Das Buch bietet viel. Fast zuviel. Dennoch wird es gelesen, von Jungen mit 13, 14, 15 oder 16 Jahren und darüber hinaus. Kordon beherrscht die Kunst, Geschichten zu erzählen und Jungen zu begeistern. Das Haus Nummer 37 in der Ackerstraße hat nie existiert. Unter Hausnummer 37 findet man heute in Berlin einen Friedhof. Die Wahl der Hausnummer aber ist auch symbolisch gemeint. Die meisten Menschen, die auf dem alten Elisabeth-Kirchhof ruhen, haben die Geschichte unseres Jahrhunderts miterlebt.

Autor:	Tonke Dragt
Titel:	*Turmhoch und meilenweit – ein Zukunftsroman*
Verlag:	Fischer Schatzinsel
Preis:	7,90 €
Seitenanzahl:	340
ISBN:	3-596-80233-4
Lesealter:	14+

Spannung	Humor	Action	Tiefe	Leselevel
xxxx	xx	xxx	xxx	Leseratte

Turmhoch und meilenweit ist keine taufrische Story. Tomke Dragt schrieb sie 1969. Dennoch überzeugte sie unentschlossene Gemüter am »Jungenwühltisch« letztlich durch das attraktive Cover des Taschenbuchs. Eine Art Spaceshuttle fliegt durch eine erdähnliche blutrote Welt, der Himmel über ihr ist curryfarben. Der Klappentext verspricht »Rätsel flammender Wälder auf der Venus«, Edu, den Planetenforscher und faszinierende Science-Fiction. Das reichte offensichtlich, um Lesemuffel und Leseratten gleichermaßen zu überzeugen, das Buch zumindest in die Hand zu nehmen. Obwohl der Buchrücken die Kategorie »ab zwölf« aufweist, lasen es 15- bis 17-Jährige, sowohl Jungen als auch Mädchen, ebenso Eltern. Der Grund: Es führt seine Leser in eine realistisch anmutende Planetenwelt, und hat eine leichte Tendenz zum Psycho-Thriller.

Weil das erste Fünftel des Buches, gemessen an heutigen Action-Bedürfnissen Jugendlicher, eher einem ruhigen Aufgalopp gleicht, werden Lesemuffel sich schnell gelangweilt fühlen. Deshalb ist es meines Erachtens eher für Leseratten geeignet. Ab dem zweiten Fünftel allerdings vier Punkte in der Rubrik Spannung. Alle Jungen, mit denen ich über das Buch sprach, bedauerten, dass es nicht länger als 340 Seiten ist!

Die Geschichte beginnt irgendwann in der Zukunft. Auf der Erde gibt es längst keine Bäume und keine Bücher mehr, stattdessen Leben unter überlebenssicheren Glaskuppeln, Kaffeenektar und Spiele wie Titwik. Wissenschaftler von der Erde betreiben auf zahlreichen Planeten des Weltalls dauerhafte Forschungsstationen. Einer von ihnen ist Edu. Zum zweiten Mal hat er sich zur Venus versetzen lassen – nur wegen der Wälder. Faszinierend und gefährlich, flammendheiß und dennoch einladend, lassen sie ihn nicht mehr los. Er wagt den Alleingang in die brennende Hölle, bricht Sicherheitsregeln, riskiert sein Leben und entdeckt Neues: Afroini. So heißen die freundlichen Venusmenschen, die über die Gabe verfügen, Gedanken lesen zu können. Alsbald wechseln sich bei Edu Glücksgefühle und marternde Ängste ab. Auf der Suche nach dem Verständnis dieser für ihn neuen Lebensform wandelt er auf der fragilen Brücke der Telepathie zwischen Erde und Venus, zwischen Erkenntnislust und der Angst, geisteskrank zu werden.

Edu will nicht werden wie die Afroini, er will Mensch bleiben, »aber wie sollte es möglich sein, eine neue Welt zu betreten und damit zu rechnen, derselbe zu bleiben?« Im Zeitalter der Globalisierung ist das eine hochaktuelle Frage. Sie zu beantworten, braucht es nicht erst den Flug zur Venus. Was ist richtig, was falsch? Darf man Neues mit alten Maßstäben messen, die Venus mit irdischen? Fragen, die zu diskutieren sich lohnt.

Wisi-u, der Älteste der Afroini warnt Edu bei einer ihrer ersten Treffen: »Versuche nicht, über uns zu urteilen, ehe du uns nicht besser kennst! Du hörst unsere Stimme, du siehst unsere Gestalt, aber du bist taub und blind unseren Gedanken gegenüber.«

Kapitel 2

14- bis 15-Jährige

»Stimmt es, dass du keines von diesen Büchern gelesen hast?« fragte Julian. »Bücher sind langweilig«, entgegnete Jorge. »Nein. Bücher sind Spiegel: Man sieht in ihnen nur, was man schon in sich hat.«

Carlos Ruiz Zafón, *Der Schatten des Windes*

Autor:	Eoin Colfer
Buchtitel:	Band 1: *Artemis Fowl* (Band 2: *Der Geheimcode*, Band 3: *Die Verschwörung*)
Verlag:	Ullstein
Preis:	7,95 €
Seitenanzahl:	288/336/304
ISBN:	3-548-60320-3 (Band 1)/3-548-60485-4 (Band 2)/ 3-548-60387-4 (Band 3)
Lesealter:	14

Spannung	Humor	Action	Tiefe	Leselevel
xxxx	xxxx	xxx	xx	Lesemuffel – Leseratte

Ähnlich wie *Berts Katastrophen* in der Gruppe der 13- bis 14-Jährigen ist *Artemis Fowl* eine sichere Sache in der Gruppe der 14- bis 15-Jährigen. Alle drei der bislang erschienenen Abenteuer begeisterten männliche Schüler der Mittelstufe und landeten deshalb in unserer Umfrage auf Platz sieben – gleich wird klar, warum.

»Ich geh jetzt rein, Foaly, hast du deine Lauscher an?« »Klar doch. Ich bin immer bei dir, Süße, es sei denn du trittst auf eine Landmine, dann bin ich ganz schnell weit weg.« Foaly läuft natürlich nicht weg, schon gar nicht, wenn es in den nächsten Sekunden darum geht, das Anwesen seines bestgehassten Feindes, des Erdenmenschen Artemis Fowl, aufzumischen. Foaly ist Zentaur und seine »Süße«, Holly Short, eine Elfe – der erste weibliche Offizier in der Geschichte der Aufklärungseinheit der Zentralen Untergrund-Polizei, ZUP. Beide sind ziemlich sauer auf Artemis, den genialen Meisterdieb: Er ist den Elfen auf ihre Lebensschliche gekommen. Die geheime Mission lautet deshalb: Artemis Fowl ausschalten.

Willkommen im Reich der Unterirdischen – der Elfen, Kobolde, Trolls und Zwerge. Die sind anscheinend überall zu Haus. Hier, irgendwo zwischen »tief in der Erde« und Irland, spielt Eoin Colfers jüngstes Abenteuer, das in der Entscheidungsschlacht Unterirdische gegen Erdenmenschen gipfelt. Artemis Fowl, zwölf, ausgestattet mit der Intelligenz eines Erwachsenen, ist selbst Psychologen nicht geheuer. Die Urteile über den smarten Computerfreak bewegen sich zwischen »blitzgescheit« und »wahnsinnig«. Besessen von der Idee, die Ehre seiner legendären Verbrecherfamilie wiederherzustellen, jagt der durchtrainierte Anzugträger das Feengold und wird dabei unterstützt von Butler und dessen Schwester Juliet. James Bond lässt grüßen.

Russenmafia, Magmaströme, Biobomben, Satellitenbilder, Entführungen, Sichtschilde, Schlaftabletten, Lehmschleuderer, Zeitausfälle, Semtex, Hummingbirds Z7, Magie, CNN, Schlägereien und Apple Macs – das ist der Stoff, aus dem Colfers Geschichte gemacht ist, eine verblüffende Mischung aus Märchen, Krimi,

Science-Fiction und Action. Sie wurde auf der Frühjahrsmesse 2004 in Leipzig in der Kategorie Kinder- und Jugendbuch ausgezeichnet.

Über viele Seiten hinweg beschreibt Colfer Prügeleien und Verfolgungsjagden, verbale Gefechte ganz nach dem Geschmack cooler Typen, mit einem Grinsen im Gesicht, einem Zwinkern um die Augen und – natürlich – einem Colt in der Hand. Dialoge wie in Stein gemeißelt: »›Foaly, Sie aufgeblasener Zentaur!‹ bellte Commander Root in sein Helmmikrophon. ›Gibt's ein Problem, Oberboss?‹ ›Allerdings, Sie Pfeife. Wann haben Sie das letzte Mal die Daten für Dublin aktualisiert?‹ ›Ähm, 'tschuldigung, ich, Commander, ich esse gerade.‹«

Die unwirtliche Welt der Elfen zwischen Lehm, Lava und Luft scheint für lesende Erdenmenschen jedoch genau durch diese coolen Sprüche erst zum Leben erweckt und damit locker, leicht und luftig geschlagen zu werden. Die Art zu texten erinnert an Douglas Adams und sein Buch *Per Anhalter durch die Galaxis*. Man möchte Colfer doch direkt einen Autorenvertrag für die nächsten zehn Terminator-Filme schicken. Hier könnte er das Niveau noch etwas heben.

Der Fairness halber sollte ich erwähnen, dass Colfers Wortschwall gelegentlich durch reflektierte Gedanken des Erdenbewohners Artemis unterbrochen wird. Die Sorge um seine Mutter, die Trauer um seinen verlorenen Vater, Dankbarkeit, Zurückhaltung bei der Bestrafung von Opfern, Umsicht, Analyse und vorausschauendes Denken, all diese Facetten lassen den jungen Helden durchaus auch emotional gebildet erscheinen. Wahrscheinlich würden die meisten Erwachsenen sogar sagen: »Ach, Artemis, der ist doch ganz o. k., halt ein Junge von nebenan, der reich werden und Abenteuer bestehen will.«

Autor:	Herbie Brennan
Titel	*Das Elfenportal*
Verlag:	dtv
Preis:	14 €
Seitenanzahl:	360
ISBN:	3-423-24374-0
Lesealter:	14+

Spannung	Humor	Action	Tiefe	Leselevel
xxxx	xxxx	xxxx	x	Lesemuffel

Wer *Artemis Fowl* mochte, wird dieses Buch nicht minder schätzen. »Vollkommen aberwitzig – in jedem Fall aber viel besser als sein dusseliges Cover«, kommentierte ein 15-jähriger Realschüler *Das Elfenportal*. »Sonst lese ich wenig«, durfte ich noch schnell erfahren und: »Hat mir aber 'n Kumpel empfohlen, ist cool.« Und schon verschwand er wieder in der Menge schulterhängender Kerls, die mit dem Pausenklingeln in die Schule trotteten. Später erzählte mir der Klassenlehrer, dass die Kids das Buch heimlich unter der Bank lesen. Wenn das keine Empfehlung ist!

Das Cover suggeriert zunächst in der Tat etwas märchenhaft-Weibliches. Zwei grünliche, bewachsene Felsen lehnen aneinander, verschmelzen scheinbar. Und auch die ersten 50 Seiten erinnern eher an *Das kalte Herz*. Doch dann kommt's.

Per Zufall prallen Welten aufeinander. Die Welt von Henry, 14, könnte man als »modern« bezeichnen. Henrys Mutter hat ein Verhältnis mit der Sekretärin seines Vaters, seine Schwester »ist bescheuert« und entgegen ihrer Annahme hat er kein Verhältnis mit dem 80-jährigen Mr. Fogerty. Gelegentlich entrümpelt Henry dessen Wohnung. Trotzdem ist Henry für seine Schwester ein »schwuler Alien« und das alles nur, weil Mr. Fogerty – im früheren Leben ein technisch versierter Bankräuber – sich plötzlich um Außerirdische kümmert. Das muss er auch, denn Welt 2, in der der Sohn des Pupurkaisers zu Hause ist, kam plötzlich in Mr. Fogertys Wohnzimmer geflogen, einfach so, schwupp durchs Elfenportal. Während Prinz Pyrgus noch versucht, in sein Elfenreich zurückzukehren, befinden sich Licht- und Nachtelfen bereits im Krieg. Lesen Sie's und lachen Sie sich kaputt!

Autor:	Sherryl Jordan
Titel:	*Elsha, Rebellin und Seherin*
Verlag:	Sauerländer
Preis:	18 €
Seitenanzahl:	312
ISBN:	3-7941-8013-5
Lesealter:	15+

Spannung	Humor	Action	Tiefe	Leselevel
xxx		xx	xxx	Lesratte

Im Fall von *Elsha* hat ebenfalls das Cover den Griff zum Buch erleichtert. Eine rotbraune Steinoberfläche zeigt ein darauf eingebranntes schwarzes, geheimnisvolles Zeichen. Das bietet kaum Angriffsfläche für Witzeleien Pubertierender. Und so entschieden sich Jungen für *Elsha*, genaugenommen für ihren Kampf um Freiheit und Gerechtigkeit.

Elsha führt uns in die Berge von Galenia, 500 Jahre nach der großen Erschütterung, bei der Meteoriten auf der Erde einschlugen, Staub die Sonne verdunkelte, die Erdachse sich neigte und das kalte Zeitalter begann. In Elshas Leben gibt es zwei Klassen von Menschen: Erhabene und Quelten. Elsha trägt das Brandmal der dienenden Quelten. Seit sie fünf ist, muss sie unter strengster Aufsicht Feuerit abbauen, ein brennbares Material. An ihrem 16. Geburtstag jedoch erfüllt sich ein Traum. Der Feuermeister schickt nach ihr, um sie zu seiner Leibdienerin zu ernennen, eine Ehre, die gewöhnlich nur einer Frau der Erhabenen zukommt. Elsha, nach Lesart der Erhabenen weniger wert als ein Hund, ahnt, welch qualvoller Weg vor ihr liegt. Sie weiß jedoch auch, welche Chance er in sich birgt. Allen Warnungen zum Trotz will sie für ihr Volk kämpfen.

Jordans fiktive Welt voll magischer Momente fordert von Elsha eigenes Denken, unbeirrbares Handeln, Mut zum Anderssein, sie lässt ihr aber auch Raum für Zweifel und Ängste. Eine Fantasywelt mit hohem Realitätssinn für Jungen und Mädchen.

Autor:	Noah Gordon
Titel:	*Der Medicus*
Verlag:	Goldmann
Preis:	10 €
Seitenanzahl:	700
ISBN:	3-442-43768-7
Lesealter:	15+

Spannung	Humor	Action	Tiefe	Leselevel
xxxx		xx	xx	Leseratte

Auf der Frankfurter Buchmesse traf ich Tobias, 16, mit seinen zwei Freunden aus Hohenstein. Für sie war *Der Medicus* ein Muss, ebenso wie *Die Erben des Medicus* und *Der Schamane*. Auch in unseren anonymen Umfragen tauchten Gordons Bücher immer wieder auf. Also bekam er seinen Platz.

Wir schreiben das Jahr 1021. Der neunjährige Rob Cole schließt sich nach dem Tod seiner Eltern einem fahrenden Bader an. Der erfahrene Heil- und Lebenskünstler Henry Croft bietet ihm Schutz und eine Lehre. Besser als hungern, verkauft oder umgebracht zu werden, denkt sich Rob und geht mit ihm. Immer auf der Flucht vor dem Klerus, dem erfolgreiche »Ärzteschaft« ein Dorn im Auge ist, lernt Rob Erstaunliches über Kräuter, die Chirurgie und das, was später Medizin genannt wird. Je mehr er lernt, desto mehr erkennt er Grenzen. Als Croft stirbt, beschließt er, nach Persien zu pilgern, um die berühmte medizinische Akademie in Isfahan zu besuchen. Für einen Katholiken ist das ein denkbar schwieriges Unterfangen. Seine Reise dorthin dauert Jahre. Er lebt als Jude unter islamischen Einwohnern in Isfahan, bevor er als ausgebildeter Arzt nach London zurückkehrt.

Während Ihr Sohn den *Medicus* liest, versuchen Sie die *Päpstin*. Das ist in jedem Fall das Richtige für Mutter oder Schwester, wenngleich das Buch uns auch von jungen Männern empfohlen wurde.

Autor:	Michael Simmons
Titel:	*Pool Boy* (englisch)
Verlag:	Roaring Brook Press, Brookfield, Connecticut
Preis:	15,95 $
Seitenanzahl:	160
ISBN:	0-7613-1885-2
Lesealter:	14+

Spannung	Humor	Action	Tiefe	Leselevel
xx	xxx	x	xxx	Lesratte

Pool Boy könnte das erste englische Buch Ihres Sohnes werden. Stellen Sie sich vor, Sie sind fünfzehneinhalb, gut aussehend, clever und reich, leben in Kalifornien, liegen meistens am Pool und lassen sich die Sonne auf den Bauch scheinen. (Diese Vorstellung genießen Jungen unserer Zielgruppe geradezu.) So lebt Brett. Doch plötzlich sieht er seinen Vater in der Küche immer um den Tisch herumlaufen, getrieben von fünf bewaffneten Polizisten. Der skurrile Wettlauf ist schnell entschieden. »Drei Jahre Gefängnis für Dad«, lautet der richterliche Beschluss. Insiderhandel.

Was Brett zunächst wie ein schlechter Scherz vorkommt, wird über Nacht zu seiner Lebensgeschichte, eine typisch amerikanische. Gemeint ist nicht der Weg »vom Tellerwäscher zum Millionär« – sondern der vom verwöhnten Millionärssöhnchen zum Poolcleaner, genauer gesagt, zum Assistenten des Poolcleaners. Alfie, 75, eben noch Bretts Dienstbote, ist plötzlich sein Chef.

Brett beschreibt die ersten Monate nach dem Urteilsspruch. Obwohl Simmons die Geschichte frei erfunden hat, wirkt Brett in seinen Gedankengängen sehr glaubwürdig und bei allem Ernst, der mit dem »Schicksalsschlag« für den Teenager verbunden ist, irrsinnig witzig. Kein erhobener Zeigefinger, keine Häme, schlicht »real American Life« zum anfassen, »immer mit einem Grinsen im Gesicht«. Lesemuffel und Leseratten können das Buch ruhig im Original lesen. Das Vokabular ist relativ einfach. Gymnasiasten der neunten Klasse sollten in jedem Fall damit zurechtkommen.

Bemerkenswert für mich an diesem Buch-Tipp: Jungen zeigten sich beeindruckt von der unvorstellbaren Gelassenheit, mit der Amerikaner »höhere Gewalt« wegstecken. Ob Orkane oder Lebenskrisen – the show must go on!

Autor:	Nancy Farmer
Titel:	*Das Skorpionenhaus*
Verlag:	Loewe
Preis:	14,90 €
Seitenanzahl:	424
ISBN:	3-7855-4634-3
Lesealter:	14+

Spannung	Humor	Action	Tiefe	Leselevel
xxxx		xxxx	xxx	Lesemuffel – Leseratte

Sachinteresse Gentechnologie – auch das funktioniert als Leseanreiz bei Jungen und ihren Vätern. Nancy Farmer entführt ihre Leser in das Jahr 2100 nach Opium, in ein Land irgendwo zwischen Mexiko und den USA. Hier herrscht die Familie Alcatran. Ihr Oberhaupt – El Patron – entscheidet über Leben und Tod – in mehrfacher Hinsicht.

Er besitzt eine Art lebendes Organersatzteillager, das aus geklonten Menschen besteht. Klone werden ihres Gehirns beraubt und wie Tiere gehalten. El Patron implantiert Menschen reihenweise kleine Metallchips in die Stirn, um sie in widerspruchlose Arbeitstiere zu verwandeln. Einer seiner Klone ist Matt. Ihm wird das zweifelhafte Glück zuteil, nicht ausgeschlachtet zu werden. Im Mohnfeld versteckt, wächst er bei einer Dienstmagd auf. Sie behandelt ihn wie ihr eigenes Kind. Als er jedoch entdeckt wird, lernt er, was es heißt, noch weniger wert zu sein als Vieh. Eine Tätowierung am Fuß weist ihn ein Leben lang als Eigentum El Patrons aus. Doch plötzlich soll er ausgebildet und bürgerlich erzogen werden. Schon wähnt sich Matt als Nachfolger an der Spitze des Imperiums Opium – so wie bereits alle acht seiner Klonbrüder vor ihm …

Matts biografische Odyssee überzeugte sogar Nichtleser, zum Buch zu greifen. In den USA erhielt Nancy Farmer 2002 den National Book Award, in Deutschland wurde sie im Herbst 2004 mit dem Buxtehuder Bullen ausgezeichnet, der auch von Jugendlichen vergeben wird.

Nachtrag: Am 12. Februar 2004 meldet die *Tagesschau*: »Erstmals haben Wissenschaftler Stammzellen aus geklonten menschlichen Embryonen gewonnen.« Die Meldung stammt aus der Zeitschrift *Science*. Der anschließende Filmbericht erläutert, dass das wissenschaftliche Klonen von Menschen nunmehr machbar ist. In Deutschland, erfährt der Zuschauer weiter, sei gentherapeutisches Klonen verboten. Ein aktueller Anlass für Jungen und Mädchen, sich mit diesem Thema auseinander zu setzen. Was Menschen in verschiedenen Ländern jetzt schon dürfen, was wir nicht verhindern können und was verhindert werden muss, darf gerne diskutiert werden – auch mit diesem Buch.

Autor:	Malcolm Rose
Titel:	*Lab 47, Gefahr aus dem Labor*
Verlag:	Arena
Preis:	7,90 €
Seitenanzahl:	384
ISBN:	3-401-02344-6
Lesealter:	15+

Spannung	Humor	Action	Tiefe	Leselevel
xxxx		xxx	xx	Leseratte

Zeigen Sie Ihrem Sohn bloß nicht den Klappentext. Der liest sich alles andere als spannend. Mehrfach habe ich erlebt, dass Roses Buch aus einem »Jungenbuchwühltisch« zwar herausgefischt wurde, nach einem kurzen Blick auf den Umschlag aber auch wieder dort landete. Dabei erscheint Jungen der Mix aus Abenteuer und dem Thema Biotechnologie durchaus als vielversprechend. Was half, war letztlich ein dahingemaultes »Is' o.k.« Die Leseratte war 15 und in seiner Altersklasse so was wie ein Leitwolf, wie ich vom Lehrer erfuhr.

Ein weißes Auto, Marke Lexus, explodiert. Ein Schwarzer, 15, flieht. Shadowtime in Memphis, Tennessy. In Südafrika treffen sich zur gleichen Zeit weiße Farmer, die Nelson Mandela am liebsten wieder nach Robben Island schicken würden. Nelson Mandelas neue Gesetze machen den Buren das Leben am Kap zur Hölle. »Frei herumlaufende«, schwarze Arbeiter – das passt nicht in ihr Lebensbild. Ihre Miene hellt sich auf, als sie von neuesten gentechnologischen Forschungsergebnissen eines US-Chemieunternehmens hören. Es arbeitet angeblich an einem Medikament gegen eine seltene Blutkrankheit. Als in Großbritannien der junge Chemiker Kyle zufällig von lebensgefährlichen Tests an jugendlichen Straftätern in Cambridge erfährt und in Atlanta, USA, ein putzmunterer Junge plötzlich auf dem Fußballplatz ins Koma fällt, beginnt die Jagd um Leben und Tod, Wahrheit und Wahrhaftigkeit, um Moral und Anstand – packend, aktionsreich, aktuell und in Teilen tatsächlich verbürgt. Ein hochbrisanter Thriller über die Risiken der Gentechnik, über biologische Waffen und Rassismus, viel zu aktuell, um bequem zu sein.

Rose arbeitet mit vielen verschiedenen Erzählsträngen, die er erst im Verlaufe des Buches bündelt. Der Einstieg ins Buch gestaltet sich deshalb etwas mühsam. Deshalb das Votum: Leseratte.

Autor:	Douglas Adams
Titel:	*Per Anhalter durch die Galaxis*
Verlag:	Heyne
Preis:	6,95 €
Seitenanzahl:	700
ISBN:	3-453-14697-2
Lesalter:	15+

Spannung	Humor	Action	Tiefe	Leselevel
xxxx	xxxx	xxxx	xx	Leseratte

Das Buch ist Kult und das schon seit fast 20 Jahren. Jungen und Männer lesen und erinnern es nach wie vor begeistert. Wahrscheinlich, weil der Sinn des Lebens »42« ist. Wie, das haben Sie nicht verstanden? Das macht nichts. Dem Computer namens Deep Thought geht es ebenso. Er sucht schon seit 7,5 Millionen Jahren nach der Antwort auf die Frage aller Fragen. Die Erkenntnis: »Ich glaube, dass Problem ist, um ganz ehrlich zu sein, dass wir eigentlich nie wussten, wie die Frage war.«

Douglas Adams reitet auf der Welle des Absurden und benutzt dafür dunklen englischen Humor. Dazu mixt er wissenschaftliche Theorien und Schwachsinn. Fertig ist die Odyssee des Erdlings Arthur Dent, der unfreiwillig durchs Universum reist, per Anhalter.

Erst wurde sein Haus platt gewalzt. Dann brauchten die Vogonen auch noch eine neue Umgehungsstraße. Dabei war die Erde leider im Weg. Und zack, war auch sie weg. Zum Glück konnte Arthurs Freund, Ford Perfekt, ihn noch rechtzeitig retten. Mit dem Reiseführer »Per Anhalter durch die Galaxis« sind sie nun bestens ausgerüstet für den Trip. Dieses Buch hat nämlich, so lesen wir, gegenüber dem »Buch aller Bücher«, der Enzyklopädia Galaktika, zwei entscheidende Vorteile: Erstens es ist billiger und zweitens steht auf der ersten Seite: »No Panic!«

Douglas dreht an einer Spirale. Jede Seite bietet neue Abstrusitäten, Wort- und Bildspiele, die mancher sich nur schwer vorstellen kann und immer wieder geht es um Anfang und Ende allen Seins, um das Kleine im Großen und umgekehrt, um Science-Fiction und Klamauk. Das Buch ist so unvernünftig genial, dass männliche Leser sich begeistert zeigen – ganz im Gegenteil zu Mädchen und Frauen, die mehrheitlich einfach anders lesen.

Autor:	Christian Linker
Buchtitel:	*RaumZeit*
Verlag:	dtv
Preis:	7,50 €
Seitenanzahl:	160
ISBN:	3-423-20565-2
Lesealter:	15

Spannung	Humor	Action	Tiefe	Leselevel
xxx		xx	xxx	Leseratte

Mit 16 Bunker: Tabak pendeln, Popshop, Al-Hakkas Clique, Naziglatzen, B-Zelle, Dinge in der Dusche klar machen. Tim sitzt im Knast, mindestens zwei Jahre lang. Er war ein Crashkid. Sein Kumpel Nico hat die letzte Tour nicht überlebt. Viel Zeit hat Tim nun vor sich – auf acht Quadratmetern RaumZeit. Heideggers Gedanke »Wir

sind ungefragt ins Dasein geworfen« treibt Tim an. Er sucht nach Vorbildern, wird von der Hauptschule geworfen, interessiert sich für Philosophie und Geschichte. Irgendwann haut er einfach ab. Ein Ausbruch. Mit Martha will er nach Paris und weiter bis in die Bretagne: Sein Fazit: Du kannst andere nur lieben, wenn Du Dich selbst liebst. Ein schnelles Buch, direkt, anspruchsvoll, und: von Jungen empfohlen.

Autor:	Klaus Kordon
Buchtitel:	*Krokodil im Nacken*
Verlag:	Beltz & Gelberg
Preis:	9,90 €
Seitenanzahl:	796
ISBN:	3-407-78632-8
Lesealter:	15+

Spannung	Humor	Action	Tiefe	Leselevel
xxxx	xx	xxxx	xxx	Leseratte

»Ganz schön heftig, und dabei beginnt alles so harmlos«, kommentierte der Neuntklässler eines Gymnasiums seine Empfehlung. Als sei es Band vier seiner Trilogie der deutschen Wendepunkte, so beschreibt Klaus Kordon diesmal die letzten Tage der DDR, ohne jedoch den Anschluss an den Zweiten Weltkrieg zu verlieren. Aber der Reihe nach: Flucht über Bulgarien. Dieser Gedanke beginnt das Leben des Ostdeutschen Manfred Lenz und seiner Frau Hanna dramatisch zu verändern. Mit ihren beiden Kindern Michael und Silke wollen sie über die Grenze in die Türkei und dann nach Frankfurt am Main. »Ganz easy«, hatte Hannas dort lebende Schwester ihnen versprochen, »einfach von einer Urlaubsreise nicht wiederkommen.« Lenz hat Bedenken. Schon seit Jahren spürt er das Krokodil im Nacken, sein Gewissen, der Kinder wegen. Was dürfen Menschen sich zumuten im Namen eines »besseren« Lebensentwurfes, fragt er sich.

Es geht schief. Einzelhaft, nichts zu essen, Schläge und Verhöre, bis Lenz und Hanna vom Rechtsanwalt Vogel im Auftrag des Bundesinnenministeriums freigekauft werden. Die Kinder, sechs und acht, werden von ihren Eltern fast zwei Jahre lang getrennt, bis auch sie endlich ausreisen dürfen. In dieser Zeit erinnert sich der Vater an seine Kindheit und Jugend im Nachkriegsdeutschland, in Ost- und Westberlin, an schöne wie hässliche Tage.

Die Stärke des Buches: Kordon vermittelt gleichermaßen Verständnis für diejenigen, die in den Westen gegangen und für jene, die in der DDR geblieben sind. Er bewertet persönlichen Lebenswege nicht. *Krokodil im Nacken* empfinden auch Erwachsene als lesenswert. Interessant wiederum für Jugendliche: Deutsch-deutsche Geschichte zwischen 1950 und 1990 wird aus Jungensicht erzählt.

Autor:	Andreas Eschbach
Titel:	*Eine Billion Dollar*
Verlag:	Bastei-Lübbe
Seitenanzahl:	887
Preis:	9,90 €
ISBN:	3-404-15040-6
Lesealter:	15+

Spannung	Humor	Action	Tiefe	Leselevel
xxxx	xx	xx	xx	Leseratte

Stellen Sie sich vor, Sie arbeiten als Pizzafahrer in New York und haben gerade Ihren Job verloren. Plötzlich finden Sie sich in einem tiefbraunen, wuchtigen Ledersessel im Büro eines Rechtsanwalts wieder. Dieser erklärt Ihnen: Sie haben geerbt. Eine Billion Dollar! Nein, das können Sie sich nicht vorstellen. Das können ohnehin nur die Wenigsten. Deshalb brauchen Sie noch einen Moment, um es zu begreifen: Sie gehören nun zu den 200 reichsten Menschen auf dieser Welt.

Mit diesem Szenario gelingt es Eschbach, jugendliche Vielleser bei ihren Träumen zu packen. Richtig interessant wird es jedoch erst, als der Haken an der Sache klar wird. John Salvatore Fontanelli bekommt dieses Geld nur, wenn er der Menschheit ihre verlorene Zukunft zurückgibt. So lautet die Bedingung eines seiner Vorfahren, der vor 500 Jahren den Grundstock für das Vermögen legte: ein paar Florin, die zusammengenommen mit Zins und Zinseszins Fontanelli nun zu schaffen machen – geistig und seelisch. »Gut« zu sein, ist offensichtlich nicht so leicht.

Kritiker werfen dem Autor vor, mit seinen umfangreichen Detailrecherchen zu den Themen Volkswirtschaft, Bevölkerungspolitik, Ökologie und Zukunftsforschung einige heftige Lesebremsen eingebaut zu haben. Gymnasiasten der neunten und zehnten Klasse hat das nicht gestört. Kaum eine Woche brauchten sie, um den wirklich spannenden Schmöker zu bewältigen.

Autor: Stephen Hawking
Buchtitel: *Das Universum in der Nussschale*
Verlag: dtv
Preis: 14,50 €
Seitenanzahl: 264
ISBN: 3-423-34089-4
Lesealter: 15+

Spannung	Humor	Action	Tiefe	Leselevel
xxx		xxx	xxx	Leseratte

Der naturwissenschaftlich interessierte junge Leser kommt an Stephen Hawking und seinem *Universum in der Nussschale* nicht vorbei. Hawking hat heute in Cambridge/Großbritannien den Lehrstuhl inne, dem im 17. Jahrhundert schon Isaak Newton vorstand. Auf sehr populäre Art und Weise widmet er sich Fragen wie: Ist die Zukunft vorhersehbar? oder Wie realistisch sind Zeitreisen in die Vergangenheit? Sein Ziel: den heiligen Gral der Physik finden, eine »Theorie für alles«. Nicht mehr und nicht weniger.

Wussten Sie, dass die Zeit birnenförmig ist und dass deshalb eben »alles« im so genannten Urknall seinen Anfang genommen haben muss? Hawking erzählt Geschichten von vergangenen und zukünftigen Universen. Er erklärt, warum unseres in eine Nussschale passt; wie Einsteins Relativitätstheorie entstand und was daran richtig und was diskussionswürdig ist. Hunderte Graphiken und Bilder unterstützen, wovon Hawking mit einfachen Worten spricht: Kosmologie. Zu empfehlen für Jungen und Mädchen ab der zehnten Klasse.

Leserkommentar eines 16-Jährigen: »Die ersten zwei Drittel habe ich verstanden, das letzte war schon schwer, aber egal.« Ein Versuch nicht nur für den Physikunterricht. Das Buch, das in Großbritannien vier Jahre auf den Bestsellerlisten gestanden hat, kann für Vater und Sohn gleichermaßen zum Geschenk werden.

Autor:	Tad Williams
Buchtitel:	*Otherland* (Band 1: *Stadt der goldenen Schatten*, Band 2: *Fluss aus blauem Feuer*, Band 3: *Der Berg aus schwarzem Glas*, Band 4: *Meer des Silbernen Lichtes*)
Verlag:	Klett-Cotta
Preis:	26,50 €/26,50 €/26,50 €/25,50 €/59,90 € (4 Bände im Schuber)
Seitenzahl:	919/781/825/1069
ISBN:	3-608-93421-9 (Band 1)/3-608-93422-7 (Band 2)/ 3-608-93423-5 (Band 3)/3-608-93424-3 (Band 4)/ 3-608-93425-1 (4 Bände im Schuber)
Lesealter:	15+

Spannung	Humor	Action	Tiefe	Leselevel
xxx	xxx	xxx	xx	Leseratte

Die echte Leseratte kennt es längst: das Mammutwerk des Tad Williams. »Meine Bücher sollen Menschen lesen, die gut unterhalten werden und gleichzeitig über ihre Welt nachdenken wollen«, verriet der ehemalige Radiomoderator dem *Spiegel.* Quasseln ist Williams' Passion. Ob mündlich oder schriftlich.

In *Otherland* erschafft er unsere Welt ein zweites Mal. An die Stelle der Schöpfungsmächte (beziehungsweise der Evolution) treten geniale Wissenschaftler, deren Aufgabe es ist, greise, skrupellose Superreiche unsterblich zu machen. Dafür erfinden sie ein hochkomplexes Netzwerk virtueller Welten, die die Realitäten von Regionen und Epochen nahezu perfekt simulieren. Herrscher dieser Welten ist Felix Jongleur, 110, Anführer einer »Gralsbruderschaft«. Er hütet das Geheimnis *Otherlands* und graut sich zugleich davor. Der Grund: Es beginnt ihm zu entgleiten. Tausende rätselhafte Komafälle von Cyberspace-Freaks rufen besorgte Eltern auf den Plan. Zu ihnen zählt auch Renie, Dozentin im südafrikanischen Durban. Gemeinsam mit Buschman! Xabbu macht sie sich auf die Suche nach den Ursachen. Auch das Bewusstsein ihres Bruders scheint im Labyrinth des elektronischen Netzwerkes verschwunden zu sein. Sie entdeckt einen geheimnisvollen abgeschirmten Bereich im Internet, das *Otherland*, und die dahinter agierende Gralsbruderschaft. Die Zukunft der Menschheit steht auf dem Spiel. Der Kampf Gut gegen Böse beginnt.

In über zwanzig Sprachen wurde *Otherland* schon übersetzt. Es muss richtig was dran sein an diesem gigantischen Werk von rund 4000 Seiten. Allein in Deutschland erschien der vierte Band in einer Auflage von 100000 Exemplaren; eine klare Empfehlung also für all jene, die sich zumindest als mutigen Lesemuffel bezeichnen würden.

Mit dem vierten Band schließt Williams seine Fantasygeschichte ab. *Otherland* ist für die *Süddeutsche Zeitung* der *Herr der Ringe* des 21. Jahrhunderts, Tad Williams für die *FAZ* ein legitimer Erbe J.R. Tolkiens und *DIE ZEIT* lobt Williams so sehr, dass »man liest und liest und verwahrlosen würde, wenn nicht das vegetative System an ein dringendes Bedürfnis erinnerte.« Junge Männer meinen: Das stimmt.

Kapitel 3

16- bis 18-Jährige

Und plötzlich blieb mein Blick starr an etwas haften. Ich glaubte an der rechteckigen Form der Ausbuchtung zu erkennen, was diese etwas geschwellte Tasche in sich barg: ein Buch! Mir begannen die Knie zu zittern: ein Buch! Vier Monate hatte ich kein Buch in der Hand gehabt … und schon die bloße Vorstellung, neue, fremde, ablenkende Gedanken … hatte etwas Berauschendes und gleichzeitig Betäubendes. … Und wie ein Schuss durchzuckte mich der Gedanke: Stiehl dir das Buch. Vielleicht gelingt es und du kannst dir's in der Zelle verstecken … Dann kam die Vernehmung.

Stefan Zweig, *Die Schachnovelle*

Autor: Kerim Pamuk
Titel: *Sprich langsam, Türke*
Verlag: Nautilus
Preis: 12,90 €
Seitenanzahl: 120

ISBN: 3-89401-410-5
Lesealter: 15+

Spannung	Humor	Action	Tiefe	Leselevel
xx	xxxx		xx	Lesebeginner

Ziemlich kokett schaut Kerim Pamuk vom Cover, Unsicherheit vortäuschend, ob sich überhaupt jemand für sein kleines, freches Buch interessiert. Und ob. Nachdem wir es zu Hause gelesen haben, behaupten Vater, Mutter und Sohn: Pamuk, das ist die sichere Familienlektüre für den Ferienflieger in die Türkei.

Warum? Die schlimmsten Schläge, die »die Knitterstirn« bislang einstecken musste, gingen in Form von Niederschlägen in Hamburg-Winterhude nieder, Ghettos seien ihm gänzlich unbekannt, lesen wir weiter, und wegen seines orientalischen Aussehens sei er auch nie gehänselt worden. Na bitte, alles easy. Mit weißer Maus und Rosenkranz schreibt Pamuk lustvoll gegen gewachsene Missverständnisse und Vorurteile an – für Deutsche und Türken gleichermaßen. Dabei nimmt er sich und seine Landsleute kräftig auf die Schippe: »In der Weltgeschichte tauchte zuerst der Knoblauch auf, dann der Türke. Zu vollständigen Symbiose gelangten Knoblauch und Türke ein paar Jahrhunderte später in Anatolien.«

So ziemlich alles und jeder kriegt sein Fett weg. »Der Kültürverein Istanbul«, die »mustergültige Mullahfamilie«, »die verfurzte Teestube«, »Alanya – die Unverbrauchte«, »der Kinder zeugende Türkmann« oder »der Durchschnittsosman im Ruhrpott«. Und immer lernen wir was fürs Leben. Etwa so: »Schließlich noch eine kleine Anleitung, wie man sich sehr schnell 50 Millionen Türken zum Feind macht: Einfach das Merchandising erweitern: eine Reihe mit Atatürk-Dessous starten. Und schon darf man sich einen neuen Namen suchen.«

Seitenlang waren mitunter die »besonders witzigen« Passagen, die unser Sohn vorlas. Minutenlang wollte er sich dabei kaputtlachen und wir mit ihm. Das war doch mal eine Verlagsempfehlung, die gehalten hat, was sie versprach.

Autor: Wolf Haas
Buchtitel: *Das ewige Leben*
Verlag: Hoffmann und Campe
Preis: 17,90 €
Seitenanzahl: 224
ISBN: 3-455-02559-5
Lesealter: 16+

Spannung	Humor	Action	Tiefe	Leselevel
xxx	xxxx	xx	x	Lesemuffel – Leseratte

Ebenfalls witzig, aber »irgendwie dinggg« tritt Wolf Haas dem jugendlichen Leser entgegen. »Ich schreib' wie eine Wildsau und schau hinterher, was mir gefällt.« Via Website www.crimi-couch.de verbreitet er sein Erfolgsrezept: »Dem Leser quasi mit dem Oasch ins G'sicht fahr'n, ganz ohne Umschweife.« Aha. 16-Jährigen gefällt das, wie ich lernte, erwachsenen Männern auch.

»Lustig, abgefahren, genial.« Mit diesen Worten landete *Das ewige Leben* auf meinem Schreibtisch, einer von mehreren Haas-Krimis. Auch dieser ist aus der Sicht seiner Fans preisverdächtig, vielleicht sogar weil Haas die deutsche Sprache so konsequent gegen jede grammatische Regel benutzt. Prädikat geht halt öfter mal vergessen! könnte man meinen und das klingt dann so:

»Der Köck selber jetzt auch ein bisschen rote Haare, aber nur dort, wo das Blut sie verklebt hat, nicht viel, weil die Kugel ist ja nicht wieder ausgetreten, und dann tut sich nicht viel hinsichtlich Blut.« Haben Sie das verstanden?

So geht das, wenn ein Ex-Polizist in der Grazer Nervenklinik »Sigmund Freud« Mitinsassen und Therapeuten in den Wahnsinn treibt. Privatdetektiv Brenner erinnert sich nach seinem Selbstmordversuch einer Jugendsünde. Zusammen mit drei weiteren Polizeischülern hatte er eine Bank ausgeraubt. Einer seiner damaligen Kumpels ist heute Polizeichef von Graz. Mit einer Kugel im Kopf ist Brenner aus dem Koma erwacht und behauptet nun, die Kripo wolle ihn ermorden. An einem Faschingsdienstag bricht er aus, um seine Unschuld zu beweisen. Fazit: »Lustig samma Puntigamer« in Österreich.

Autor:	John Grisham
Titel:	*Die Schuld*
Verlag:	Heyne
Preis:	9,95 €
Seitenanzahl:	446
ISBN:	3-453-87786-1
Lesealter:	16+

Spannung	Humor	Action	Tiefe	Leselevel
xxxx		xxx	xx	Leseratte

Die Schuld hat stellvertretend für Grishams Bücher einen Platz erhalten. Immer wieder wurde der Autor in unserer Zielgruppe empfohlen. Den jüngsten der genannten Bestseller habe ich als Leseprobe gewählt. Dass Jungen auch diesen Stoff mochten, ist sonnenklar. Grisham spielt mit ihren Karriereträumen, fesselt seine Leser über eine dichte Story und sorgt dafür, dass kein Wort zuviel verarbeitet werden muss. Das Ergebnis: Warten auf den nächsten Grisham.

Clay Carter, ein junger Anwalt, erhält seit Jahren immer nur Pflichtmandate. Drogendealer, Mörder, überwiegend Schwarze. Einen Anwalt können sich die wenigsten leisten, und dennoch versucht Clay rauszuholen, was irgend geht. Ein V-Mann macht ihm eines Tages ein Angebot: Statt eines Mörders soll er dessen Opfer verteidigen und mit ihm gleich sieben weitere Jugendliche, die alle, scheinbar ohne Motiv, getötet wurden. Die Spur führt zu einem US-Pharmakonzern. Clay nimmt an. Die Aussicht auf 15 Millionen Dollar und seinen Durchbruch in der harten Washingtoner Anwaltsszene wirken bestechend.

Mal abgesehen von der rasant erzählten Geschichte, bietet Grisham detaillierten Einblick in die Welt amerikanischer Staranwälte und Juroren. Sammelklagen, begreift Clay, sind in den USA zum Sport geworden, der mit Lear-Jet, Porsche Boxter und schönen Frauen betrieben wird – immer mit einem Fuß am Rande des Abgrunds.

Autor:	Michael Moore
Buchtitel:	*Stupid White Men*
Verlag:	Piper
Preis:	7,90 €
Seitenanzahl:	200

ISBN: 3-492-24127-1
Lesealter: 16+

Spannung	Humor	Action	Tiefe	Leselevel
xx	xxxx	xx	xx	Leseratte

Mit gleich drei Titeln tauchte Michael Moore zur Zeit unserer Umfrage in verschiedenen Bestsellerlisten über Ländergrenzen hinweg auf. *Stupid White Men, Dude, Where is my Country* und *Querschüsse* begeisterten auch die von uns befragten Schüler. Während Politik unter den Jugendlichen sonst eher als »Abturner« wahrgenommen wurde, reißt Moores streitbare Persönlichkeit offensichtlich sogar Politikverdrossene mit sich. Sein beißender Spott gilt unter Jugendlichen als heißer Tipp.

In *Stupid White Men* kritisiert Moore alles, was in seinen Augen in den USA falsch läuft: Wahlbetrug, die Bush-Regierung, den Mangel an Sozialversicherung, Rassendiskriminierung, den hohen Energieverbrauch, mangelnden Umweltschutz, Ignoranz, Todesstrafe. Dabei liebt Michael Moore sein Land. Er sieht nur eine korrupte Clique weißer Männer, die sich mit dubiosen Methoden die Macht unter den Nagel gerissen hat. Moores Buch ist ein Ruf zu den Waffen. Er fordert dazu auf, gegen Herrschende mit mangelnder Legitimation in Politik und Wirtschaft in den Kampf zu ziehen. Und er macht praktische Vorschläge, was zu tun ist. Moores Buch richtet sich zwar an Amerikaner, aber auch für deutsche Jungen lohnt es sich offensichtlich, sein Pamphlet zu lesen. In jedem Fall bedient es einen latenten, jugendlichen Antiamerikanismus, der zu Zeiten des Irakkrieges im Washingtoner Capitol sogar Senatoren zusammentrieb. Derlei neue politische Strömungen in Deutschland stimmten sie sorgenvoll.

Stupid White Men ist nicht nur eine Ansammlung von Spinnereien. Gelegentlich liefert Moore kurzweilige, handfeste Informationen über das mächtigste Land der Welt. Selten war eine aktuelle Geschichtsstunde witziger. Moores Sprache ist flapsig. Er polemisiert und polarisiert. Der Leser wird ihn entweder lustig und treffend oder übertrieben und haltlos finden. *Stupid White* Men knüpft an die politische Dokumentation *Bowling for Columbine* an, die mit einem Oscar ausgezeichnet wurde. Auf der Leipziger Frühjahrsmesse erhielt das Buch 2004 den Deutschen Bücherpreis in der Kategorie Sachbuch.

Autor:	Dieter Bohlen
Titel:	*Nichts als die Wahrheit*
Verlag:	Heyne
Preis:	10 €
Seitenanzahl:	335
ISBN:	3-453-87259-2
Lesealter:	15+

Spannung	Humor	Action	Tiefe	Leselevel
xxx	xxxx	xx	Nö!	Lesebeginner

Dieter Bohlen – als Buchautor empfehlenswert? Kann der überhaupt schreiben? Naserümpfen gilt nicht! Mit Bild-Kolumnistin Katja Kessler schreibt Bohlen, wie ihm der Schnabel gewachsen ist: unmissverständlich, direkt und immer voll auf die Sahne! Nichts Peinliches ist ihm fremd. Jungs mögen das. Bohlens Frauenbild ist zwar zweifelhaft. Wer aber darüber hinwegsehen kann – und viele Jungen werden das –; der findet hier kurzweilige Unterhaltung. Bohlen ist reich, erfolgreich, menschlich, authentisch. Gerade weil das Feuilleton und »irgendwie alle die Nase rümpfen«; wird das Lesen seines Buches über das »wahre deutsche Showbizz« zum unbewussten Akt der Rebellion gegen Erwachsene. Frechheit siegt! Augen zu und durch. Bemerkenswert übrigens die Idee des Verlages, einige Vorlese- und Sprechfehler Bohlens in der Hörbuchversion zu belassen. Das erzeugt doppelten Spaß. Auf einem Fragebogen las ich als Grund für die Empfehlung: »Erfrischend dämlich!« In unserer Hitliste der meistgelesenen Autoren liegt Bohlen auf Platz vier.

Autor:	Stephen King
Titel:	*Cujo*
Verlag:	Bastei-Lübbe
Preis:	7,90 €
Seitenanzahl:	368
ISBN:	3-404-13035-9
Lesealter:	16+

Spannung	Humor	Action	Tiefe	Leselevel
xxxx		xxxx	x	Lesemuffel

Ähnlich wie John Grisham gehört auch Stephen King zu den Bestsellerautoren, die uns häufiger genannt wurden, mal mit, mal ohne Titel. King erreichte Platz drei unter den meistgelesenen Autoren nach Rowling und Tolkien.

Cujo wählte ich wiederum stellvertretend für weitere King-Empfehlungen aus, die jedoch nur selten begründet wurden. In diesem Fall hatte ich einen konkreten Anhaltspunkt. Max, 16, Realschüler aus Rheinland-Pfalz, mag offensichtlich Hunde, und Bernhardiner erst recht. (Vom Cover schaut Cujo mit herzzerreißend traurigem Blick.) Dass so ein freundliches Tier so grausam sein kann und gleich vier Menschen qualvoll in den Tod reißt, ließ ihn schaudern …

King beschreibt das schon sprichwörtliche US-Suburbia zwischen New Hampshire und Maine. Man spürt förmlich, wie Langeweile und Hitze über dem Asphalt stehen. Außer dem zentralen Erzählstrang – Hund wird tollwütig, zerfleischt Menschen und bedroht tagelang eine Frau mit kleinem Kind – fällt King nicht viel ein. Trinken, Seitensprünge, Vandalismus, all das wird detailliert und in weiten Strecken vulgär beschrieben.

Bürgerlichen Bildungsansprüchen verpflichtete Eltern versehen Stephen King deshalb gern mit der Marke »unterste Schublade«. Beim Testlesen von *Cujo* stellte sich mir jedoch eher die Frage: Schadet es heranwachsenden Jungen, King zu lesen? Die Antwort lautet: Nein, wobei ich einschränkend erwähnen muss, dass ich bislang keinen weiteren King kenne.

Was die blutigen Stellen in *Cujo* angeht, so musste ich bei den ausführlich beschriebenen Exekutionen sogar an Goethe denken. Als Junge war Goethe Zeuge von Hinrichtungen geworden und noch in *Wilhelm Meisters theatralische Sendung* schwärmt er geradezu verzückt vom Schauer des Gräuels. »Lüstern blickt die Seele wieder nach Jahren zum Gerüst hinauf, läst alle fürchterlichen Umstände wieder vor sich erscheinen und scheut es, sich selbst zu gestehen, dass sie sich an dem grässlichen Schauspiele weidet.«

Nachtrag: Verglichen mit Grisham ist Kings Sprache deutlich trivialer.

Autor:	Ralf Isau
Titel:	*Die unsichtbare Pyramide*
Verlag:	Thienemann
Preis:	22 €
Seitenanzahl:	800
ISBN:	3-522-17594-8
Lesealter:	16+

Spannung	Humor	Action	Tiefe	Leselevel
xxx	xx	xxx	xx	Lesemuffel – Leseratte

Einfallsreicher als King weiß Ralf Isau seine Leser zu unterhalten. Glaubt man der *Neuen Rhein Zeitung*, soll er sogar Wunder wirken. Einhundert 14-jährige Realschüler hätten sich im kleinen Emmerich versammelt, eine Stunde lang stillgesessen und gelauscht. Der Grund: Meister Isau las aus *Die unsichtbare Pyramide*. Mir wurde das Buch von Jungen empfohlen, die 15 Jahre alt, Lesemuffel und technikbegeistert waren. Ihre Kommentare: »Das ist Geschichte in der Zukunft. Spannend und unterhaltend.« »Liest sich leicht weg, man kann es ein paar Tage weglegen und kommt immer wieder schnell rein.«

Die Zahl Drei ist es, die dem früheren Computerfachmann Isau bei der Arbeit an diesem Buch nicht mehr aus dem Kopf geht. Fest verwurzelt in der Mythologie verschiedener Völker und Religionen, trifft er auf sie bei den Pyramiden von Giseh, bei computergestützten Konstruktionen (CAD) sowie der Entwicklung von computeranimierten Kinofilmen (Näheres dazu auf seiner Website: www.isau.de/werk/pyramide.htm). Isau nimmt diese Zahl zum Anlass, um über einen phantastischen Zusammenhang nachzudenken. Das

Triversum: »eine lose Verbindung von drei ähnlichen und doch unterschiedlichen Universen, die sich periodisch annähern und wieder voneinander entfernen, ohne jedoch völlig miteinander zu verschmelzen.« Tatsächlich wird seit den fünfziger Jahren in der Quantenphysik über die Möglichkeit von Paralleluniversen nachgedacht, die sich immer wieder aufspalten und neue Universen bilden. Vor dem Hintergrund dieser Gedanken entstand die Idee zum Buch.

Drei Universen, drei Zeitebenen, drei Findelkinder. Zur Zeit der Pharaonen zerfällt die Welt durch furchtbaren Frevel. Seitdem schwingt das Triversum in einem empfindlichen Gleichgewicht, man könnte auch sagen, es hängt am seidenen Faden. Mehr als 4 500 Jahre später werden drei Knaben gefunden, die alle das gleiche Mal, eine Pyramide, auf der Schulter tragen. Sie sind die Hüter des Gleichgewichtes, nur wissen sie es noch nicht. Ebenso wenig wissen sie von den besonderen Kräften, die sie besitzen, den Gefahren, die ihnen drohen und der Liebe, die ihnen begegnet …

Autor:	Rüdiger Hoffmann
Titel:	*Ich komme …!*
Verlag:	Kiepenheuer und Witsch
Preis:	7,90 €
Seitenanzahl:	128
ISBN:	3-462-02965-7
Lesealter:	16+

Spannung	Humor	Action	Tiefe	Leselevel
x	xxxx	x	xx	Lesemuffel – Leseratte

»Also, ich weiß nicht, liebe Leser, ob Sie's wussten, aber …« Rüdiger Hoffmann ist der, der im Fernsehen immer so langsam spricht und mit seinem schütteren, blonden Haar aussieht, als ob er kein Wässerchen trüben könnte. Meist hat er einen Stuhl dabei. Mit seinem »Hallo erst mal!« erzählt sich der Paderborner nach wie vor erfolgreich in die Herzen der deutschen Comedyfans (14+). Sein Frauenversteherlächeln bringt zwar jeden echten Kerl auf die Palme, aber offensichtlich ist es genau das, was junge Männer an Rüdi erheitert: der Mut, den Dusseligen zu geben und dabei nicht pc zu sein.

Wer einem türkischen Asylbewerber mit Folterspuren an den Fußsohlen als Hilfe ein Mittel gegen Fußpilz empfiehlt, muss schon ziemlich dämlich gucken, damit man ihm das nicht übel nimmt. Hoffmanns Credo lautet: Was interessiert's mich? Politisch korrekt – was soll der Scheiß? und er tönt weiter »Wenn jeder, der Fußpilz hat, bei uns in Deutschland Asyl kriegen würde, da können wir unsere Schwimmbäder dicht machen, da bricht unser Gesundheitssystem restlos zusammen, da können wir hier ne riesige Pilzfarm aufmachen.« Rüdi quasselt wie der Nachbar von nebenan, für manchen etwas krude, aber, und das ist in diesem Fall das Wichtigste, für unsere Zielgruppe offenbar genau richtig. Und so lautete denn auch das Urteil: »Das Buch ist echt lustig, Mann, das Richtige für U-Bahn, Bus oder kurz vorm Einschlafen.«

Autor: Dan Brown
Titel: *Sakrileg (The Da Vinci Code)*
Verlag: Lübbe
Preis: 19,90 €
Seitenanzahl: 605
ISBN: 3-7857-2152-8
Lesealter: 16+

Spannung	Humor	Action	Tiefe	Leselevel
xxxx	x	xxx	xxx	Leseratte

Darf's nach dem Witzbold Hoffmann jetzt auch mal wieder etwas Spannendes mit Hintergrund sein? Bitteschön. Hier ein »Bestseller erster Güte« sowohl aus der Sicht von Erwachsenen wie von Jugendlichen. Auf einem der Fragebögen (Klasse elf) las ich: »Der *Da Vinci Code* ist einfach Klasse!« Warum? »Das Buch ist Frevel!« Zumindest in den Augen der katholischen Kirche, erlaube ich mir zu ergänzen. Es zweifelt massiv an Personen, Gegenständen und Stätten, denen Christen religiöse Verehrung entgegenbringen. Ein Sakrileg eben. »Erhielt der Roman deshalb in den USA den neutraleren Titel *The Da Vinci Code*?« fragte ein deutscher 16-jähriger High School-Besucher auf einer Buchlesung in Washington. Die Antwort der Verlagsmitarbeiterin: »Der Inhalt des Romans ist für die religiös geprägte USA schon provokant genug. Deutsche können offensichtlich schon im Titel mehr vertragen.«

Titel hin oder her – Aufmerksamkeit, weit über US-Grenzen hinaus, erregte das Buch vor allem wegen der Frage: Wie glaubwürdig ist Dan Browns Geschichte? Selbst junge, bislang nicht lesende Jugendliche interessierten sich plötzlich für die »größte

Verschwörung der letzten 2000 Jahre«, lasen Zeitschriftenartikel darüber und das Buch.

Auf der Suche nach einem heiligen Gral durchlebt der Leser eine Verfolgungsjagd durch die Vergangenheit, bei der sich ein Rätsel an das nächste reiht. Menschen sterben, Brüder geheimer Bünde agieren zwischen New York und London, Paris und Rom. Kryptologie, Architektur, Kunst und Mathematik mischen sich überraschend mit Religion. Ein Krimi, ein Sachbuch, ein Abenteuer! schwärmen denn auch Kritiker. Was für ein Frevel, wenn die Geschichte stimmt![75]

Autor:	Ken Follett
Titel:	*Die Säulen der Erde*
Verlag:	Lübbe
Preis:	9,90 €
Seitenanzahl:	1150
ISBN:	3-404-11896-0
Lesealter:	17+

Spannung	Humor	Action	Tiefe	Leselevel
xxxx	x	xxxx	xx	Leseratte

Platz fünf unter den meistgelesenen Autoren in unserer Zielgruppe hält Ken Follett. Die Auswahl des Buches selbst ergab sich durch persönliche Empfehlung. Der Buchrücken konnte die 1000 Seiten kaum mehr halten, so zerlesen gelangten *Die Säulen der Erde* in meine Hände. Für Falk, 18, Zwölftklässler einer deutschen Gesamtschule, steht das Urteil nach durchwachten Nächten fest:

Auf seiner Hitliste rangiert das Buch ganz oben. »Es ist die Geschichte einer Baumeisterfamilie«, schreibt er mir. »Sie ist spannend, gute Ereignisse wechseln sich mit schlechten ab und wenn es nicht so dick wäre, könnte man es in einem Ruck durchlesen. Doch eigentlich will man gar nicht, dass es zu Ende geht.«

Faszination Mittelalter. Wer Folletts *Säulen* liest, fühlt sich an den *Medicus* erinnert. Mord und Totschlag, Liebe, Intrige, Hunger und Not bieten genug Stoff für einen atemraubenden Machtkampf zwischen Adel, Klerus und einfachem Volk. In der Grafschaft Knightsbridge im England des 12. Jahrhunderts wollen der Prior Philip, Grafentochter Alina und Baumeister Tom – Geliebter einer Hexe –, die größte Kathedrale des Abendlandes bauen, die *Säulen der Erde* …

Autor:	Michael Crichton
Titel:	*Die Beute (Prey)*
Verlag:	Goldmann (Avon Books)
Seitenanzahl:	448/528
Preis:	9,95 € (6,49 €)
ISBN:	3-442-45816-1 (0-06-101572-5)
Lesealter:	16+

Spannung	Humor	Action	Tiefe	Leselevel
xxxx	x	xxxx	xx	Lesemuffel – Leseratte

Prey – die vier Buchstaben des Originaltitels klingen wie eine vielversprechende Drohung. Prey (Beute), das riecht nach Abenteuer,

Jagd und Kampf, nach Macht und Geld. Lesescheue »Halbstarke«, Neunt-, Zehnt- und Elftklässler, hören bei dieser Mischung fast immer hin. Und doch verzogen sie im Herbst 2004 nach einem ersten Blick auf den Umschlag das Gesicht und warfen das Buch zurück auf den Tisch. »Prey, beten, was sollen wir denn damit?«

»Vielleicht zunächst mal mitbekommen, dass manchmal schon ein Buchstabe den Unterschied machen kann«, gab ein Vater zurück. Beten heiße im Englischen pray, nicht prey. Als er dann noch beiläufig bemerkte, dass Michael Crichton der Mann ist, der auch *Jurassic Park* geschrieben hat und es in diesem Buch um Computerspezialisten, Nanotechnologie und sich verselbstständigende Intelligenz geht, hörten ihm schon fünf Jungen zu. Zwei von ihnen lasen *Prey* (im Original) und waren danach begeistert. Die Vorstellung, dass eine Wolke aus Nanopartikeln Beute jagen und dabei lernen kann, also Intelligenz in sich trägt, fanden sie faszinierend. Genauso interessant erschien ihnen der Streit zwischen Wissenschaftlern und Managern innerhalb »einer dieser vielen, berühmt gewordenen Firmen in Silicon Valley, USA, die Milliarden gemacht haben sollen.«

Meine zwei Leser, Jan, 16, und Kai, 17 – beide eher Leseratten –, überzeugten danach zwei weitere Jungen *Prey* zu lesen, diesmal in Deutsch. Sie bezeichneten sich eher als Lesemuffel. Wieder funktionierte es: Junge Männer lasen, weil Gleichaltrige dazu rieten. Ist die Geschichte wirklich spannend und knüpft an das vielzitierte Sachinteresse der »Gutberatenen« an, können selbst »Faule« fleißig werden.

Warum also das Buch nicht auch im Englischunterricht an deutschen Schulen verwenden? Vom sprachlichen Anspruch her sollte es spätestens in der elften Klasse bewältigt werden können. Mal abgesehen von ein paar Fachausdrücken, die zum Verständnis der Handlung aber nicht unbedingt nötig sind, liest es sich leicht. Viel wörtliche Rede, Alltagssprache, Wiederholungen von Formulierungen wie »zuckte er mit den Schultern … runzelte sie die Stirn … blinzelte, röchelte, maulte er« machen es zu einem idealen Lehrbuch, weil man nicht ans Lernen denkt, sondern wissen möchte, ob die Gruppe von Biotechnologen, die in der Wüste von Nevada künstliches Leben testet, überleben wird.

Autor:	Alois Prinz
Titel:	*Lieber wütend als traurig*
Verlag:	Beltz und Gelberg
Seitenzahl:	300
Preis:	19 €
ISBN:	3-407-80905-0
Lesealter:	16+

Spannung	Humor	Action	Tiefe	Leselevel
xx		xx	xx	Leseratte

Fast zum Schluss noch ein Wort zum Deutschen Jugendliteraturpreis 2004. Alois Prinz erhielt ihn in der Kategorie Sachbuch für die Lebensgeschichte der Ulrike Meinhof. Ob dieses Buch in unserer Zielgruppe überzeugen wird? Eine Antwort auf diese Frage mussten zumindest unsere Testleser schuldig bleiben. Preisverleihung und Druckschluss dieses Buches lagen zeitlich zu eng beieinander. Also versuchte ich, *Lieber wütend als traurig* mit den Augen der Jungen zu lesen. Mein Fazit: Das Buch wird es schwer haben, viel schwerer als Klaus Kordons *Trilogie der Wendepunkte*. Und dabei ist das Thema Terrorismus in Deutschland höchst aktuell und interessiert aller Erfahrung nach jugendliche, männliche Leser. Darüber hinaus bietet das Leben der Ulrike Meinhof genügend

Brüche für spannende 300 Seiten. Es ist aber der Schreibstil von Alois Prinz, der so gar nicht fesselt, ja auf den ersten rund 150 Seiten den Zugang zum eigentlich Interessanten förmlich verstellt. Und Positives? Wer Schlagworte und Namen wie RAF, Kommune 1, APO oder Baader-Meinhof, Gudrun Ensslin und Rudi Dutschke innerhalb deutscher Geschichte verstehen und einordnen möchte, wer wissen will, was die so genannte 68iger Generation (auch über Deutschlands Grenzen hinaus) um- und angetrieben hat, dessen Interesse kommt Prinz sicherlich entgegen. Allerdings setzt er auf den erfahrenen, disziplinierten, reifen Leser – von dem es, wie wieder und wieder beklagt wird, immer weniger gibt. Vor diesem Hintergrund Geschichte ausschließlich faktisch, chronologisch spiegeln zu wollen – quasi von der Wiege bis zur Bahre – mag aus der Sicht geduldiger Erwachsener heute noch akzeptabel sein, für den mediengeschulten und -geprägten jugendlichen Leser im Jahr 2004 reicht das nicht mehr.

Den Preis der Jugendlichen innerhalb der Prämierungen des Deutschen Jugendliteraturpreises erhielt deshalb auch ein anderer Titel. *Das Schwert in der Stille* von Lian Hearn, erschienen bei Carlsen. Dieses Buch haben auch Jungen unserer Zielgruppe als preiswürdig angesehen. Versuchen Sie es!

Kapitel 4

Und jetzt?

Ganz einfach: Probieren Sie nicht nur *Das Schwert in der Stille* aus, das steht übrigens als nächstes auch auf meinem Zettel. Versuchen Sie das, was Sie in diesem Buch gelesen haben, praktisch umzusetzen. Ich bin mir sicher, es wird Ihnen gelingen!

Gehen Sie mit Ihrer persönlichen Titelliste, die in den letzten Stunden quasi wie nebenbei entstanden ist, in die nächste Bibliothek oder Buchhandlung und probieren Sie sie aus: Schmökern Sie erst einmal ein bisschen herum, horchen und fühlen Sie in sich hinein, ob der von Ihnen in die engere Wahl gezogene Titel wirklich der Richtige für Ihren Nachwuchs ist. Mit dem Wissen um die Lesevorlieben von Jungen werden Sie der Bücherflut nun deutlich selbstbewusster entgegentreten und sicherer in der Auswahl sein. Haben Sie sich erst einmal eingelassen auf das Abenteuer: *Ich lese auch die Bücher meiner Kinder!* werden Sie Texte und Bücher finden, die wie ein Schlüssel ins Schloss passen.

Meine verblüffendste Erkenntnis: Generationen leben harmonischer unter einem Dach, wenn liebende Eltern mit ihren Kindern gemeinsam lesen. Gönnen wir dabei jedem den persönlichen Lesegeschmack, lassen wir jedem Kind seinen Lieblingstext, ohne immer gleich werten zu wollen. Vorlieben sind etwas sehr Eigenes. Häufig wissen wir in jungen Jahren ja auch noch gar nicht, welches unsere stärksten Interessen einmal werden. Geben wir also unseren Kindern die Chance, unvoreingenommen Lese- und damit Lebensfenster aufzustoßen. Unterstützen wir sie behutsam und verlässlich in dem Wunsch, in Bücherwelten wandeln zu wollen.

Der Schlüssel zu besseren Leistungen, zu größerem Wohlbefinden und angemessenem Sozialverhalten ist auch im Zeitalter moderner, elektronischer Medien immer noch Lesen. Es wird höchste Zeit, dass wir diesen Gedanken in unserem Alltag beherzigen … damit auch in der kleinsten deutschen Mansarde der »Duft der weiten Welt« von unseren Kindern erahnt, bestaunt, hinterfragt und alles in allem in Vorfreude genossen werden kann.

Kapitel 5

Mein Sohn liest wieder: Zehn goldene Regeln, damit das so bleibt

Auf besonderen Wunsch eines liebevollen, einzelnen Vaters hier noch einmal die Essenz von *Warum Jungen nicht mehr lesen und wie wir das ändern können* – zusammengefasst in zehn Punkten:

1. Ich habe erkannt, dass Lesen wichtig ist, und räume ihm Vorrang in der Erziehung ein.
2. Ich akzeptiere, dass Lesen mehr ist als Entziffern. Lesen bedeutet vor allem, sich in Menschen, Situationen und Lebensentwürfe einfühlen zu können – es bedeutet, die eigene Identität zu finden.
3. Ich tue alles, um meinem Kind das Gefühl zu geben, geliebt zu werden – jedoch nicht mit Geld und Geschenken, sondern mit gemeinsam verbrachter Zeit, Geduld und Vorlesen. Ich weiß, dass ich (nur) damit die Grundlage für jegliche Form der Lesemotivation schaffe.
4. Ich verstehe Lesemotivation in erster Linie als Mittel, die natürliche Neugierde eines Kindes zu unterstützen.
5. Ich begreife Lesen als einen sich selbst verstärkenden, weil gefühlsbetonten und deshalb vom Kind als befriedigend empfundenen Prozess, der ihm Fragen beantwortet und neue Fragen aufwirft – zum Beispiel die nach dem Sinn des Lebens.
6. Ich berücksichtige bei allem, was ich lesemotivierend unternehme, geschlechtsspezifische und individuelle Besonderheiten meines Kindes.

7. Ich spreche über das Lesen grundsätzlich positiv, unabhängig von der Art eines Textes.
8. Ich unterstütze das Lesen von Sachbüchern in der Grundschule, von fiktionalen Texten zwischen dem ersten und zweiten Leseknick sowie von Zeitungen und Zeitschriften aller Art, wann immer Kinder danach verlangen.
9. Ich berücksichtige, dass lesemotivierende Aktionen zu bestimmten Zeiten besonders erfolgversprechend sind, nämlich dann, wenn das »Lesefenster« geöffnet ist.
10. Ich weiß, dass einmal entfachte Leselust bei Laune gehalten werden muss. Weil sie im Verlaufe der Schulzeit mehrfach zu versiegen droht, ist Lesemotivation bis zum Ende der Schulzeit nötig.

Danksagung

Ohne die engagierte, selbstlose Mithilfe zahlreicher Eltern und Pädagogen wäre dieses Buch nicht geschrieben worden. In zum Teil mehrere Monate andauernden Gesprächen überzeugten sie landauf, landab Hunderte weiterer Eltern und Pädagogen von der Notwendigkeit, Schüler nach ihren Leseinteressen zu befragen. Sie unterstützten mich vor allem bei dem Marathon, entsprechende Genehmigungen bei örtlichen und ministerialen Behörden zu erwirken.

Mein herzlicher Dank gilt ebenso den Mitarbeitern des Institutes für Jugendforschung, **ijf**, in München in Kooperation mit Roland Berger Market Research sowie den Mitarbeitern des Institutes für Markt- und Kommunikationsforschung GmbH, **SKOPOS**. Beide Institute übernahmen kostenfrei Sammlung und Auswertung der umfangreich erhobenen Daten.

Besonders herzlich danken möchte ich: Friedrich Bröckelmann, Prof. Brigitte Clemens-Ziegler, Petra Gräfin von Clot-Trautvetter, Michael Gehrig, Dr. Sybille Jagusch, Marion Kehrl, Jörg Korff, Prof. Klaus Ring, Dr. Olaf Meier, Bettina Schenk und Petra Sievers, die federführend an der Realisierung des Projektes beteiligt waren und nach wie vor leselustfördernd wirken.

Anmerkungen

[1] Vgl. *ZEIT-Chancen*, »Bildung und Erziehung«, Sonderbeilage Nr. 19, April 2004, S. 3.

[2] Die Studie trägt den Titel: »Reading at Risk«.

[3] *New York Times*, 8. Juli 2004.

[4] Wie die Umfragen erfolgten, dazu lesen Sie mehr in Teil II, Kapitel 3.

[5] Mehr dazu bei Ortwin Beisbart/Klaus Maiwald, »Von der Lesewut zur Wut über das verlorene Lesen. Historische und aktuelle Aspekte der Nutzung des Mediums Buch«, in: Maiwald, Klaus und Peter Rosner (Hrsg.), *Lust am Lesen*, Bielefeld 2001, S. 99.

[6] Mit den Vätern der Aufklärung sind hier vor allem diejenigen Intellektuellen gemeint, die die gleichnamige europäische Geistesbewegung des 17. und 18. Jahrhunderts anführten. Aufklärer waren Philosophen, Literaten und Gelehrte aus unterschiedlichsten Gebieten, die alle den Verstand, die menschliche Vernunft zum Maßstab aller Dinge erhoben. Man glaubte an den Fortschritt der Menschheit, solange das Leben nach vernünftigen, das heißt erfahrungsgetragenen und wissenschaftlichen Grundätzen verlief. Im Mittelpunkt stand der Mensch und nicht mehr Gott. Kultur und gesellschaftliches Leben sollten sich vielmehr von kirchlicher Bevormundung und Aberglaube emanzipieren. Aus England und Frankreich kam die Aufklärung nach Deutschland – zum Beispiel mit Newtons Physik oder Voltaires und Rousseaus Theoriebildung. Aufklärung fand zunächst in so genannten »Salons«, kleineren Zirkeln gebildeter, reicher Adliger statt. In den Städten entstanden Lesegesellschaften. An den Universitäten lehrten Philosophen und Gelehrte der Aufklärung (Kant, Leibnitz, Wolff). In der Literatur der deutschen Aufklärung steht der Gedanke der Belehrung des Lesers im Vordergrund. Beispiele dafür sind der erste deutsche Bildungsroman von Christoph

Martin Wieland oder bürgerliche Trauerspiele von Gotthold E. Lessing wie *Nathan der Weise.*

7 Beisbart, Ortwin und Klaus Maiwald, »Von der Lesewut ...« a.a.O., S. 112.

8 Vgl. »Die Lust kommt aus dem Ausland. Vom Problem des Geschichtenerzählens in der neueren deutschen Literatur«, S. 143/144, in: *Lust am Lesen, Bielefeld 2001.*

9 *Die ZEIT*, 17. Dezember 2003.

10 Susanne Gaschke, »Mehr Spaß, weniger Botschaft«, in: *DIE ZEIT*, 11. Dezember 2003.

11 *Der Spiegel* 22/2003.

12 Christine Gasbe, »Mädchen lesen ander(e)s« in: *JULIT* 02/03, S. 19.

13 Beisbart, Ortwin und Klaus Maiwald, »Von der Lesewut ...«, a.a.O., S. 122.

14 Susanne Gaschke, *Hexen, Hobbits und Piraten – die besten Bücher für Kinder*, Stuttgart und München 2002, S. 8.

15 Beisbart, Ortwin und Klaus Maiwald, »Von der Lesewut ...«, a.a.O., S. 122.

16 Vgl. »Auf Jungenfang«, in: *ZEIT*-Chancen, Nr. 19, 2004, S. 4.

17 Vgl. ebd., S. 3.

18 Mehr zu diesem Thema in Marian Whitehead, *Supporting Languages and Literacy Development in the Early Years*, vgl. *ZEIT*-Chancen, S. 3.

19 Christine Garbe, »Geschlechterspezifische Zugänge zum fiktionalen Lesen«, in: Heinz Bonfadelli, *Lesen in der Mediengesellschaft, Stand und Perspektiven der Forschung*, Zürich 2002, S. 215.

20 »Mädchen lesen ander(e)s«, in: *JULIT*, a.a.O., S. 14.

21 »Helden in Not«, in: *JULIT*, a.a.O., S. 5.

22 »Mädchen lesen ander(e)s«, in: *JULIT*, a.a.O., S. 14.

23 Bodo Franzmann, »Leseförderung auch für Jungen«, in: *JULIT*, a.a.O., S. 32.

24 »Mädchen lesen ander(e)s«, in: *JULIT*, a.a.O., S. 22.

25 Wolfgang Martens, »Widersprüche männlicher Geschlechtsidentität aus psychoanalytischer Sicht«, in: Johannes Cremerius, *Freiburger Literaturpsychologische Gespräche*, Bd. 17, S. 35–37.

26 »Mädchen lesen ander(e)s«, in: *JULIT*, a.a.O., S. 25.

27 Ebd., Seite 26.

[28] Vgl. Jürgen Fritz, in: *Handbuch Medien, Computerspiele. Theorie Forschung Praxis*, Bonn 1997, S. 82.

[29] »Mädchen lesen ander(e)s«, in: *JULIT*, a. a. O., Seite 28.

[30] Vgl. Allan und Barbara Pease, *Warum Männer nicht zuhören und Frauen schlecht einparken,* München 2002, Seite 86 ff.

[31] Ebd., Seite 49.

[32] Klaus Ring, »Den Menschen ist das Lesen nicht angeboren«, in: *Der Sprachdienst* 3/03, Seite 98.

[33] Ebd., Seite 101.

[34] *LAN*: Local Aerea Network = Lokales Netzwerk. LAN-Partys sind als Geburtstagsfeiern unter Jungen sehr beliebt. Bei einer LAN-Party treffen sich in der Regel acht bis 15 Kids, um Computer zu spielen. Inzwischen gibt es aber auch Partys in großen Hallen mit mehreren Hundert Computerspielern. Vorherrschende Software: Egoshooter-Spiele wie Counterstrike (CS). In der Regel müssen die Spieler bestimmte »Missionen« erfüllen. Zum Beispiel: »Befreie X«, »Zerstöre Y« und so weiter. Um selbst zu überleben, also gewinnen zu können, kommt der Spieler nicht umhin, virtuelle Menschen zu töten. Mitunter wird ihm dies durch seine Mission vorgegeben. Die Spiele werden in unterschiedlichen Härtegraden angeboten. Der Härtegrad richtet sich nach der Häufigkeit des Tötens und der Echtheit der Darstellung menschenzerstörender Szenen.

[35] Klaus Ring, »Den Menschen ist das Lesen nicht angeboren«, in: *Der Sprachdienst*, a. a. O., Seite 102.

[36] *GEO WISSEN,* Nr. 31, 2003, Seite 103.

[37] Vgl. Wendy Schwarz, *Helping Underachieving Boys*, ERIC Digest Nummer 176, New York 2002.

[38] Vgl. University of Maine Research, Kay Hyatt, »Reading Boys«, in: *UMaine Today*, Volume 2, Issu 1, Maine, USA, February/March 2002.

[39] Vgl. *ZEIT*- Chancen, »Bildung und Erziehung«, a. a. O., Seite 4.

[40] Veröffentlicht in: University of Western Sydney, Nepean: *Issues in Educational Research*, 9 (1), 1999, Seiten 33–54.

[41] Preuschoff, Gisela und Axel Preuschoff, *Arme Jungs – Was Eltern von Söhnen wissen sollten*, Köln 2004.

[42] Die Ergebnisse der Studie, auf die sich Carrolls Aussagen beziehen, wurden im *Journal of the American Medical Association* (JAMA), 2003, veröffentlicht.

[43] Siehe Veröffentlichungen von: *Equal Opportunities Commission and Office for Standards in Education*, United Kingdom; *The gender divide: Performance differences between boys and girls at school*, London, 1996; Her Majesty's Stationary Office, Morris, E. & Blunkett; D., *Boys will be boys? Closing the gender gap*. Discussion Paper issued by the Labour Party, London, November 1996.

[44] In: *ZEIT*-Chancen, »Bildung und Erziehung«, a. a. O., Seite 5.

[45] Matthias Horx, *Future Fitness*, Frankfurt am Main 2003, Seite 78 ff.

[46] Ebd., Seite 91.

[47] Ebd.

[48] Daniel Pennac, *Wie ein Roman*, Köln 2004, Seite 118.

[49] *Der Spiegel*, Nr. 21, Seite 92

[50] Vgl. Hans-Heino Ewers, *Lesen zwischen neuen Medien und Pop-Kultur, Kinder- und Jugendliteratur im Zeitalter multimedialen Entertainments*, Weinheim und München 2002, Seite 94 ff. Er bezieht sich in seinen Schilderungen auf den Bamberger Soziologen Gerhard Schule und seine Milieutheorie.

[51] Dieser Begriff bezeichnet die Generation der heute um die 30-Jährigen, nachzulesen in Florian Illies, *Generation Golf*.

[52] Hans-Heino Ewers, *Lesen zwischen neuen Medien ...*, a. a. O., Seite 107.

[53] Vgl. Berliner Zeitung, 13. 11. 2003.

[54] Marshall Poe, »The other gender gap«, in: *Atlantic Monthly*, 3/2004.

[55] Wollen Sie mehr darüber wissen, wie Sie Ihrem Sohn ein guter Vater sein können, lesen Sie das Buch *Söhne wollen Väter* von Wilfried Wieck, erschienen beim S. Fischer Verlag, Frankfurt 1994.

[56] Werner Tiki Küstenmacher und Lothar J. Seiwert, *Simplify your life*, Frankfurt am Main 2001, Seite 177.

[57] *Empire Earth*: Computer-Strategiespiel, das das Erobern von neuen Ländern zum Ziel hat. Für den Ausgang der Kämpfe ist nicht nur die Schlagkraft einer Armee, sondern auch die zuvor entwickelte Volkswirtschaft nicht unwichtig.

Warhammer: Table-Top-Spiel: Auf einer großen Spielfläche (natürlich wirkende Landschaft), einem umgestalteten Tisch oder auf der Erde bewegen Spieler nach bestimmten Regeln Armeen aus Zinnfiguren. Diese ähneln denen in J. R. R. Tolkiens *Herr der Ringe*. Vor Beginn sollte sich jeder Spieler für eine Armee – zum Beispiel Oaks, Goblins, Hochelfen

oder Dunkelelfen – entscheiden. Sie differieren in ihrem Charakter von »gut« bis »böse«, darüber hinaus in Anzahl und Art der Figuren. Die Fähigkeiten jeder Figur (Kampfgeschick, Power, Magie ...), sind so angelegt, dass jeder Spieler, unabhängig von der Wahl seiner Armee, die gleichen Chancen hat zu gewinnen. Mal abgesehen vom Glück, der Würfel entscheidet, obliegt es der Cleverness jedes einzelnen Spielers, das Schlachtfeld zu dominieren. Ein Spiel dauert mehrere Stunden. Jede Figur kann nach Vorgaben oder eigener Fantasie angemalt werden. Das erfordert Geduld und Fingerfertigkeit. Nachteil: Unter 100 Euro ist das Mitspielen kaum denkbar. Das Warhammer-Marketing lässt sich auch schon mal einfallen, eine Armee einfach »auslaufen« zu lassen. Ergänzungsteile können dann nicht mehr nachgekauft werden, was bedeutet, das mancher wiederum mit dem Sammeln der teuren Figuren von vorn anfangen muss. Die Hersteller bieten umfangreiche Begleitliteratur an wie Spielregelbücher, Spielerfahrungsberichte und Romane.
Warcraft: das Computerspiel zu *Warhammer* mit geringen Änderungen
Dragonball: Comic-Reihe
50 Cents: US-amerikanische Musikgruppe
CS: Counterstrike, Computerspiel
LAN: siehe Anmerkungen oben

[58] US-amerikanische TV-Serie, in der drei Frauen und drei Männer in einer Art Wohngemeinschaft zusammen leben.

[59] OECD Observer 1. March 2002, in: *Teacher Librarian, 2/2003*, S. 26.

[60] »Overcoming the Obstacle Course: Teenage Boys and Reading«, in: *Teacher Librarian*, 2/2003, Seite 9.

[61] In: *Teacher Librarian*, a. a. O., Seite 12.

[62] Ebd. Seite 15/16.

[63] Weitere Hinweise in Kirsten Edwards *Teen library events*, Greenwood 2001 und in RoseMary Honnold *101+teen programs that work*, Neal-Schuman, 2003.

[64] »Guys and reading«, in: *Teacher Librarian*, a. a. O., Seite 17.

[65] Ebd., Seite 18.

[66] Ebd.

[67] »Connecting Boys at Lunch: A Success Story«, in: *Teacher Librarian*, a. a. O., Seite 28.

[68] *Spiegel Spezial*, »Lernen fürs Leben«, 2004, Seite 12.

[69] In: *Teacher Librarian*, a. a. O., Seite 43/44.

70 J. Moloney, *Boys and books*, Sydney 2000, Seite 37.

71 »Improve Student Literacy«, in: *Teacher Librarian*, a. a. O., Seite 63.

72 Daniel Pennac, *Wie ein Roman*, a. a. O., Seite 141.

73 Die Befragungen wurden wie folgt durchgeführt: Das ijf schickte im November 2003 333 Interviewer zu 1012 Jugendlichen im Alter zwischen 13 und 22 Jahren, und befragte diese anhand einer repräsentativ angelegten, mehrstufigen Quotenstichprobe und eines Mehrthemenfragebogens in persönlichen In-home-Interviews. Wir nutzten einen so genannten Jugendbus. Von Oktober 2003 bis Mai 2004 erfassten Mitarbeiter von SKOPOS auf der Grundlage eines eigens für *Warum Jungen nicht mehr lesen und wie wir das ändern können …* entwickelten, monothematischen Fragebogens Lesevorlieben und -einflussfaktoren sowie Titelempfehlungen von Schülern im Alter zwischen elf und 18 Jahren. Dies geschah zum Teil privat, zum Teil unterstützt durch Lehrer in der Schule. Die Mädchen und Jungen lernten in Barth, Mecklenburg; Berlin, Ost und West; Frankfurt/Main, Köln und an zwei internationalen deutschen Schulen in Thessaloniki und Washington. Deren Schüler rekrutieren sich auf Grund des zeitweiligen Auslandseinsatzes ihrer Eltern aus ganz Deutschland, also Leipzig und Bonn, Berlin und Mainz, Kiel und Stuttgart, München, und Baden-Baden, ländlichen und städtischen Gegenden. Befragt wurden zu gleichen Teilen Jungen und Mädchen mit überwiegend Real- bzw. Gymnasialer Schulerfahrung. Befragungen an einer Hauptschule fanden nicht statt. Den Ort der Umfrage sowie den Schultyp in direktem Zusammenhang zu nennen, wurde uns durch die Behörden nach Erteilung der Genehmigungen für die Umfragen untersagt.

74 Da wir an anderen Titeln als an den Erfolgsbüchern *Harry Potter* und *Herr der Ringe* interessiert waren, baten wir die Befragten, bis zu fünf verschiedene Empfehlungen für ihre besten Freunde auszusprechen. Eigene positive Leserfahrung sollte den Ausschlag geben. Ebenso wollten wir das Alter wissen, in dem sie den jeweiligen Spitzen-Titel gelesen hatten. Die sich daraus ergebende Hitliste von fast 800 Nennungen lasen wir mit folgenden Einschränkungen:

1. Es wurden Bücher genannt, die es nicht gibt. Diese wurden herausgefiltert.
2. Bücher, die möglicherweise von Jungen nur deshalb empfohlen wurden, weil sie sie an Schullektüre erinnerten, wurden insgesamt nur einmal in die Rezensionsliste aufgenommen. Der Grund: Es war nicht

auszuschließen, dass Schulliteratur aus Gründen »sozialer Erwünschtheit« angegeben wurde. Mit höherer Priorität wurden deshalb Titel behandelt, die ohne jeden Zweifel als beliebt angesehen werden konnten.

3. Nannten die Befragten verschiedene Titel einer Buchreihe – das geschah zum Beispiel, wenn ein Fantasyroman aus mehreren Bänden besteht (*Otherland, Midkemia-Saga*) –, so wurden die einzelnen Titel dem Reihentitel quantitativ zugeschlagen. Besprochen wurde aber im Zweifel immer nur das erste Buch.

Dagegen enthält das erste Kapitel von Teil III ebenfalls Bücher, die nur ein bis fünf Mal genannt wurden. Das war schon deshalb nötig, weil mehrere hundert Titel in diese Kategorie fielen. Die Anzahl der Nennungen einzelner Titel konnte also nicht ausschließlich als Kriterium für die Auswahl zur Besprechung gelten. Fiel die Begründung für einen Buchtipp in einem von mir persönlich geführten Interview aber besonders glaubwürdig aus, das heißt, versprach das Buch, nach Aussagen des Jungen einen tatsächlich hohen lesemotivierenden Effekt, zog ich es für eine Rezension in die engere Wahl.

75 Wer das Thema verfolgt hat, weiß, dass es inzwischen ganze Bücher gibt, die sich mit den vermeintlichen Fehlern des *Da Vinci Codes* beschäftigen.

Bibliografie: Bücher, Zeitschriftenartikel und Webseiten

Bücher

Bonfadelli, Heinz, *Lesen in der Mediengesellschaft, Stand und Perspektiven der Forschung*, Pestalozzianum-Verlag, 2002.

Cromme, Gabriele und Günter Lange (Hrg.), *Kinder- und Jugendliteratur – Lesen, Verstehen, Vertmitteln,* Band I, Hohengehren 2001.

Ewers, Hans-Heino, *Jugendkultur im Adoleszensroman*, Weinheim und München 1994.

Ewers, Hans-Heino, *Lesen zwischen neuen Medien und Pop-Kultur, Kinder- und Jugendkultur im Zeitalter multimedialen Entertainments*, Weinheim und München 2002.

Fuld, Werner, *Die Bildungslüge*, Berlin 2004.

Gaschke, Susanne, *Hexen, Hobbits und Piraten – Die besten Bücher für Kinder*, Stuttgart und München 2002.

Haas, Gerhard, *Aspekte der Kinder- und Jugendliteratur, Genres, Formen und Funktionen, Autoren*, Frankfurt am Main 2003.

Horx, Matthias, *Future Fitness*, Frankfurt am Main 2003.

Kaminski, Winfred und Barbara Scharioth, *Jugendliteratur in der Bundesrepublik Deutschland*, München 1986.

Küstenmacher, Werner Tiki und Lothar J. Seiwert, *Simplify your life,* Frankfurt am Main 2003.

Maiwald, Klaus und Peter Rosner (Hrsg.), *Lust am Lesen*, Bielefeld 2001.

Osberghaus, Monika, *Was soll ich denn lesen*?, München 2003.

Pennac, Daniel, *Wie ein Roman*, Köln 2004.

Preuschoff, Gisela und Axel Preuschoff, *Arme Jungs – Was Eltern von Söhnen wissen sollten*, Köln 2004.

Rohrmann, Tim, *Echte Kerle, Jungen und ihre Helden*, Reinbek bei Hamburg 2001.

Schwartz, Wendy, *Helping Underachieving Boys Read Well and Often.*, ERIC Digest, Nummer 176, New York 2002.

Smith, Michael und Jeffrey Wilhelm, *Reading Don't Fix No Chevies, Literacy in the Lives of Young Men*, Portsmouth 2003.

West, Peter, »Boys' underachievement in school: Some persistent problems and some current research«, in: *Issues in Educational Research*, 9 (1), 1999, Seiten 33–54.

Willing, Madeleine, *Mein Kind entdeckt das Lesen*, Bindlach 2004.

Whitehead, Marian, *How to Develop Childrens Early Literacy*, London 2004.

Zeitschriftenartikel

GEO Wissen, Nr. 31, 2003.

GEO Magazin, Nr. 3, 2003.

JULIT, Arbeitskreis für Jugendliteratur, Nr. 02/03.

Der Spiegel, Nr. 21, 2004.

Spiegel Spezial, »Lernen fürs Leben«, 2004.

Stiftung Lesen, Schriftenreihe Lesewelten Bd. 3, »Leseverhalten in Deutschland im neuen Jahrtausend, Eine Studie«, Mainz 2002.

Stiftung Lesen, »Minority Report, Themenorientierte Leseförderung im Medienverbund«, Mainz 2002.

Stiftung Lesen, »8 Mile, Jeder Augenblick ist eine neue Chance, Themenorientierte Leseförderung im Medienverbund«, Mainz 2002.

Teacher Librarian, Februar 2003.

ZEIT-Chancen, »Bildung und Erziehung«, Sonderbeilage Nr. 19, April 2004.

Webseiten

www.amazon.de

www.bibliotheka-phantastika.de

www.bloggio.de

www.guys.read.com, designed as a literacy incentive by author Jon Scieszka, 28. 1. 2004.

www.ifak-kindermedien.de/heidtmann.htm

www.isau.de/werk/pyramide.htm, 16. 12. 2003.

www.krimi-couch.de, 7. 2. 2004.

www.perlentaucher.de

www.wdr5.de

www.wieistdasbuch.de

Liste der empfohlenen Bücher

12- bis 14-Jährige

1. Anders Jacobsson, Sören Olsson: *Berts gesammelte Katastrophen* (11 Bände)
2. Robert L. Stine: *Schuldig* aus der Reihe *Fear Street*
3. Andreas Schlüter: *Crash* aus der Reihe *Kurierdienst Rattenzahn*
4. Andreas Schlüter: *Flucht vom Mond*
5. Avi: *Jenseits des großen Meeres* (Band 1: *Die Flucht*, Band 2: *Der blinde Passagier*)
6. Michael Ende: *Die unendliche Geschichte*
7. Paul Stewart, Chris Riddell: *Die Klippenland-Chroniken* (Band 1: *Twig im Dunkelwald*, weitere Bände: *Twig bei den Himmelpiraten*, *Twig im Auge des Sturms*, *Twig - Fluch über Sanktaphrax*)
8. Tilman Röhrig: *Eric der Rote oder Die Suche nach dem Glück*
9. J.R.R. Tolkien: *Der Herr der Ringe* (Band 1: *Die Gefährten*, Band 2: *Die zwei Türme*, Band 3: *Die Wiederkehr des Königs* - mit dem Vorläufer *Der kleine Hobbit*)
10. Kai Meyer: *Die fließende Königin*, *Das Steinerne Licht*, *Das Gläserne Wort*
11. Joanne K. Rowling: *Harry Potter und der Stein der Weisen*, *Harry Potter und die Kammer des Schreckens*, *Harry Potter und der Gefangene von Askaban*, *Harry Potter und der Feuerkelch*, *Harry Potter und der Orden des Phönix*

12. Cornelia Funke: *Tintenherz*
13. Scott O'Dell: *Insel der blauen Delphine*, *Das verlassene Boot am Strand*
14. Lois Lowry: *Hüter der Erinnerung*
15. Louis Sachar: *Löcher. Die Geheimnisse von Green Lake*
16. Philip Pullman: *Der goldene Kompass*, *Das magische Messer*, *Das Bernsteinteleskop*
17. Bjarne Reuter: *Prinz Faisals Ring*
18. Raymond Feist: *Midkemia-Saga* (Band 1: *Der Lehrling des Magiers*, Band 2: *Der verwaiste Thron*, Band 3: *Die Gilde des Todes* – insgesamt 6 Bände)
19. Nikolaus Piper: *Felix und das liebe Geld*
20. Janet Tashjian: *Die Welt, wie Larry sie sieht*
21. Thomas Feibel: *Play Zone – Das letzte Spiel*
22. Rainer M. Schröder: *Die lange Reise des Jacob Stern*
23. William Nicholson: *Der Windsänger* (Band 1: *Der Windsänger*, Band 2: *Gefangene des Meisters*, Band 3: *Das Kind des Feuers*)
24. Klaus Kordon: *Die Roten Matrosen oder Ein vergessener Winter*
25. Tonke Dragt: *Turmhoch und meilenweit – ein Zukunftsroman*

14- bis 15-Jährige

26. Eoin Colfer: *Artemis Fowl*, *Der Geheimcode*, *Die Verschwörung*
27. Herbie Brennan: *Das Elfenportal*
28. Sherryl Jordan: *Elsha – Rebellin und Seherin*
29. Noah Gordon: *Der Medicus*
30. Michael Simmons, Mike Dahlie: *Pool Boy* (englisch)
31. Nancy Farmer: *Das Skorpionenhaus*
32. Malcolm Rose: *Lab 47*, *Gefahr aus dem Labor*

33. Douglas Adams: *Per Anhalter durch die Galaxis*
34. Christian Linker: *RaumZeit*
35. Klaus Kordon: *Krokodil im Nacken*
36. Andreas Eschbach: *Eine Billion Dollar*
37. Stephen Hawking: *Das Universum in der Nussschale*
38. Tad Williams: *Otherland* (Band 1: *Stadt der goldenen Schatten*, Band 2: *Fluss aus blauem Feuer*, Band 3: *Der Berg aus schwarzem Glas*, Band 4: *Meer des Silbernen Lichtes*)

16- bis 18-Jährige

39. Kerim Pamuk: *Sprich langsam, Türke*
40. Wolf Haas: *Das ewige Leben*
41. John Grisham: *Die Schuld*
42. Michael Moore: *Stupid White Men*
43. Dieter Bohlen: *Nichts als die Wahrheit*
44. Stephen King: *Cujo*
45. Ralf Isau: *Die unsichtbare Pyramide*
46. Rüdiger Hoffmann: *Ich komme...!*
47. Dan Brown: *Sakrileg*
48. Ken Follett: *Die Säulen der Erde*
49. Michael Crichton: *Beute / Prey* (englisch)
50. Lian Hearn: *Das Schwert in der Stille*